KB264888

요한복음 강해 제 1집

생명의 빛, 그 은혜의 영광을 보다

남정웅 지음

생명의 빛, 그 은혜의 영광을 보다

지은이 | 남정욱
초판 1쇄 찍은 날 | 2005년 7월 6일
초판 1쇄 펴낸 날 | 2005년 7월 13일
펴낸이 | 김승태
편집 | 김규혜, 박지영
표지 | 김혜진
등록번호 | 제2-1349호(1992. 3. 31.)
펴낸 곳 | 예영커뮤니케이션

(110-616) 서울 광화문우체국 사서함 1661호

출판유통사업부 T. (02)766-7912 F. (02)766-8934 e-mail: jeyoungsales@chol.com

출판사업부 T. (02)766-8931 F. (02)766-8934 e-mail: jeyoungedit@chol.com

홈페이지 www.jeyoung.com

copyright ⓒ 2005, 남정욱
ISBN 89-8350-356-4 03230

값 9,000원

▪ 잘못 만들어진 책은 언제든지 교환해 드립니다.

요한복음 강해 제 1집

생명의 빛, 그 은혜의 영광을 보다

남정웅 지음

예영커뮤니케이션

서 문

설교를 어떻게 하면 잘 하는 것일까? 이는 목사가 되면서부터 갖는 고민 중에 가장 심각한 문제였습니다. 교회 존립의 정당성이, 하나님의 말씀이 진리와 사실로서 최고의 권위를 가지고 선포되는 것에 있다면, 이를 성실하게 입증하는 것은 청중들로 하여금 정중하게 그리고 감동적으로 화답하게 하는 설교의 문제라 할 것입니다. 그렇다면 제목 설교인가, 아니면 강해 설교인가?

필자에게 설교에 대한 비전과 도전을 제공해 준 책은 『약속 그리고 구원』(S.G. De. Graaf, 박권섭 역, 크리스챤 서적)과 『하나님의 계획』(Elmer A. Martens, 김의원 역, 아가페 문화사)이었습니다. 이 두 권의 책은 하나님의 말씀을 설교의 형태로 제작하는 데 근간이 되는 성경신학적인 구도(Design)를 설득력 있게 제공해 주었습니다.

요즈음 대부분의 설교 형태는 하나님의 계획이나 언약이나 그 주권적인 섭리를 진리로 이해하기 보다 이미 일어난 성경의 역사 자체를 중심으로 우리가 해야 할 본분이나 사명에 대한 책임과 의무를 강조하는 데에 주안점을 두고 있습니다. 설교는 성경에 등장된 인물이나 사건을 통해 그 안에 내포된 하나님의 영원한 계획과 목적, 그리고 이를 이루시는 신비로운 섭리와 간섭을 하나의 원리로 캐내고 이를 정리하여 하나님에 관한 지식을 지금 듣고 있는 청중들에게 선포하는 사역이어야 할 것입니다. 성경에 등장하는 인물들은 하나님의 뜻을 이루는 역사에 등용된 도구로 이해해야 하며 그들의 것을 진리로, 성경 역사의 주인공으로 선포할 수 없다는 것을 기억해야 합니다.

성경 이야기는 하나님 자신을 설명하고 나타내시는 계시적 사건들로서 다만 전달하는 방식을 우리가 가장 잘 이해하도록 인간의 역사를 빌린 것이라는 관점에서 강해되어야 합니다. 그렇다면 성경의 인물들 못지않게 지금도 그 뜻이 이루어지고 있는 한 우리 자신도 하나님의 영광을 위한 유일한 가치와 의미로서 이해되며 이때 비로소 우리 내면으로부터 올라오는 뜨거운 감동의 전율을 느끼게 될 것입니다.

본 강해서는 특히 설교를 준비하는 목회자들과 신학생들과 교사들에게 조금이나마 성경을 이해하는 데에 보탬이 되었으면 하는 마음에서 감히 출판하게 되었습니다.

참고로 본 『요한복음 강해』는 1998년 11월부터 약 11개월 동안 대전 극동방송국의 특별기획으로 마련된 "성경 강해의 시간"에 출연하면서 시작된 것입니다. 방송이 나가자 청취자들로부터 의외의 호응을 받은 것이 계기가 되어 책으로 엮어지게 되었습니다.

요한복음은 영적이고 신학적인 주제들을 내포하고 있음은 다 아는 사실입니다. 그 동안 서재에 꽂혀 있던 10여 권의 주석류와 20여 권의 단권 주석과 강해 및 설교를 참고하여 저자의 경험적인 시각을 곁들여 독자적인 필치로 펴낸 것입니다. 저자가 본 강해서에서 주로 참고한 책은 아더. 핑크의 『요한복음 강해』(지상우 역, 엠마오)와 제임스 보이스의 『요한복음 강해』(서문강 역, 크리스챤다이제스트)및 박영선 목사의 『요한복음 강해』(엠마오)등임을 밝혀 드립니다. 『요한복음 강해』 전 4집을 통해 독자들에게 저자가 받은 은혜보다 갑절의 은혜와 감동이 넘치기를 기도합니다.

2005년 7월 주아내 교회 서재에서

남 정 웅 목사

차 례

제 1장
생명의 빛, 예수 그리스도

(요 1:1)

> "태초에 말씀이 계시니라 이 말씀이 하나님과 함께 계셨으니
> 이 말씀은 곧 하나님이시니라"

복음서의 각 권은 각각 특성을 결정짓는 주제들을 가지고 있습니다. 마태복음은 예수 그리스도를 다윗의 자손, 즉 유대인의 왕으로 오신 인자를 주제로 하고 마가복음은 그리스도를 여호와 하나님의 종으로 묘사하고 있으며 누가복음은 그리스도의 인격, 즉 죄인과 대조하여 온전한 인간으로서 그리스도의 생애를 강조하고 있습니다. 그리고 요한복음은 특별히 그리스도의 신성, 즉 하나님의 아들이심을 주제로 하여 사건을 설명하고 있습니다.

요한복음을 공관복음과 대별하는 요점은 공관복음서가 사건 중심으로 기록하고 있는 반면 요한복음은 그 사건의 내용을 하나님의 계획과

뜻으로 설명하고 있다는 것입니다. 그 중에서 첫 번째 몇 구절은 성경의 내용을 종합하여 내린 신학적인 주제들을 열거하고 있어 다른 복음서에서는 찾아볼 수 없는 더욱 풍성한 은혜의 지식을 제공하고 있습니다.

특히 예수 그리스도의 신성에 관한 지식을 저장하고 있어 성육신하신 그리스도가 원래 가지셨던 신성의 영광이 얼마나 경이롭고 신비로운지 그로부터 흘러내리는 은혜의 감동을 삶의 뿌리로 삼도록 우리의 신앙을 더욱 든든하게 하고 있습니다.

'태초에 말씀이 계시니라 이 말씀이 하나님과 함께 계셨으니 이 말씀은 곧 하나님이시라' (요 1:1).

예수 그리스도의 신성 중에 우리가 반드시 이해해야 할 주제는 그리스도와 시간과의 관계입니다. 태초에 말씀 곧 예수님은 계셨다고 선포합니다. 태초란 언제입니까? 태초의 시간을 이해하는 것이 그리스도의 하나님이심을 푸는 열쇠가 됩니다.

'태초' 란 말은 창세기의 첫머리에서도 사용된 단어입니다. "태초에 하나님이 천지를 창조하시니라" (창 1:1)에서 사용된 단어입니다. 히브리어로는 '베레쉬트' 인데 이를 헬라어로 번역한 칠십인경에는 '엔 아르케' 로 표현하고 있습니다. 본문에서 요한이 동원한 '태초' 라는 단어도 '엔 아르케' 입니다. '태초' 는 창세기나 요한복음이나 간에 동일한 시간을 의미하는 단어입니다.

그러나 요한복음서의 태초가 창조의 태초와 다른 것은 그 다음에 따라 나오는 설명에서 알 수 있으며 그 개념을 훨씬 뛰어넘게 됩니다. 말씀이 언제 존재하셨느냐 하면 천지를 창조하기 이전에 계셨다고 합니다. 만물이 만들어지기 전에 이미 계셨던 하나님이 곧 말씀이라는 것입니다. 여기서 말씀이신 그리스도는 창조 이전에 이미 영원과 함께 계셨음을 선포합니다.

　1절, "태초에 말씀이 계시니라"에서 태초는 영원 전의 어떤 시작점일 것이라고 생각합니다. 흔히들 창세기의 태초는 물질과 함께 시작된 시간의 출발이고 요한복음에서 태초는 창조 이전 영원의 어떤 시작점이라고 이해하고 있습니다. 만일 요한복음 1장 1절의 태초를 영원의 시작점으로 해석한다면 말씀은 영원이 시작할 때에 계신 것으로 이해가 됩니다.

　그렇다면 시간에 있어서 두개의 시작점이 있다는 것인데 무슨 의미가 있을까요? 분명히 시간의 시작은 창조와 함께 만들어졌음이 선포되었다면 영원 전에 있었던 시간의 시작은 사실상 무의미합니다. 왜냐하면 시간의 파악은 물질과 관련하여서만 가능하기 때문입니다. 영원의 차원에서는 시작을 개념화할 수 없습니다.

　요한복음 1장 1절의 태초를 보다 명확히 하기 위해서는 "계시다"의 개념을 파악할 필요가 있습니다. '계시다'의 헬라어는 '헨'인데 이는 '에이미' 즉 영어로 말하면 be동사의 미완료과거진행형입니다. 그대로 번역하면 '계시고 있었다'라는 뜻입니다. 그렇다면 "태초에 말씀이 계시니라"는 '태초에 말씀이 계시고 있었다'라고 해석되어야 합니다.

　이렇게 볼 때 말씀 곧 그리스도는 영원의 출발점에서 존재하기 시작한 것이 아니라 이미 창조 이전에 계시고 있었던 분이시고 성부 하나님과 함께 창조 사역에 동참하셨던 하나님이십니다. 다시 말하면 그리스도는 물질보다 앞서 이미 존재하고 계셨던 분이십니다. 말씀이신 그리스도는 태초에 계시기 시작하신 분으로 파악할 것이 아니라 그것보다 더 강조하고 있는 것은 창조 이전에 이미 존재하고 계셨던 하나님으로 이해해야 합니다. 태초를 영원의 시작점으로 해석할 이유가 없습니다.

　태초란 처음, 시작, 최초 등의 뜻을 가진 단어입니다. 이러한 태초의 뜻을 가진 단어는 하나님께서 천지를 창조하심으로 비롯된 단어입니다. 태초는 만물의 시작과 함께 이루어진 시작점입니다. 무에서 유를 만드실 때를 가리키는 시간의 시작점을 말합니다. 아무것도 없는 공허한 상태에서 우리가 인식할 수 있는 공간 세계가 발생하면서 함께 시작된 맨 처음의 시간입니다.

우리가 반드시 알아야 할 것은 창조의 시작점은 단 한 번밖에 없는 시간임과 동시에 인간이 경험할 수 없는 시간이라는 것입니다. 다시 말하면 역사상 단회성의 시간입니다. 단 하나님만이 계셨던 시간입니다. 그 때에 인간은 아직도 창조되지 않았었습니다. 그 때에 아무것도 존재하지 않았던 순간에 하나님이 천지를 창조하시기 시작하셨습니다. 창조와 더불어 물질이 생기면서 지금 우리가 알아볼 수 있는 시간도 만들어진 것입니다. 그 시간은 우리가 인식할 수 있는 공간이 생겼을 뿐이지 시간은 영원의 상태 그대로입니다.

우리가 시간을 알아볼 수 있는 유일한 방법은 공간의 형식입니다. 누가 시간을 본 사람이 있습니까? 세월이 흐른다고들 합니다. 그러나 흘러가는 세월을 어떻게 파악합니까? 공간의 형식을 빌리지 않으면 시간을 계산할 수 없습니다. 공간이란 무엇입니까? 우리가 볼 수 있는 삶의 환경입니다. 태어나면 누구나 다 죽습니다. 건설된 것은 언젠가는 무너집니다. 어린아이도 언젠가는 늙어서 병들어 죽습니다. 젊었을 때 꿈은 나이가 들면서 점점 사라져 갑니다.

사실상 시간은 흐르지 않습니다. 그대로 있습니다. 태초 이후나 태초 이전이나 그대로 같은 시간입니다. 영원의 시간입니다. 그 시간 안에서 내가 늙어 갑니다. 그 시간 안에서 나의 꿈이 사라져 갑니다. 사랑도 우정도 물질의 가치도 변합니다. 시간은 소멸되지 않습니다. 그러면서도 우리는 시간이 나를 떠나는 것처럼 느껴집니다.

빠르게 달리는 기차를 타고 창문 밖을 바라보면 나는 가만히 있고 창밖의 물체들이 달리는 것 같은 착각을 하게 됩니다. 실제로는 기차가 나를 싣고 달리는데 우리는 창 밖에 있는 물체가 달리는 것처럼 느낍니다. 마찬가지로 내가 어디에 실려서 가느냐 하면 나의 주변 환경에 따라 사는 데 마치 나의 시간이 흐르는 것 같이 느껴집니다. 시간은 그대로 가만히 있는데 내가 탄 환경이라는 공간이 사라지고 노쇠하고 무너지고 하기 때문에 마치 시간이 흐르는 것으로 착각하는 것입니다.

나이를 먹었다는 것이 무슨 뜻입니까? 나의 건강이 약해졌다는 것이고 나의 꿈이 사라졌다는 것이며 나의 사회적인 기능이 쓸모가 없어졌다는 것입니다. 그리스도 안에서 우리는 세월의 흐름을 이야기해서는 안 됩니다. 사라지는 것은 물질이지 시간이 아닙니다. 우리의 일시적인 삶의 환경이 변할 뿐입니다.

성경에서 시간은 과거, 현재, 미래의 구분이 없습니다. 이스라엘 백성이 출애굽하여 도착한 날에 대하여 성경은 이렇게 기록하고 있습니다.

> "이스라엘 자손이 애굽 땅에서 나올 때부터 제 삼월 곧 이날에 그들이 시내광야에 이르니라"(출 19 : 1).

한글 역에는 그 때라고 되어 있습니다. 여기 이날이라는 표현이 랍비들을 당황케 했습니다. 율법을 주신 날은 생명과도 같은 날입니다. 이날을 과거의 날로 돌릴 수가 없습니다. 율법을 받던 날은 그때일 수 없습니다. 바로 오늘 이날이어야 합니다. 이날은 모든 날들입니다. 랍비들의 생각은 그들이 토라를 연구하고 묵상하는 날은 언제나 그때 그날과 같은 날임을 깨달았습니다. 하나님의 계명은 모든 날들에 동일하게 적용되어야 함을 깨달았습니다.

그 때 조상들이 노예 생활에서 해방되던 감동과 기쁨은 오늘 우리에게도 동일하게 그 감동과 기쁨의 사건이어야 한다는 것입니다. 하나님이 주신 율법은 그때의 것만이 아니라 오늘 나의 기쁨의 근원이어야 함을 깨달았던 것입니다.

시간은 그때나 지금이나 동일한 거리에 있습니다. 성경의 동사의 시제는 미완성현재완료진행형의 분사 구문으로 되어 있다. 과거와 현재 그리고 미래를 동일하게 적용하는 시간입니다. 아브라함의 일대기는 오늘의 나의 생애와 다르지 않습니다. 그에게 약속하신 것은 나에게도 약속하셨음을 성경은 강조하고 있습니다. 성경은 과거이면서 오늘의 이야기이며 내일을 약속하는 언약인 것입니다.

신앙 세계에서 한 순간과 한 시대는 차이가 없습니다. 다 같은 시간입니다. 문제는 내가 사는 시간 안에 구원이 일어나느냐 하는 것입니다. 구원의 사건이 일어나야 나의 세월이 의미가 있고 살아야 할 가치가 있으며 장래가 있습니다. 만일 구원이 일으켜지지 않으면 나의 시간은 나의 육체와 함께 사라집니다. 죽음은 소멸이 아닙니다. 시간은 영원하니까 죽음 다음에 나의 공간 환경이 바꾸어집니다. 그러므로 천국이냐 지옥이냐 하는 심각한 문제가 남게 됩니다.

하나님께로 돌아오는 회개의 기회로서 우리에게는 현실이라는 고달픈 환경이 허락되어 있습니다. 어떤 사람은 일생을 하나님의 얼굴을 피하다가 어느 한 순간에 회개하고 그동안에 잃었던 것, 삶의 환희와 기쁨과 소망을 회복하는 경우가 있습니다. 어떤 사람은 어릴 때부터 하나님과 함께 살아감으로써 삶의 근원적인 만족과 기쁨을 가지고 하나님의 나라에서 받을 상급을 영광스럽게 준비하는 사람도 있습니다.

시간의 주제는 구원입니다. 구원을 위해서 현실의 고통과 아픔의 시간들이 허락되어 있습니다. 현실은 온갖 종류의 상처들로 얼룩진 삶의 흔적들로 가득합니다. 고통의 경험은 하나님을 붙드는 기회들입니다. 하나님이 간섭하시는 손길이 베어든 시간들입니다. 우리는 약육강식이라는 정글의 법칙 아래서 고통당하고 신음하며 하나님을 만납니다. 예기치 않았던 재난을 만납니다. 지진이 일어나기도 하고 사고를 당하기도 합니다. 끊임없이 반복되는 재난의 사건들을 만나면서 우리는 이 땅은 영원할 수 없음을 깨닫게 됩니다. 하나님의 나라를 바라보게 됩니다.

"도적이 오는 것은 도적질하고 죽이고 멸망시키려는 것뿐이요 내가 온 것은 양으로 생명을 얻게 하고 더 풍성히 얻게 하려는 것이라"(요 10 : 10).

세상의 가치는 다 나의 것을 도적질하고 죽이려는 속성을 가지고 있습니다. 나의 건강이, 재물이, 명예가 일순간에 침몰될 때에 나의 시간은 급속히 단축됩니다.

우리는 문명의 이기들을 소유할 권리가 있습니다. 돈도 권력도 학문도 인기도 사치도 우리의 것으로 가질 수 있습니다. 그러나 기억해야 할 것은 이러한 것들은 빈번히 우리의 소중한 시간을 희생시키고 난 후에 쟁취하는 것들입니다. 우리는 얼마든지 세상을 다스리고 정복할 수 있습니다. 하나님께서 우리에게 허락하신 특권입니다. 그러나 심각하게 생각해야 할 것은 시간은 우리가 소유할 수 없다는 것입니다. 시간의 길고 짧음은 하나님만이 아시는 비밀입니다. 시간이 없으면 아무 것도 할 수 없습니다. 인간은 공간의 것을 얻기 위하여 시간을 소모하지만 더 많이 얻는 것이 더 많이 존재하는 것은 아닙니다. 하나님이 시간을 명령하시면 그대로 하던 일을 멈추고 도중하차해야 합니다.

1절 "말씀이 계시니라"에서 '계시다'의 뜻이 깊습니다. 인간에게는 사용할 수 없는 동사입니다. '존재한다'는 뜻입니다. 우리는 태어나는 존재입니다. 스스로 날 수 없습니다. 내가 선택하여 난 사람 아무도 없습니다. 타의에 의하여 여기 이 시대에 나왔습니다. 전적으로 타의에 의하여 났습니다. 그러나 하나님은 창세 이전에 이미 계셨다고 합니다. 모든 만물이 그로 말미암아 지은 바 되었다고 합니다. 창조로부터 시작된 시간과 공간 안에서 시작하신 분이 아니십니다. 바로 시간과 공간의 세계를 초월하신 분이십니다.

예수 그리스도는 우주가 생기기 전에 하나님만이 계셨던 영원의 때 이전부터 계셨던 분이십니다. 그 하나님이 우리가 사는 시간과 공간의 한 귀퉁이를 찢으시고 우리에게 찾아오셨습니다. 우리의 죄악을 도말하시고 영원한 지옥의 형벌로부터 구원하시려는 목적을 가지시고 나에게 찾아오신 것입니다.

하나님을 생각할 때마다 그분은 시간과 공간의 제약을 받지 아니하시는 초월자, 곧 스스로 계시는 자이심을 잊어서는 안 됩니다. 그 분 하나님은 그의 뜻대로 만물을 간섭하시는 분이십니다. 우리의 삶을 계획하시고 살게 하시되 간섭하시는 분이십니다. 우리는 우리의 생각대로 힘이 있을 때 하나님의 일을 할 수 있으리라 하지만 하나님은 하나님의 뜻대로 우리를 통치하십니다.

우리의 생각대로 힘이 있을 때 일할 수 있다면 힘이 없을 때에도 일하게 하실 수 있는 분이 하나님이십니다. 건강할 때 일할 수 있다면 병약할 때에도 일하게 할 수 있는 분이십니다. 우리의 구원을 위하여 행하시는 하나님의 간섭 때문에 때로는 삶의 고통을 지날 때도 있고 괴롭고 쓸쓸한 날들을 경험할 때도 있습니다. 그러나 결과적으로 우리는 하나님의 간섭으로 나의 시간을 구원과 함께 가장 가치 있게 쓰고 있는 것만큼 더 큰 행복이 없습니다.

"세월을 아끼라 때가 악하니라" (엡 5 : 16).

이렇듯 때가 악하다 합니다. 그러나 시간 자체가 악하다는 것이 아닙니다. 우리가 사는 물질의 환경이 악하다는 것입니다. 신앙생활에서 시험은 언제나 물질 문제입니다. 돈과 인간관계와 사회관계의 문제들입니다. 이는 모두 자신의 시간을 거룩하게 하는 데 있어서 방해물들입니다. 물질을 지나치게 탐욕을 부리다가 소중한 시간을 허비하고 소모할 가능성이 많습니다.

물질과 함께 흘러가는 시간을 성경은 방탕이라고 합니다.

"너희는 스스로 조심하라 그렇지 않으면 방탕함과 술 취함과 생활의 염려로 마음이 둔하여지고 뜻밖에 그 날이 덫과 같이 너희에게 임하리라"
(눅 21 : 34).

술 취함과 방탕과 같은 생활의 염려를 나란히 똑같은 죄로 열거하고 있습니다. 이 모두가 다 시간을 허비하는 죄입니다. 도덕적으로 나쁘다는 것이 아닙니다. 하나님의 영광을 위하여 살아야 할 시간을 소모하고 허비하고 낭비했다는 뜻에서 정죄한 것입니다.

시간은 두 가지 뜻이 있습니다. 하나는 '크로노스' 적 시간입니다. 이는 연대기적으로 시간을 아무 의미도 없이 사는 것을 말합니다. 물질과의 싸움만을 위해 사는 것을 말합니다. 생득적 욕구를 위해 사는 동물과 같은 시간을 사는 상태를 가리킵니다. 다른 하나는 '카이로스' 적 시간입니다. 이는 의미와 보람과 가치를 가지고 사는 시간입니다. 시간을 기회로 삼는 지혜로 가득한 삶을 말합니다. 영생의 기회, 구원의 기회, 복을 뿌리는 기회, 하늘나라의 상급을 쌓는 기회, 장래를 약속받는 기회로서 시간은 온통 기회들로 가득합니다. 인생을 기회들로 붙잡는 지혜와 능력으로 사는 시간을 가리킵니다.

● ● ● ● ● ● ● ● ●

하나님은 스스로 계시는 분이십니다. 영원 전에 계시던 하나님의 계획에 따라 오늘 우리가 교회의 지체가 되었습니다. 이 시간과 공간을 간섭하셔서 이루신 우리의 만남이 헛되지 않도록 자신들의 자리를 믿음으로 굳게 지키는 분발이 있어야 할 것입니다. 태초에 계셨던 하나님이 우리에게 찾아오심으로 이루어진 구원의 은혜와 영광은 마땅히 우리의 것으로 감동하고 기뻐하는 고백이 일어나야 할 것입니다.

그리스도, 영원한 말씀

"태초에 말씀이 계시니라 이 말씀이 하나님과 함께 계셨으니
이 말씀은 곧 하나님이시니라 그가 태초에 하나님과 함께 계셨고 만물이 그로 말미암아
지은바 되었으니 지은 것이 하나도 그가 없이는 된 것이 없느니라"

예수 그리스도가 왜 말씀인가, 말씀의 정확한 의미가 무엇인가 하는 것이 그리스도의 신성을 이해하는 데에 핵심적인 내용입니다. 1절의 "태초에 말씀 계시니라"에서 동사 '계시다'는 그 주격이 인격임을 분명히 해주는 단어입니다.

요한이 사용하고 있는 단어, 말씀은 당시 헬라인들이 최고의 가치로 숭배하던 '로고스'라는 뜻입니다. 로고스는 지혜 혹은 이상이라는 낱말입니다. 헬라 철학자들의 지혜가 마치 신격화되고 있었던 시대에 로고스는 최고의 가치며 이상이었습니다.

철학의 발상은 인간이 갖는 사고력에서 나옵니다. 인간으로 하여금

사고하게 하는 근원은 물리의 현상들입니다. 만일 물리의 현상이 없다면 사고할 근거가 없으므로 지혜가 발생할 수 없게 됩니다. 우리 앞에 보이는 물리의 현상들, 즉 나무나 산이나 바다나 하늘의 천체들이나 각종 생물들이나 간에 그곳으로부터 인간은 사고하기 시작합니다. 자연 현상의 아름다운 가치나 의미들은 인간이 갖는 사고력의 비중에 의하여 로고스 즉 지혜의 전압을 발산하게 됩니다. 이것이 철학이 가지고 있는 한계입니다.

그러나 성경은 물리의 현상이 생기기 이전에 사고(思考)자가 계셨다고 선포합니다. 그가 사고하시니까 만물이 생기면서 물리의 현상들이 여러 모양으로 나타나기 시작하였습니다. 헬라의 로고스를 훨씬 뛰어넘는 계시의 세계로 들어오면 사고자를 만나게 됩니다. 그가 곧 말씀이신 예수 그리스도이십니다.

> "옛적에 선지자들도 여러 부분과 여러 모양으로 우리 조상들에게 말씀하신 하나님이 이 모든 날 마지막에 아들로 우리에게 말씀하셨으니…" (히 1:1,2).

여기 짧은 구절에서 말씀은 성육하신 예수 그리스도이심을 확실히 알 수 있습니다. 성경의 다른 곳에서 말씀과 그리스도와의 관계를 설명하고 있는 구절 중에 히브리서가 가장 독특하다고 할 수 있습니다.

하나님이 옛날에는 선지자들이나 또 여러 가지 다른 모양으로 하나님의 말씀을 전하셨습니다. 그러나 이제는 그의 아들로 말씀하셨다고 합니다. 하나님은 그 자신을 나타내시는 일에 그의 아들 예수 그리스도를 말씀의 형식으로 보내셨습니다.

하나님은 이제 말로만이 아니라 예수 그리스도의 인격과 삶을 통해서 하나님 자신을 설명하고 알리시는 방법을 강구하셨습니다.

"본래 하나님을 본 사람이 없으되 아버지 품 속에 있는 독생하신 하나
님이 나타내셨느니라"(요 1 : 18).

어느 세대이건 간에 하나님을 본 사람이 아무도 없습니다. 하나님이
누구신가 어느 누구도 아는 자가 없습니다. 인간은 하나님에 대하여 시
체같은 존재들입니다. 자연 그대로 두면 초월에 대한 그리움이 있어 찾
아가는 곳이 우상일 뿐입니다. 인간이 본성적으로 갖고 있는 종교성을
개발하여 간 곳이 인간 스스로가 고안해 낸 우상입니다.

결국은 우상을 만들어 절하면서 자신의 종교적 정욕을 채우고 있는
것입니다. 인간 자신의 정욕과 이기심으로 만든 신상입니다. 이토록 인
간 스스로의 지혜로는 창조주시요 구속주이신 하나님 여호와를 알 수
있는 가능성이 전혀 없습니다. 단 하나의 방법이 있다면 그것은 하나님
자신이 인간에게 알려주는 것입니다.

이방 종교는 모두 출발이 인간 자신으로부터입니다. 내가 나를 연마
하고 문질러서 우리 자신이 생각하는 신의 위치에 가는 길입니다. 구도
의 길입니다. 극기와 금욕과 같은 자기 학대의 행위를 종교적인 형태로
취하여 어떤 선에 도달하는 것입니다. 자연을 문질러 빛을 내어서 초자
연의 영역을 성취하는 것입니다. 이것이 이방 종교의 형태입니다.

하나님이 왜 말씀일까요? 이는 기독교를 특징짓는 단어입니다. 그래
서 기독교를 타종교와 구별 짓는 특징으로 계시의 종교라고 하는 것입
니다.

첫째, 말씀은 표현의 수단입니다. 보이지 않는 것을 보이게 하는 유
일한 방법은 말입니다. 우리 속에 들어 있는 생각은 아직도 내가 아닙니
다. 생각 속에 있는 내가 밖으로 표명될 때에야 비로소 나란 존재가 나
타나는 것입니다. 보이지 않는 하나님을 우리에게 보이게 하는 것이 말
씀입니다. 하나님은 영이시므로 우리의 이성으로는 포착할 수 없습니
다. 불가능합니다. 영으로 계시는 하나님은 우리의 자신을 보여주시기

위해서 우리가 알아 볼 수 있도록 인간의 몸을 입고 이 자연의 원리 안으로 들어오셨습니다. 성육신은 하나님이 인간을 구원하시는 데 있어서 가장 구체적으로 자신을 인간에게 알리시는 말씀의 수단으로 취하신 아름다운 겸비와 사랑의 모습입니다.

둘째, 말씀은 전달 수단입니다. 말은 나의 의사를 상대방에게 전달하는 수단입니다. 나의 사랑을 전하고 나의 계획을 전하고 나의 마음을 전합니다. 무엇으로 합니까? 말로 합니다. 언어의 장벽에 부딪히면 전할 길이 없습니다. 예수님은 하나님을 우리에게 알리고 전하는 수단으로서 말씀의 용도로 사셨습니다. 인간을 향하신 하나님의 사랑과 긍휼에 풍성하신 마음을 전하시려는 일념으로 사셨습니다. 굶주려 지친 우리를 보시고 민망히 여기사 오병이어로 배불리 먹이시는 기적을 일으키셨습니다. 하나님의 마음이 유리방황하는 인간들의 모습을 보실 때 그렇다는 것입니다.

주께서 각색 병든 자를 고치시고 귀신을 내어 쫓으셨을 때마다 자주 표현하는 말씀입니다.

> "무리를 보시고 민망히 여기시니 이는 저희가 목자 없는 양과 같이 고생
> 하며 유리함이라"(마 9 : 36).

이는 주님의 마음임과 동시에 하나님 아버지의 마음을 전달하고 있는 말씀입니다. 죽음 아래 놓인 인간을 통분히 여기시면서 나사로의 죽음 앞에서 눈물을 흘리셨습니다. 죄와 사망 아래 갇힌 인간의 비참함과 절망을 아시는 하나님께서 그렇게 통분해 하시더란 얘기입니다.

> "예루살렘아 예루살렘아 선지자들을 죽이고 내게 파송된 자를 돌로 치
> 는 자여 암탉이 그 새끼를 날개 아래 모음 같이 내가 네 자녀를 모으려 한
> 일이 몇 번이냐 그러나 너희가 원치 아니하였도다"(마 23 : 37).

회개치 아니하던 백성들을 향하여 한탄하시던 하나님이십니다.

빌라도의 법정에서 침 뱉는 자, 주먹으로 뺨을 치는 자, 가시면류관을 눌러 씌우는 자, 죄인의 홍포를 입히며 조롱하는 자들에 대하여 끝까지 사랑하시던 주님의 모습에서 하나님의 구원하시고자 하는 열정을 느낄 수 있습니다. 한편 강도는 네가 만일 하나님의 아들이어든 자기를 구원하고 십자가에서 내려오라고 희롱하였지만 주님은 뛰어 내리지 아니하시고 "다 이루었다" 하시고 고개를 숙이시고 죽음을 허락하셨습니다.

이러한 그리스도의 모습에서 우리는 보이지 않는 하나님을 우리의 이성과 오감을 가지고 만나게 됩니다. 하나님이 육신을 입고 우리 앞에 오셔서 우리의 종인 처지를 보시고 안타까워하시고 때로는 분노하기도 하시고 때로는 눈물을 흘리기도 하시고 마지막 목숨까지 버리시면서 우리를 구원하신 일을 생각해 보십시오.

주님의 눈물방울 한 방울도 그리고 그의 몸에서 흘러나온 핏방울과 땀방울들은 모두가 다 우리를 사랑하사 죄와 사망의 심판으로부터 구원하시고자 하는 하나님의 뜻을 전하시는 말씀이셨습니다. 주님은 보이지 않는 하나님의 사랑을 우리에게 전달하시려는 불타는 심령으로 인생을 사셨습니다. 예수 그리스도의 생애는 계시의 주체이시며 수단입니다.

말씀은 곧 계시라고 할 때 우리가 오해할 가능성은 하나님 자신을 알리는 용도로서 말씀이나 계시는 상품 진열장 같이 고객의 선택을 기다리는 전시용으로 생각할 수 있다는 것입니다. 십자가만큼 사랑했으니 감동해 달라는 식의 사랑의 전시장으로 오해해서는 안 됩니다.

계시는 하나님에 대한 지식이나 정보 전달이 아닙니다. 계시의 특징 중에 가장 큰 핵심은 하나님이 어떤 뜻을 가지고 계시고 그 뜻을 이루기 위해서는 무엇이던지 동원하여서라도 기필코 이뤄내시는 강력한 의지를 담고 있다는 것입니다. 하나님이 한번 발하신 말씀은 이미 이루어진 것이나 다름이 없다는 것입니다. 이것이 계시의 특성입니다. 선택을 요구하지 않으십니다. 구원할 자를 반드시 구원하시고야 마십니다. 그 열정이 얼마나 무서우냐 하면 십자가를 통해서 알 수 있습니다. 독생자를 아낌없이 대속물로 못 박으시는 분이시라면 다른 일은 보나마나 하나 님의 뜻대로 이루신다는 것입니다.

구원의 대상으로서 만세전에 그리스도 안에서 예정되어 있다가 때가 이르매 우리가 다 예수를 믿어 구원함에 이르렀습니다. 문제는 한가지 입니다. 말씀의 주체가 예수 그리스도이심을 잊지 말라는 것입니다. 죄 인의 몸을 입혀 우리와 같이 되게 하신 후 대속물로 죽게까지 하신 하나 님의 강렬하신 의지를 기억하는 순간, 더 이상 나의 정욕과 이기심에 잡 혀 있을 수 없음을 자각하고 믿음으로 살기로 결심해야 될 것입니다. 하 나님의 나를 향하신 사랑 때문에 구원받은 우리는 동시에 하나님 앞에 서 긴장과 두려움으로 살 수 밖에 없습니다.

여기 또 다른 두려움이 있습니다. 말씀이 하나님을 설명하는 계시의 방편이라면 주님께서 우리에게 당부하신 말씀도 계시의 용도라는 것을 명심해야 합니다.

"아버지께서 나를 세상에 보내신 것 같이 나도 저희를 세상에 보내었
고" (요 17 : 18).

우리는 세상으로 보내심을 받은 사람들입니다. 어떻게 보냄을 받았느 냐 하면 성자 예수님께서 아버지께로부터 보내심을 받으셔서 아버지 하 나님을 설명하고 전달한 것같이 주님이 우리를 보내신다는 것입니다.

●●●●●●●●●

내 말과 행동, 나의 판단과 생각까지도 이제는 모두가 다 하나님을 설명하고 전달하는 용도로 우리 자신이 그리스도를 대변하는 자들임을 명심해야 할 것입니다. 주님의 생애가 말씀인 것처럼 우리도 보이지 않 는 하나님을 이방인들에게 보이게 하는 설명체임을 깨닫는 계기가 되 기를 바랍니다.

그리스도, 삼위일체

(요 1:1-3)

"태초에 말씀이 계시니라 이 말씀이 하나님과 함께 계셨으니
이 말씀은 곧 하나님이시니라 그가 태초에 하나님과 함께 계셨고 만물이 그로 말미암아
지은바 되었으니 지은 것이 하나도 그가 없이는 된 것이 없느니라"

그리스도의 신성을 설명해주는 내용은 그리스도와 하나님과의 관계가 어떠냐에 대한 것입니다. 성자 예수 그리스도는 하나님이라는 신학적 논리가 바로 세워지지 않으면 기독교의 기초가 흔들리게 되는 위험에 직면하고 맙니다. 신앙생활에서 흔히 지나칠 수 있는 교리 중에 하나입니다. 요즈음 우리 주변에도 성부 하나님이던 성자 하나님이던 성령 하나님이던 따질 것이 아니라 예수 믿으면 되고 사명 다하여 열심히 헌신하면 되는 것이라는 생각이 제법 팽배해져 있습니다. 그러나 기독교 신앙의 오류를 범할 가능성이 있음을 유의해야 합니다.

　1절, "이 말씀이 하나님과 함께 계셨으니" 예수 그리스도는 '하나님과 함께 계셨다' 로 이해되는 구절입니다.

　'함께' 라는 말은 전치사 'pros' 로써, 가까이에 서로 향하여, 대면하여, 매우 밀접하게 결합하여 라는 의미입니다. 예수 그리스도는 하나님과 대면하면서 통일된 행동을 취하고 계셨습니다. 예수 그리스도는 하나님 안에 계시는 것도 아니요 하나님 곁에 나란히 계시지도 않으셨습니다. 하나님과 함께 얼굴을 맞대시며 늘 가까이에서 하나님과 통일된 행동을 취하시고 계셨습니다. 또한 "하나님과 함께 계셨다" 함으로 말씀이신 그리스도는 독자적으로 계시는 인격체임을 증명해 주고 있습니다. 하나님과 함께이니까 성부 하나님 따로 성자 하나님 따로 라는 구분이 분명해집니다.

　삼위일체 교리는 하나님의 존재 양식을 이해하는 데 중요한 핵심입니다. 삼위일체에 관한 주장이 어떠냐에 따라 이단이 생겨납니다. 하나님은 인격체 혹은 구별된 삼위로 존재하십니다. 성부, 성자, 성령 하나님을 호칭할 때 세 하나님들, 삼신이라 하지 않고 삼위 하나님이라 합니다. 삼위로 따로따로 계시지만 한 하나님이기 때문에 우리는 삼신이라 하지 않습니다. 한 하나님이라 합니다.

　초대교회에서도 성자 하나님의 신성을 부인하는 여러 가지 이단들이 있었습니다. AD 325년 니케아 회의에서 하나님을 숫자적으로 한 분이 아니라 3인격체=3위(Three Persons)인 것을 신조로 확정하였습니다. 즉, 성부 하나님, 성자 하나님, 성령 하나님의 존재 양식을 확증하였습니다. 어떻게 이렇게 구별된 삼위 하나님이 하나인가? 하는 것이 문제입니다. '하나' 라는 것이 어떤 의미로 씌어졌는가를 알아야 합니다.

　"나와 아버지는 하나이니라 하신대 유대인들이 다시 돌을 들어 치려하
　거늘" (요 10 : 30, 31).

여기 말씀에 분명히 "나와 아버지는 하나다" 라 하셨습니다. 나 이외에 아버지가 따로 계시는데 그 아버지와 내가 하나라는 것입니다. 만일 숫자적으로 하나라는 뜻으로 말씀하셨다면 '내가 곧 하나님이다', '너희들이 믿는 하늘에 계신 하나님이 바로 나다', 이렇게 말씀하셔야 합니다. 그런데 나와 아버지라고 분명히 나 이외에 아버지가 계신 것을 말씀하셨습니다. '하나다' 라는 것은 영광과 존귀와 능력과 거룩과 의와 모든 신성이 똑같다는 뜻입니다.

> "그는 근본 하나님의 본체시나 하나님과 동등 됨을 취할 것으로 여기지 아니하시고 오히려 자기를 비어 종의 형체를 가져 사람들과 같이 되었고" (빌 2 : 6, 7).

본체는 외형이 아니라 내용이나 본질이라는 말입니다. 성자 그리스도는 성부 하나님과 본질이 똑같습니다. 두 분이시지만 질로는 하나이기 때문에 두 분이나 한 분이거나 간에 같다는 것입니다. 현재 우리가 이 삼위일체 교리를 오해하고 있으므로 신앙의 풍성함을 놓치고 있음은 안타까운 일입니다. 그것은 마치 금반지를 사서 손에 끼지 않고 땅속에 묻어 두고 사는 것과 같습니다. 모르면 이렇게 풍성한 하나님의 존재 양식으로부터 누리는 생명의 말씀을 한번도 사용하지 못하고 묻어두는 격이 됩니다.

하나님이 숫자적으로 '하나다' 는 고정관념 때문에 우리 신앙이 다분히 단일신론의 형태를 취하는 경우가 많습니다. 단일신론은 숫자적으로 하나님이 한 분이라고 믿는 것으로서 역사적으로 유명한 이단입니다. 하나님을 단일신론적으로 믿으면 크게 양자론과 양태론으로 빠지게 됩니다. 양자론은 성부 하나님께서 예수 그리스도에게 성령을 한없이 부어 주셔서 마치 하나님과 같은 사람이 되었다는 것입니다. 예수는 본래 사람이었는데 하나님께서 그를 아들 삼고자 성령을 부어 주셔서 초월한 존재가 되었다는 학설입니다. 하나님이신 예수 그리스도를 피조물로 격하시키는 이단입니다. 성경은 예수 그리스도를 하나님이 아니고 인간이라고 그리스도의 신성을 부인하면 이단으로 규정합니다.

양태론은 원래 하나님이 하나인데 구약에는 성부 하나님으로서 신약에는 성자 하나님으로서 교회시대는 성령으로서 하나님으로 각 시대마다 역할을 달리 하신다고 하는 것입니다. 하나님이 그 시대마다 모양을 바꾸어 나타나신다는 것으로 설명합니다. 이단입니다. 하나님을 양자론이나 양태론적으로 이해할 가능성을 배제할 수 없을 뿐 아니라 이 문제는 이단을 싹트게 하는 위험이 있기에 심각하게 짚고 넘어가야 합니다.

이 모든 오류는 세 분 하나님이 다 모여야 하나님의 온전하심이 이루어진다는 생각을 불러일으키게 합니다. 빛과 열이 합칠 때 태양의 온전한 형체를 이루는 것으로 생각해 볼 수 있습니다. 성부, 성자, 성령 삼위 하나님이 각각 삼분의 일씩 영광, 존귀, 능력, 거룩을 가진 것처럼 우리의 마음속에 언제나 삼위 하나님의 이름을 각각 부르는 오류에 빠지게 됩니다. 이는 하나님에 대한 신성모독입니다. 뿐만 아니라 신앙생활에 있어서 간직하고 누려야 할 풍성한 은혜를 놓치고 마는 결과를 가져오게 됩니다.

삼위 하나님은 각각 개체로 계셔도 신성에 있어 온전하시고 조금도 부족함이 없으십니다. 동등하게 권능과 존귀, 영광이 충만하시고 동등하게 영원, 전능, 사랑이시며 거룩하십니다. 성부 하나님 한 분만 계셔도 세 분이 계신 것과 동일한 권능과 영광이 같습니다. 한 분이 계셔도 세 분이 계신 것과 같다는 뜻에서 삼위일체입니다.

삼위는 각각 온전하신 하나님이십니다. 성자 그리스도도 하나님으로서 온전하시고 성령도 하나님으로서 온전하십니다. 우리가 하나님이 숫자적으로 하나라고 믿고 있던 개념이 얼마나 잘못이며 하나님의 하나님 되심을 부인하는 소치인지를 알아야 합니다.

각각 독립된 인격성과 존재 양식을 모르면 예수 그리스도를 하나의 인간으로 특히 성령 하나님을 무슨 바람이나, 힘이나 기운 같은 물건으로 취급할 가능성이 많습니다. 성령충만을 받으면 예수님처럼 하나님의 신성이 충만한 인격성이 돋보여야 합니다. 인격이나 성품은 변하지 않고 바람 같은 소리만 내면 큰 오해입니다.

1절, "이 말씀은 곧 하나님이시니라" – 우리와 동일한 육체를 입고 우리 앞에 오셔서 죄와 형벌과 사망아래 놓인 우리의 처지를 보시고 안타까워하시며 통분히 여기사 끝내 십자가에 오르셨던 예수 그리스도는 우리로부터 경배와 찬양을 받으실 거룩과 존귀와 영광으로 충만하신 하나님이십니다.

예수 그리스도는 죄인의 몸을 입었을 뿐 그의 독자적으로 취하신 행동은 없으셨습니다. 오직 성부 하나님의 뜻을 이루는 일에 죽기까지 복종하셨습니다. 그는 하나님의 뜻을 계시하는 일에 완전하셨습니다. 하나님의 자기 백성을 향하여 갖고 계시는 심사를 100% 그대로 나타내시고 전달하시는데 있어 완전하신 분이셨습니다.

하나님이 우리로 구원하시는 데 있어 얼마나 온전하시며 거룩하시냐 하면 성자 그리스도가 성부 하나님의 뜻에 죽기까지 복종하신 열심을 통해서 알 수 있습니다. 그 십자가로 보여주신 그리스도의 순종만큼 온전하십니다.

우리를 구원하시는데 있어 이토록 완전하십니다. 하나님의 뜻을 따라 십자가에 기꺼이 오르신 예수 그리스도이십니다. 능치 못할 일이 없으십니다. 우리의 구원을 지키시는 분이 지금도 보좌에 계신 하나님이심을 명심하십시오. 그 하나님이 구원받은 우리 인생을 놓치실 수가 없으십니다.

● ● ● ● ● ● ● ● ● ●

오늘 우리에게도 권하시는 말씀을 들읍시다.

"너희 안에 이 마음을 품으라 곧 그리스도 예수의 마음이니 그는 근본 하나님의 본체시나 하나님과 동등 됨을 취할 것으로 여기지 아니하시고 오히려 자기를 비어 종의 형체를 가져 사람들과 같이 되었고 사람의 모양으로 나타나셨으매 자기를 낮추고 죽기까지 복종하셨으니 곧 십자가의 죽으심이라" (빌 2:5-8).

(요 1:3-4)

"만물이 그로 말미암아 지은바 되었으니 지은 것이 하나도 그가 없이는 된 것이 없느니라
그 안에 생명이 있었으니 이 생명은 사람들의 빛이라"

이는 그리스도의 신성을 설명하는 내용 중 가장 뚜렷하게 표현해 주는 구절입니다. 3절과 4절, "만물이 그로 말미암아 지은바 되었으니 지은 것이 하나도 그가 없이는 된 것이 없느니라 그 안에 생명이 있었으니" 그리스도와 우주와의 관계가 어떠한가 하는 문제를 가지고 그리스도 예수의 신성 곧 하나님 되심을 증거해 주는 말씀입니다.

3절, "만물이 그로 말미암아 지은바 되었으니" – 그리스도는 곧 창조주시다는 것입니다. 그가 없이는 지은 것 중에 하나도 존재할 수 없었습니다. 그렇다면 피조물은 반드시 창조주를 주인으로 섬겨야 하고 그의 계명 아래 있는 것이 당연합니다. 이것이 피조물의 정위치 입니다. 그토

록 예수 그리스도는 경배의 대상입니다.

4절, "그 안에 생명이 있었으니" – 우리가 눈여겨봐야 할 대목입니다. 창조주 그리스도를 설명하고 난 후에 "그 안에 생명이 있었다"고 합니다. 생명은 예수 그리스도와의 관계에서만 파악되지 않으면 안 됩니다.

성경에서 묘사하고 있는 생명에는 두 가지 의미가 있습니다.

첫째, 생물학적 생명입니다. 인간이나 동물이 갖고 있는 지 · 정 · 의로서 육체의 활동을 가능케 하는 생명을 의미합니다. 하나님이 인간을 만드실 때 흙으로 빚으신 육체와 그 속에 하나님의 생기를 불어 넣어주심으로 드디어 인간은 생령이라는 존재가 된 것입니다. 그러니까 육체와 영혼이 결합하여 하나님을 알고 하나님의 뜻을 분별하여 하나님과 교제가 가능한 생령이라고 하는 살아 있는 영적 존재가 된 것입니다.

그런데 인간의 심각한 문제는 죄가 들어옴으로써 영혼이 마비되어 하나님과 교제가 단절되는 비참함에 이르게 된 것입니다. 성경은 하나님과 교제가 단절된 상태를 죽음으로 규명하고 있습니다. 영혼이 죽어 활동하지 못하면 남는 것은 육체밖에 없는 데 성경은 육체만 가지고 살아가는 상태를 본질상 진노의 자식이고 죄와 허물로 죽은 인생을 사는 것이라고 단언하고 있습니다.

육체만 있다는 것은 몸과 마음만 있는 상태입니다. 그런데 심각한 것은 마음, 정신을 성경은 이렇게 묘사하고 있습니다.

"어리석은 자는 그 마음에 이르기를 하나님이 없다 하도다 저희는 부패하고 소행이 가증하여 선을 행하는 자가 없도다"(시 14 : 1).

"속에서 곧 사람의 마음에서 나오는 것은 악한 생각 곧 음란과 도적질과 살인과 간음과 탐욕과 악독과 속임과 음탕과 흘기는 눈과 훼방과 교만과 광패니"(막 7 : 21, 22).

"만물보다 거짓되고 심히 부패한 것은 마음이라…"(렘 17 : 9).

사람의 영이 죽어 있는 한 인간의 지·정·의는 타락하여 죄의 권세 아래 있게 됨으로 인간이 만들어 내는 모든 것은 본질적으로 악하고 하나님의 뜻과는 정반대 일 수밖에 없는 것들입니다. 다시 말하면 육체만 가지고 있는 한, 하나님 보시기에 다 악할 뿐입니다. 그런데 자연상태에서 인간은 이원론적인 사고방식이 자리하고 있어서 육신은 나쁜 것, 저급한 것, 더럽고 악한 것이고, 반면 정신과 마음은 깨끗하고 고귀하다는 생각에 붙잡혀 있습니다.

모든 이방 종교를 한 곳에 불러 모아 놓으면 다 같이 무엇을 추구하느냐 하면 마음을 육신으로부터 고스란히 빼내는 작업을 시도합니다. 마음을 육신으로부터 분리해 내기 위해서는 육신이 요구하는 것을 제어하고 다스리는 방법으로 금욕, 극기, 절제, 자기 학대와 같은 고행을 종교의 형태로 만들어 실천하고 있습니다. 사람들 보기에는 아름답고 합리적인 구도의 길입니다.

그러나 성경에서 살펴보면 영적 고리가 끊어진 상태에서 지금 하나님과 교제가 불가능한 데, 그 자연상태 그대로를 두들기고 문지르고 연마해서 비록 해탈하고 성불이 되었다 할지라도 여전히 하나님 앞에서는 그 행위가 악할 뿐, 하나님의 진노를 면할 길이 없다는 데에 인간 문제의 심각성이 있습니다. 하나님과 교제가 끊어진 상태를 죽음이라고 할 때 결국 이방 종교는 모두 죽은 시체에다가 곱게 화장하는 것과 같은 우매한 길을 가고 있는 격이 됩니다.

사람은 누구나 생명에 대한 강한 집착을 갖고 있습니다. 죽는다는 사실을 알고 있기 때문입니다. 죽음의 실존이 사람들에게 극심한 고독과 허무와 절망을 안겨다 줍니다. 인간이 갖고 있는 문제들은 다 죽음으로부터 파생되어 나온 것들입니다. 그래서 죽음을 연마하여 빛을 내면 죽음마저도 아름다워 보이는 초월의 경지까지 이르게 됩니다.

인간은 그것을 마치 생명인 것처럼 부둥켜안고 고행의 기나긴 여정 끝에 해탈까지 갑니다. 생명은 기존의 세상을 변형, 확대, 개조해서 만들어 질 수 없습니다. 윤회나 해탈이나 도덕성 같은 것들이 생명일 수가 없습니다.

둘째, '조에' 란 단어입니다. 이는 죽음과 반대되는 말로서 하나님과 함께 사는 생명을 가리킵니다. 본문 4절 말씀과 같이 "그 안에 생명이 있었다"고 합니다. 그리고 예수 그리스도는 생명이십니다. 예수님이 친히 하신 말씀은 "내가 곧 길이요 진리요 생명이니"(요 14:6)셨습니다. 예수 그리스도의 인격이 생명입니다. 예수 그리스도와 사귐이 있으면 생명을 가진 자입니다.

영생이란 영원한 시간, 끝없는 시간, 무시간 (Timeless)의 뜻이 아닙니다. 하나님과 함께 있는 시간을 말합니다. 여호와 삼마, 임마누엘입니다. "영생은 곧 유일하신 참 하나님과 그의 보내신 자 예수 그리스도를 아는 것"(요 17:3). 이라 하셨습니다. "아는 것" 이란 하나님에 대하여 그 속성과 성격까지도 속속들이 아는 것을 말합니다. 완전히 하나가 된 상태입니다. 서로서로 사이에 모르는 것이 없이 인격 대 인격, 존재와 존재 사이가 하나를 이룬 상태, 이것이 영생입니다. 예수 그리스도는 세상을 새롭게 만들려고 오시지 않으시고 이 죽음의 땅에 생명의 씨를 뿌리러 오셨습니다. 사람들의 심령 속에 하나님을 아는 지식을 넣어 주시려고 오셨습니다. 하나님의 말씀을 듣는 귀를 열어 주시고 하나님을 믿어 하나님과 화목케 하려고 오셨습니다.

"내가 온 것은 양으로 생명을 얻게 하고 더 풍성히 얻게 하려는 것이라"(요 10:10 하반절) – 하나님과 화목하고 결합하는 생명을 근거로 하여 이제는 더욱 풍성한 삶을 약속해 주셨습니다. 예수님은 하나님과 교제가 단절된 죽음의 상태에서 살던 우리를 하나님과 화목케 하시려 십자가를 지셨습니다. 십자가는 예수 그리스도와 하나님이 완전히 아교

풀로 붙인 것처럼 하나가 되었다는 것을 증명해 주는 표시입니다.

예수님은 성부 하나님과 언제나 한 마음 한 뜻이였고 예수님의 사역에서도 하나님과 어긋남이나 분쟁이나 비난이나 저항이 전혀 없는 오직 사랑으로 하나 되어 있는 동질 동본의 사이였습니다. 이것의 표가 십자가입니다. 하나님은 그 십자가에서 만족하셨습니다. 영광을 받으셨습니다. 하나님의 품을 떠난 인간을 하나님과 화목케 하려고 십자가에서 화목제물 되셨습니다.

이제 예수 그리스도 안에서 생명이 열매를 맺는 길이 열려진 것입니다. 예수 안에서 생명이 있습니다. 예수 그리스도 안에서 하나님과 함께 살고 있는 한 언제나 영생이며 구원이며 천국입니다. 예수 안에 생명이 있으므로 거기에는 더 이상 형벌이나 저주가 없습니다. 환난이 있다 하여도 생명을 근거로 더욱 풍성한 삶을 이루는 데 필요한 하나님의 손길이지 형벌일 수 없습니다. 신앙은 생명을 열매 맺는 풍성한 삶을 약속받고 있는 자리입니다.

성경에 기록된 인물들 – 사도들을 비롯하여 초대교회 성도들은 옥에 갇히거나 매를 맞거나 유리방황하는 핍박 중에 살았지만 말할 수 없는 기쁨과 행복 속에서 살았다고 증거하고 있습니다. 어떤 힘이, 무엇이, 그토록 주님을 위해 열정을 가지고 살 수 있게 하였습니까? 단 한 가지, 여호와 하나님이 거기에 함께 계셨다는 것입니다. 생명이 있는 자의 증거는 하나님과 관련하여 모든 현실에서 기쁨과 감사 그리고 장래의 소망을 더욱 깊고 풍성하게 누리며 외칩니다.

생명의 특징은 그 주변 환경이 어떤 경우에라도 다 자라고 가지를 뻗고 열매를 맺게 하는데 필요한 좋은 조건이 된다는 것입니다. 비가 오면 비가 와서 잘 자라고 태양이 비취면 햇빛 때문에 잘 자라고 바람이 불면 불어서 잘 자랍니다. 그러나 시체는 반대로 모든 환경이 썩게 하는 조건이 됩니다. 비가 와서 더 잘 썩고 햇빛 때문에 더 잘 썩고 바람이 불어서 더 잘 썩습니다.

우리가 예수 그리스도 안에서 생명을 얻었다는 것의 능력과 자랑이 무엇입니까? 우리에게 있어서 삶의 모든 환경은 우리의 구원의 은혜를 더욱 감동케 하고 믿음을 더욱 굳세게 하는 필요조건이 되는 것입니다. 하나님이 우리와 함께 계심으로 우리는 넘어지거나 쓰러지지 아니합니다. 생명을 가졌기에 이제는 더욱 풍성한 삶을 얼마든지 기대해도 좋은 간섭 아래에서 살고 있습니다. 할렐루야!

그리스도, 사람의 빛

(요 1:4)

"그 안에 생명이 있었으니 이 생명은 사람들의 빛이라"

예수 그리스도의 본성을 이해하기 위해서는 빛의 개념을 파악해야 합니다. 빛이라는 말이 요한복음에만 21번이 나옵니다. 예수 그리스도를 묘사하는 낱말로서 빛을 이해하지 못하면 신앙생활에서 갖는 풍요한 양식을 놓치고 맙니다.

"하나님이 가라사대 빛이 있으라 하시매 빛이 있었고"(창 1 : 3).

빛은 천지창조의 맨 처음 시작에서부터 존재합니다. 빛이 있으라 하니 빛이 있었습니다. 빛이 있음으로 어두움도 함께 창조되었습니다. 빛은 태양이 있기 전에 있음으로 빛은 단순히 밝게 비추는 기능뿐 아니라 어두움을 동반하는 원리로 작용한다는 것은 신비로운 일입니다.

하나님의 계획은 빛과 어두움을 함께 창조하는 것입니다. 낮과 밤을 구분하는 첫 번째 요건은 빛이 있어야 되는 것입니다. 한 쪽에 빛이 비추면 다른 한 쪽은 어두워지기 마련입니다. 우주 안에 빛과 어두움이 공존하는 것은 신비롭고도 아름다운 조화라 아니할 수 없습니다. 그러나 좁은 공간에서 빛과 어두움은 공존할 수 없고 빛에 의해 어두움이 좌우됩니다. 빛이 오면 어두움은 그 자리를 지킬 수가 없습니다.

이러한 우주의 원리와 함께 예수 그리스도의 신성을 증명하는 데에 있어 빛이라 한 것은 깊은 뜻이 있습니다. 요한복음에서 그리스도를 생명이라 하고 다음으로 빛이라고 묘사한 것은 죽음과 어두움을 하나의 개념으로 묶어서 하나님과 단절된 죄악의 장소나 상태를 지적해주고 있습니다. 예수 그리스도는 생명이요 빛이시고 그 반대는 죽음과 어두움입니다. 히브리어에서 빛은 '오르' 라고 하는데 이는 힘을 상징하는 단어입니다. 어두움은 '호세크' 인데 이는 꼬인 밧줄, 비뚤어진 행동을 상징하는 말입니다. 빛은 모든 것의 근원이며 힘입니다. 반면에 어두움은 정도에서 이탈한 모습으로서 비뚤어진 행동입니다.

빛은 하나님이 빛이 있으라 하신 후에 한번도 이 지구상에서 사라진 적이 없습니다. 빛이 없으면 지구는 존재할 수 없습니다. 빛은 생명이며 힘의 근원이기 때문에 모든 존재의 가치와 의미는 빛에 의해서만 결정됩니다. 그래서 구약의 성소에는 계속 올리브유가 공급되는 금 촛대의 불빛을 밝혀야 했습니다. 한번도 꺼진 적이 없습니다.

빛이 없으면 남는 것은 어두움이기 때문에 어두움으로 상징되는 온갖 더러움, 악함, 무질서와 혼돈 그리고 죽음과 적막을 몰아낼 방법이 없습니다.

"이 무리는 정직한 길을 떠나 어두운 길로 행하며" (잠 2 : 13).

"그 정죄는 이것이니 빛이 세상에 왔으되 자기 행위가 악하므로 빛보다 어두움을 더 사랑한 것이니라"(요 3:19).

어두움 속에서 악이 판을 칩니다. 죄가 난무합니다. 부정과 부패한 자들에게는 암흑은 유일한 활동 무대입니다. 이토록 빛이 없으면 무질서와 혼돈 속에서 역사는 곤두박질 할 수밖에 없습니다.

어두움 아래서는 분별력을 잃습니다. 어디가 길인지, 강인지, 언덕인지, 어디가 진흙탕인지 마른땅인지 분별이 안 갑니다. 이 모든 사물을 분별하려면 빛이 반드시 와야 합니다.

예수 그리스도는 빛으로서 어두움의 땅에 오셨습니다. 빛이 옴으로 사람들의 모습이 확연히 드러나게 되었습니다. 신령한 빛이 비춰진 것입니다. 예수 앞에서 인간의 모습이 마치 개가 그 토했던 것을 다시 먹고 돼지가 그 누웠던 곳에 다시 눕는 것과 같이 더럽고 냄새나는 존재라는 것이 드러난 것입니다. 이에 요한은 그리스도는 사람들의 빛이라 한 것입니다.

사람들의 빛이라 할 때 그것은 예수님 앞에서 사람들의 모습이 얼마나 죄인인가 더럽고 냄새나는 존재인가를 벌거벗기는 말씀입니다. 인간 자신이 고안해 낸 자기 위선의 방어기제로서는 더 이상 자신을 감출 수 없다는 뜻에서 예수 그리스도는 사람들의 빛입니다. 이것을 보다 적극적으로 표현하면 회개를 요구하는 말씀으로서 빛입니다.

율법에 따라 간음한 여자를 돌로 쳐 죽이려고 사람들이 몰려 왔습니다. 예수님이 사람들의 마음에 신령한 빛을 비추셨습니다. 땅바닥에 굽히시고 몇 자 적은 후에 일어나셔서 죄 없는 자가 돌로 치라 하셨더니 모두 양심의 가책을 받아 어린아이로부터 어른에 이르기까지 다 도망쳐 버렸습니다. 그 다음 주님이 설파한 말씀이 우리를 놀라게 합니다.

빛을 비추었더니 어두움 속에서 살던 사람들이 자신의 죄인 됨을 알고 양심의 가책을 받아 회개하고 두 손들고 항복한 것이 아니라 다 도망쳐 버렸습니다. 인간이 얼마나 어두움의 존재냐 하면 예수께서 "나를 따르는 자는 어두움에 다니지 아니하고 생명의 빛을 얻으리라" 하셨더니 더욱 예수를 잡아 죽이려는 음모를 꾸미는 일에 악랄해 지더란 얘깁니다. 예수를 십자가에 못 박는 데에 손을 들어주더라는 것입니다. 이것이 빛 앞에서 노출되는 어두움의 모습입니다. 인간이 하나님을 향하여 갖는 저항심입니다. 인간은 자신을 변호하고 정당화하려고 생명의 빛을 꺼버리는 데에 서슴지 않았다는 것입니다.

기독교는 생명의 빛입니다. 양심만을 비추는 빛이 아닙니다. 양심의 가책이나 깨달음 정도로 구도의 길을 안내하는 빛이 아닙니다. 이는 이방 종교의 빛입니다.

예수 그리스도는 빛이심과 동시에 생명이십니다. 인간의 죄인 됨을 지적하고 좌절과 절망케 함과 동시에 죄 사유함의 십자가 앞으로 인도하는 생명의 빛이십니다. 이사야는 하나님의 영광을 본 후 "화로다 나여 망하게 되었도다"(사 6:5) 하고 큰 절망에 빠지게 됩니다. 이대로는 구원이 없구나, 극도의 슬픔과 탄식으로 절망을 호소합니다. 이 때 제단 숯불을 취하사 부정한 입술에 대시며 "네 죄가 사하여졌느니라"(사 6:7)고 하는 구원을 선포하시는 하나님의 음성을 듣게 됩니다.

오늘 우리 그리스도인을 가리켜 세상의 빛이라고 합니다. 우리를 세상의 빛이라 할 때 우리가 생각하듯이 우리를 보는 자들이 양심의 가책을 느끼거나 도덕성을 자극케 하는 역할로서 빛이 아닙니다. 우리는 아무리 부끄러운 지적 속에 면목이 없는 처지에 있다 할지라도 예수 안에서 존재론적으로 빛입니다. 도덕적 빛이 아닙니다. 어두움에 대하여 빛입니다. 신령한 빛입니다. 생명의 빛입니다.

우리가 빛으로 존재하는 것과 빛답게 사는 것은 별개의 문제입니다. 오늘 우리의 부끄러움은 빛답지 못한데 있습니다. 나의 도덕성과 덕목이 빛이 아닙니다. 나의 행동이 한 영혼을 살리는 생명의 빛이 될 때에 비로소 우리의 도덕성이 세상의 빛이 되는 것입니다.

●●●●●●●●●

우리에게 맡겨진 사명은 영혼구원입니다. 생명을 일으키는 사명 때문에 붙여진 이름이 "너희는 세상의 빛"(마 5:14). 입니다. 빛다워서가 아닙니다. 영혼구원의 말씀을 가졌기 때문에 붙여진 이름입니다. 아무리 세상으로부터 지적받는 부끄러움 중에라도 하나님은 예수 안에서 우리를 가리켜 빛이라 하셨습니다. 하나님을 알고 하나님의 뜻을 따라 산다는 뜻에서 빛입니다. 빛으로서 갖는 영광만은 놓치지 말아야 합니다. 생명의 빛을 이웃에게, 이 민족에게 증거하고 전하는 데에 말씀의 입술과 지팡이가 되기를 결심하시기 바랍니다.

빛과 어두움

(요 1:5)

이미 살펴 본대로 그리스도는 하나님을 설명하고 전달하고 증명해 주는 말씀입니다. 계시의 주체자이십니다. 말씀으로 창조를 이끌어내신 하나님이 육신의 몸을 입고 우리가 사는 죄와 사망의 땅에 오셔서 무엇을 행하셨는가? 하나님은 선지자들을 통하여 전하시던 말씀을 이제는 예수 그리스도를 세상에 보내심으로 사람들이 알아들을 수 있는 삶을 가지고 말씀하셨습니다.

예수님은 우리와 겉모양이 똑같습니다. 나사렛의 목수 집안의 가난 속에서 사셨습니다. 요셉 집안의 장남으로서 생계를 위하여 목수의 직업에 충실하며 살았습니다. 그의 모습이 우리가 사는 것과 전혀 다르지 않았습니다. 그러나 공생애가 시작되면서부터 우리와 모양은 같은데 그의 행하시는 일의 내용이 전혀 달라지기 시작하였습니다.

가나 혼인 잔치에서 물로 포도주를 만드시는 일을 시작으로 귀신이 쫓겨 나가고 각색 병든 자들이 나음을 얻고 파도와 바람을 꾸짖으시사 잠잠케 하시고 오병이어의 기적을 일으켰습니다. 예수님이 가는 곳마다 경이롭고 충격적인 표적이 베풀어집니다. 그의 말씀에 따라 초월한 사건이 뒤를 잇는 데 사람들이 감당할 수가 없었습니다.

우리가 반드시 기억해야 할 것은 예수님의 인격과 삶 자체가 말씀이요, 생명이요, 빛이라는 사실입니다. 그분의 모든 행적은 어두움에 대하여 생병의 빛을 나타내는 계시의 방편입니다. 예수님의 행하신 일에는 병이 낫는 것 보다 더 긴급한 것, 더 절박한 문제는 사람들에게 하나님을 알리고 사람들로 하여금 하나님 앞으로 돌아오도록 회개케 하려는 것입니다.

기적이란 무엇입니까? 자연 속에 들어와서 초월자를 알리고 있는 장면들입니다. 하늘에서 말로만 하지 않고 여기 우리가 사는 곳에까지 오셔서 하늘에 관한 것, 곧 하나님의 존재와 그 나라와 비밀한 경륜經綸을 설명하고 있는 말씀입니다. 기적을 직접 보고 듣고 확인한 자들은 하나님의 위엄과 권위를 깨닫고 기적을 베푸신 자 앞에 마땅히 엎드려 경배드려야 할 터인데 요한이 본 사람들의 반응은 주님이 의도하신 대로 하나님께 항복하는 것이 아니라 도리어 그 놀라운 권세를 이용하여 자신들의 세상을 만족케 해 달라고 달려들더란 얘깁니다.

굶주려 지친 무리들을 보시고 민망히 여기신 나머지 예수님은 오병이어의 표적을 일으키셨습니다. 남자만 헤아려 오천 명이 실컷 먹고도 남은 부스러기가 열 두 광주리가 되는 정도였습니다. 이 충격적이고도 경이로운 장면을 목격한 자들이 무엇을 요구했겠습니까? '우리의 왕이 되소서' 하고 예수님을 경제 대통령으로 추대하였습니다. 자연 안으로 들어오셔서 예수님은 지금 초월하신 하나님을 알리고 그 분의 창조주

되심과 구속주 되심을 설명하고 있는 데 마땅히 '주여, 나는 죄인이로 소이다' 하고 무릎 꿇어야 할 순간에 인간은 자신들의 세상을 채워 달라고 극도의 이기심과 정욕을 발산하고 있었습니다.

우리의 주목을 끄는 것은 바로 하나님이 육신을 입고 오셔서까지 펼쳐 보이신 일인데도 불구하고 인간의 반응은 하나님의 뜻과는 정반대였다는 것입니다. 하나님이 예수 그리스도를 통하여 이루시고자 하는 뜻은 언제나 영혼구원이었으나 그 일을 가장 효과적으로 이루기 위하여 베푸신 표적에 대하여 인간이 반응한 것은 언제나 육체와 세상의 것이었다는 데서 하나님과 인간 사이에서 서로 엇갈리는 충돌점을 만나게 됩니다.

예수님의 행적이 진행됨에 따라 진리의 진폭이 커짐과 동시에 인간들의 오해의 폭도 점점 커가고 있었습니다. 예수님이 오셔서 이루시고자 하셨던 뜻과 예수님의 행적을 보고 인간들이 요구하는 것과의 괴리를 하나님은 어떤 방법으로 해결하셨습니까? 십자가입니다. 복음서의 핵심은 십자가를 통하여 인간이 얼마나 하나님에 대하여 어두움의 존재인가? 얼마나 시체와 같은 죽음의 상태인가? 하는 것을 고발하는 것입니다. 그럼에도 불구하고 하나님은 세상을 이처럼 사랑하셨다는 것이 계시의 핵심입니다. 요한은 독특하게도 성육신하여 하나님의 말씀으로 진행되고 있는 그리스도 예수의 모습을 이렇게 묘사하고 있습니다.

"빛이 어두움에 비치되 어두움이 깨닫지 못하더라" (요 1 : 5).

오늘 우리의 신앙 현실에서도 안타까운 것은 십자가의 복음을 세상 문제를 해결하는 데에 응용하고 있는 것입니다. 그리스도인이라면 누구라도 말씀에 비추어 한번 깊게 생각해야 할 심각한 문제가 아닐 수 없습니다.

예수님이 말씀하실 때마다 그리고 가는 곳마다 베풀어지는 기적의 사건들을 세상은 감당 할 수가 없었습니다. 그 사건 자체를 그냥 그대로 보면 예수님은 무슨 도사나 용한 점쟁이나 신통한 의사 정도로 밖에 보이지 않습니다. 당시 예수님을 따르던 군중들의 시각이 그랬고 오늘날에도 같은 군중들일 뿐입니다.

성령의 간섭이 없으면 하나님께서 행하시는 일을 인간은 도저히 이해할 수 없습니다. 얼마나 이해가 어려운가 하면 "빛이 어두움에 비치되 어두움이 깨닫지 못하더라" 이 정도로 예수님의 행하시는 일을 자연인 그대로는 절대로 수용 불가능하다는 것입니다. 인간이 하나님에 대하여 얼마나 무지한가 하면 빛과 어두움의 관계와 같습니다. 빛은 색깔입니다. 그런데 어두움밖에 모르는 장님이 빨강, 노랑, 파랑을 구별치 못하는 것과 같고 귀머거리가 소프라노, 알토, 테너, 베이스를 구분 못하는 것과 같습니다.

말씀이 육신을 입고 우리와 같이 함께 살면서 보여 주신 것이 '하나님과 그의 나라'에 대한 설명이었는데 사람들은 그 뜻을 전혀 몰라보았습니다. 하나님에 대하여 그토록 열심히, 그리고 안타까운 마음으로 가르치고 설명하고 증명해 보여 주셨는데도 깨닫지 못하고 오히려 십자가에 못 박아 죽이는 일에 손을 들어 지지 의사를 열렬하게 보내었습니다.

또 하나의 이유, 자신들의 요구를 들어주지 않는다는 것이었습니다. 그 이유 때문에 하나님의 영광을 져버렸습니다. 그 권능과 기적을 통하여 모두 자신의 정욕과 세상의 유익을 갈망하고 있었습니다. "우리의 왕이 되소서" 하고 달려들었습니다. 주님은 군중들의 요구를 피하실 수밖에 없으셨습니다.

예수님이 수제자인 베드로에게 책망하시던 말씀도 이와 비슷한 의미를 담고 있습니다. 주님께서 십자가의 죽음을 앞에 두고 떠날 것이라고 하셨더니 제자들은 한결같이 자신들의 쌓아 올린 공적이 허물어지는 절망에 빠지고 말았습니다.

> "베드로가 예수를 붙들고 간하여 가로되 주여 그리 마옵소서 이 일이 결
> 코 주에게 미치지 아니하리이다 예수께서 돌이키시며 베드로에게 이르시
> 되 사단아 내 뒤로 물러가라 너는 나를 넘어지게 하는 자로다 네가 하나님의
> 일을 생각지 아니하고 도리어 사람의 일을 생각하는도다" (마 16 : 22, 23).

제자들은 주님을 따라다니면서 추구하고 있는 것은 아직도 자신의 이기와 영달이었습니다. 세상살이에서 누릴 부귀영화에 정신을 팔고 있었습니다.

이때 요한복음에서 주님이 위로하시던 말씀도 우리의 신앙을 돌아보게 하는 가슴 아픈 대목이 아닐 수가 없습니다.

> "너희는 마음에 근심하지 말라 하나님을 믿으니 또 나를 믿으라"
> (요 14 : 1).

심지어 더욱 이해가 안 되는 장면은 부활하신 후 승천하시기 전 제자들에게 마지막으로 당부하신 말씀이 예루살렘을 떠나지 말고 아버지께서 약속하신 것을 기다리라는 것이었습니다. 보혜사 성령이 임하실 것이라고 하셨는데 제자들의 반응은 엉뚱하게도 "주여, 이스라엘을 회복하심이 이때니이까"(행 1:6)였습니다.

우리는 그토록 하나님에 대하여 시체와 같은 존재요 어두움의 자녀들이었다는 것을 보여주는 것이 십자가입니다. 십자가는 우리의 죄인 됨과 사망의 존재임을 지적하면서 우리에게 회개를 요구하는 말씀의 최후이며 더 이상 없는 마지막 카드입니다. 하나님의 행하시는 일에 무지하여 하나님을 거역하고 배신하는 인간을 향하여 하나님이 품고 계셨던 사랑과 긍휼의 풍성하심을 더 이상 보여줄 수 없는 사건이 십자가

사건입니다.

하나님은 그토록 우리를 사랑하셨습니다. 하나밖에 없는 독생자를 주시는 정도였습니다. 그 십자가 안에 죄인을 구원하시려는 강렬한 의지가 있었습니다. 구원하시고자 하는 자는 하나님의 간섭으로 인하여 두 손 들고 항복할 수밖에 없습니다. 십자가를 생각해 보란 말입니다. 하나님은 능치 못할 일이 없으십니다. 이것을 불가항력적 은혜라고도 합니다.

신앙은 하나님의 우리를 향하신 하나님의 마음이 어떠하냐를 아는 것입니다. 하나님이 우리 자신을 사랑하시는 일에 있어서 지금도 십자가만큼 친히 불타고 계심을 아는 것입니다. 우리 자신을 보고 세상을 보면 날마다 절망할 수밖에 없습니다. 그러나 삶의 고통이 역경이 있을지라도, 자신의 실수와 잘못이 있을지라도 우리는 우리 자신에게 절망할 권리가 없습니다. 누구 앞에서 감히 슬픔과 탄식을, 인생의 절망을 이야기할 수 있습니까? 독생자를 대속물로 십자가에 못 박으신 하나님의 사랑을 기억해 보십시오.

●●●●●●●●●●

우리는 더 이상 어두움에 속한 자들이 아닙니다. 빛에 초대된 자로서 하나님과 함께 사는 자입니다. 이를 위해 십자가에 달리신 예수 그리스도를 바라보십시오. 구원의 감격에만 머물지 말고 이제는 인생과 세상을 가장 값진 삶의 무대로 여겨 분발하십시오. 살 가치가 있습니다. 그러기 위해 구원을 받았습니다. 십자가를 통해서 말입니다.

(요 1:6-8)

> "하나님께로서 보내심을 받은 사람이 났으니 이름은 요한이라
> 저가 증거하러 왔으니 곧 빛에 대하여 증거하고 모든 사람으로 자기를 인하여
> 믿게 하려 함이라 그는 이 빛이 아니요 이 빛에 대하여 증거하러 온 자라"

예수 그리스도는 말씀이요 생명이요 빛이십니다. 생명이 죽음 가운데 왔고 빛이 어두움 가운데 왔습니다. 이 모두가 하나님을 알리고 증거하러 온 것인데 결론은 사람들이 빛보다 어두움을 더 사랑한다는 것입니다.

이토록 하나님께서 인간의 몸을 입고 오셔서 행한 일은 모두가 사람으로부터 오해를 받게 되어 수많은 반대에 부딪치면서 예수님은 점점 십자가의 길로 가시게 되었다는 것이 복음서의 내용입니다. 예수님은 현실적으로 당시 유대인들에게 민족적인 위로와 소망을 주는 표적을 행사하셨습니다. 그는 마땅히 사람들로부터 환영과 박수를 받을 만합

니다. 그토록 아름다운 선행에도 불구하고 사람들로부터 오해를 받게 되어 십자가의 길을 가신 주님에 대한 이해가 없으면 신앙의 오류를 범할 수 있습니다.

우리가 성경을 통해서 배워야 할 것은 하나님이 어떤 분이시냐는 것에 대한 풍요로운 지식입니다. 신앙생활은 하나님에 관한 지식과 정비례합니다. 우리의 사고 체계를 하나님 중심으로 바꾸어 사물을 보고 사건을 이해하고 특히 예수 그리스도를 통하여 이루신 구원을 중심으로 역사를 읽을 줄 아는 의식구조를 통해 사고하고 행동하는 신앙인이 되어야 합니다.

우리는 우리의 문제와 인간 상황을 중심으로 하나님의 지혜와 능력과 도우심을 구하는 방법으로 신앙생활을 하는 데에 익숙해져 있습니다. 우리 인간의 죄의 문제라던가 형벌의 심판이라던가, 현실적인 삶의 고통이라던가 하는 문제를 풀기 위한 방법으로 예수 그리스도의 구속 사역을 연구해 온 것이 일반적인 경우입니다.

그러나 요한복음은 예수 그리스도의 구속 사역을 하나님 편에서 이해할 수 있도록 설명하는 특징이 있습니다. 예를 들면 우리의 죄와 사망의 문제는 인간이 저질러 놓은 죄의 결과이기는 하지만 이를 해결해야 할 이유와 목적은 하나님 자신의 문제로 연결시키고 있습니다. 인간 문제는 하나님께서 풀어야 할 과제로 설명하고 있습니다. 우리를 구원하시는 것은 하나님의 권위와 영광의 문제와 깊게 관련된 것이기 때문에 하나님이 친히 주도하신 역사였다는 것에 주안점을 둡니다.

하나님은 하나님의 영광과 거룩이라는 문제를 풀기 위하여 예수 그리스도를 이 땅에 보내셨습니다. 하나님의 영광을 위해서는 우리를 죄와 사망의 속박으로부터 구출해 내는 것이 최우선 문제인 것입니다. 그런데 죄의 문제를 풀기 위해서는 죄 아래 있는 인간을 만나야 되는 큰 난관에 봉착할 수밖에 없습니다. 거룩과 영광의 모습 그대로 만나시는 날에는 죄인을 심판하실 수밖에 없습니다. 하나님의 거룩은 속성상 죄에 대하여 공의를 발휘하셔야 하기 때문입니다. 하나님은 사랑과 인자만으로는 우리를 구원하실 수가 없습니다. 사랑하심과 동시에 죄에 묶여 있는 자기 백성을 죄의 손아귀에서 풀려나도록 구출해야 되는 난관에 봉착하신 것입니다. 하나님에게 있어서 필요한 것은 죄인을 만나더라도 심판하지 않아도 될 중보자인 것입니다. 다른 방법이 없습니다. 하나님이 인간의 몸을 입고 여기 죄와 사망의 땅으로 친히 오시는 것입니다. 이는 마치 인간인 우리가 지렁이를 구원하기 위하여 시궁창에서 사는 지렁이가 되어 냄새나는 시궁창으로 뛰어드는 것과 같습니다. 인간의 입장에서 지렁이가 되는 것 보다 하나님이 죄인의 몸을 입고 이 땅에 오시는 것이 훨씬 더 어려운 난관입니다. 그토록 거룩과 영광과 존귀가 인간을 대하는 날에는 심판할 수밖에 없을 만큼 구별된 상태였고 도저히 두 개체가 한 자리에 있을 수 없는 원수 사이 이상이었습니다.

하나님이 육신을 입고 우리 앞에 나타나셔서 행하신 일이 모두 상상에도 없던 영생과 하나님의 나라에 관한 설명이었는데 세상은 이를 환영하지 않았습니다. 하나님이 이 세상에 오셔서 받은 대우가 마지막 십자가에서 못 박혀 죽는 것이었는데 요한은 이런 현상을 가리켜 5절, "빛이 어두움에 비취되 어두움이 깨닫지 못하더라"고 결론을 내리고 있습니다. 이 말씀을 기억할 때마다 예수 안에 있는 우리의 입장에서는 나의 나됨에 대한 은혜를 날마다 감격 또 감격하여도 모자람이 없습니다.

그리고 내용이 갑자기 바뀝니다. 세례요한이 등장합니다.

> "하나님께로서 보내심을 받은 사람이 났으니 이름을 요한이라 저가 증거하러 왔으니 곧 빛에 대하여 증거하고 모든 사람으로 자기를 인하여 믿게 하려 함이라"(요 1:6, 7).

요한은 특별한 사명을 띠고 등장한 인물입니다. 빛에 대하여 증거하는 자로 보내심을 받았습니다. 빛이 어두움에 비취매 어두움이 깨닫지 못하는 상황에서 빛을 증거하는 사명을 받고 나온 자입니다. 어두움이 빛에 대하여 깨닫지 못하는 상황인 데도 빛 자체가 아닌 자가 빛에 대하여 증거한다는 것이 과연 가능한 일일까요? 그러나 증거할 필요가 있어서 요한은 그리스도보다 6개월 앞서 보내심을 받았습니다. 모든 사람이 자기를 인하여 빛에 대하여 믿게 하기 위함입니다. 우리는 여기서 세례 요한에 대하여 알아두어야 할 몇 가지 사실이 있습니다.

첫째, 그는 구약의 마지막 선지자입니다.

> "율법과 선지자는 요한의 때까지요 그 후부터는 하나님 나라의 복음이
> 전파되어 사람마다 그리로 침입하느니라" (눅 16:16).

구약의 중심은 율법과 선지자입니다. 그 사명은 그리스도를 증거하는 것입니다. 그런데 구약의 모든 선지자들은 예수 그리스도를 보지 못한 채 증거하였지만 세례요한만은 눈으로 보고 증거하는 선지자입니다. 세례요한의 증거가 끝나면 곧 그리스도의 복음시대가 열립니다. 세례요한이 메시아가 오시기 전에 나타나서 주의 길을 예비하는 선구자로 올 것에 대하여 이미 예언된 바 있습니다. 구약의 마지막 구절을 보면 이렇게 기록되어 있습니다.

> "보라 여호와의 크고 두려운 날이 이르기 전에 내가 선지 엘리야를 너희
> 에게 보내리니 그가 아비의 마음을 자녀에게로 돌이키게 하고 자녀들의
> 마음을 그들의 아비에게로 돌이키게 하리라 돌이키지 아니하면 두렵건대
> 내가 와서 저주로 그 땅을 칠까 하노라 하시니라" (말 4:5,6).

이 예언은 그리스도가 오시기 전에 엘리야가 다시 나타날 것이라는 내용입니다. 세례요한이 광야에서 회개를 외치면서 물로 세례를 주고 있었을 때 유대 민족들의 마음속에는 이 사람이 우리를 구원할 메시아

가 아닌가 하고 무리를 지어 광야로 몰려 왔습니다. 이때 예루살렘 제사장들이 보낸 레위인들이 이렇게 묻습니다. "네가 그리스도냐?" 이 때 요한이 대답하는 내용이 놀랍습니다.

> "가로되 나는 선지자 이사야의 말과 같이 주의 길을 곧게 하라고 광야에
> 서 외치는 자의 소리로라 하니라"(요 1 : 23).

자신을 주의 길을 곧게 하는 광야의 소리로 고백합니다. 메시아의 길을 준비하는 자라는 뜻입니다. 그리고 요한복음 3장 28절에서 "나는 그리스도가 아니요 그의 앞에 보내심을 받은 자" 라고 자신을 증거합니다. 그것보다 가장 핵심적이고도 결정적인 말씀은 하나님께서 직접 세례요한에 대하여 증거하신 내용입니다.

> "모든 선지자와 및 율법의 예언한 것이 요한까지니 만일 너희가 즐겨 받
> 을진대 오리라 한 엘리야가 곧 이 사람이라 귀 있는 자는 들을지어다" (마
> 11 : 13 - 15).

구약 말라기에서 오리라 한 엘리야가 누구입니까? 바로 그리스도 앞에 보내심을 입은 세례요한입니다. 세례요한은 엘리야의 심령을 가진 자로서 하나님 오시기 직전에 그리스도의 길을 예비하는 선구자였습니다. 요한은 구약시대의 마지막 선지자요 대표자로서 새로운 시대를 여는 자가 아니라 새로운 복음 시대를 위하여 준비하는 전령사이며 선구자입니다.

우리가 이해해야 할 것은 말라기 이후 그리스도의 탄생까지는 약 400년의 기나긴 세월이 흐르고 있었다는 것입니다. 이스라엘로서는 이미 바벨론 포로 이후 페르시아와 헬라를 거쳐 지금은 로마의 피지배 민족으로 살고 있던 때입니다. 하나님의 말씀을 전하는 선지자도 끊어진

상태에서 꿈에도 못 잊을 이스라엘을 구원하실 메시아만을 대망하고 있었습니다. 이 때 세례요한은 온 민족의 기대를 한 몸에 걸머진 위대한 지도자였습니다. 이토록 국민적 기대가 모두 정치적, 경제적 메시아였습니다.

이러한 상황 속에서 하나님은 영적 왕국을 세울 그리스도가 나타나기 전 엘리야의 심령으로 외치는 세례요한과 같은 전령사가 필요했던 것입니다. 세례요한은 자기에게 몰려오는 모든 기대와 바램들을 예수 그리스도께로 이양시키는 사명 하나로 산 인물입니다. 유대인들은 나라를 해방해 줄 구세주를 대망하고 있었지만 그때 심령의 나라를 세운다는 것은 난관일 수밖에 없었습니다.

빛이 어두움에 비취되 어두움이 깨닫지 못하는 상황에서 세례요한은 빛에 대하여 증거하는 어려운 짐을 지고 회개를 외치는 자로 부름 받았습니다. 그만큼 영적인 일에 대하여 세상은 무지하였다는 얘기입니다.

● ● ● ● ● ● ● ● ●

그리스도의 길을 예비하는 전령사로서 요한은 광야에서 외치는 소리였습니다. 이토록 복음은 예수님 앞서 그 준비 과정으로서 세례요한의 희생이 요구될 만큼 인간 스스로가 깨우쳐서 가질 수 없는 것입니다. 그리스도의 선구자로서 요한을 생각할 때마다 우리가 받은 구원의 은혜가 얼마나 기적이며 감동인가를 되새기며 마땅히 하나님께 영광을 돌려야 할 것입니다.

빛에 대하여 증거하는 자

(요 1:6-8)

"하나님께로서 보내심을 받은 사람이 났으니 이름은 요한이라
저가 증거하러 왔으니 곧 빛에 대하여 증거하고 모든 사람으로 자기를 인하여
믿게 하려 함이라 그는 이 빛이 아니요 이 빛에 대하여 증거하러 온 자라"

세례요한은 빛에 대하여 증거하는 사명을 가진 자입니다. 누구에게 빛을 증거해야 하느냐 하면 어두움 밖에 모르는 자입니다. 어두움이란 하나님을 모르는 상태입니다. 하나님에 대하여 아무것도 느끼거나 호기심을 갖거나 할 가능성이 전혀 없는 시체와 같은 존재들입니다.

성경에서 죄를 규명할 때 윤리나 도덕성의 각도에서 설명하지 않습니다. 하나님과의 관계를 가지고 규명합니다. 하나님과의 단절, 분리, 독립 또는 하나님에 대하여 거슬리거나 반대되는 것, 이 모든 것은 성경에서 죄의 본질로 설명합니다. 독립, 분리는 적대 관계가 아닙니다. 적대 관계는 서로 관심을 갖는 사이입니다. 그러나 하나님과 단절은 하나

님에 대하여 무관심의 관계입니다, 우리는 하나님을 알고도 안 믿는 자들이 아닙니다. 처음부터 하나님을 모르고 태어났습니다.

지금 세례요한은 하나님에 대하여 장님이며 귀머거리인 자들에게 하나님을 알려야 하는 사명을 다해야 합니다. 그것은 마치 장님에게 색깔을 설명하는 것과 같은 입장입니다. 귀머거리에게 4부 합창을 가르치는 것과 같은 불가능의 상황입니다.

예수 믿지 않는 사람에게 하나님을 창조주로 전한다는 것이 얼마나 불가능한 일인지 우리의 경험을 통하여 느끼고 있습니다. 예수 믿자 해서 순순히 따라 나오는 사람이 거의 없습니다. 전할 때마다 느끼는 것은 성령으로 하지 않고는 믿게 할 방법이 없구나 하는 것입니다. 우리가 예수를 믿고 그를 창조주요 구속주로 아는 것이 얼마나 기적이냐 하면 말로 표현할 길이 없습니다. 우리의 자연상태에서는 절대로 불가능합니다. 죽은 시체가 살아나야 되는 현상인데 죽은 자의 입장에서는 있을 수 없는 일입니다.

예수 믿고 구원을 받으라고 복음을 전하지만 그렇게 전파할 뿐이지 선택을 요구하는 입장이 아닙니다. 믿으면 천국, 안 믿으면 지옥이다 알아서 해라가 아닙니다. 우리가 복음을 증거하면서 반대에 부딪칠 때마다 왜 전도가 안 될까? 왜 나는 안 되는가? 능력이 없는 탓인가? 내가 기도가 부족한 것인가? 전도에 실패할 때마다 나의 신앙 상태의 무기력과 왜소함과 절망을 느끼곤 합니다. 그러나 이는 잘못된 생각입니다.

지금 우리가 증거 하는 일이 상품을 팔듯이 상대에게 선택을 강요하는 입장이 아닙니다. 하나님이 십자가에서 당신의 죄를 담당하시고 죽으셨습니다. 그토록 당신을 사랑하고 있으니 감동해 달라고 요구하는 입장이 아닙니다. 얼마나 불가능한 일을 하느냐 하면 죽은 시체가 진자리 마른자리를 골라서 눕는 것과 같습니다. 강요하거나 선택을 요구하는 입장에서 전도하는 것이 아닙니다.

전도가 무엇입니까? 지금 불가능한 일에 보내심을 받은 것입니다. 죄인이 내가 죄인이로구나 하고 깨달을 수 있어야 회개하고 돌아오는 데 죄인이 죄를 깨닫는다는 것이 스스로 불가능합니다. 자연이 정상이요 산다는 것 자체가 아름다운 데 돌이킬 이유가 없습니다. 자연 안에 숭고한 정신이 있고 구도의 아름다운 가치가 있고 정의와 선이 있는데 그것이 틀렸다, 잘못이다, 저주와 형벌이다 하고 하나님께로 돌아온다는 것이 예사로운 일입니까? 자연 그대로는 절대 불가능합니다.

세상의 원리가 약육강식이요 생존경쟁과 같은 굴레입니다. 그런데 그 경쟁의 원리를 모순과 부조리의 싸이클로 느끼지만 죄의 본질로 이해하고 느끼는 자는 없습니다. 인간은 누구나 자연스럽게 생존경쟁, 약육강식의 구조 속에서 생존 전략을 익히고 이기는 법을 배우고 훈련하는 데에 자신의 정당성을 옹호하지 그 행위를 죄로 느끼지는 않습니다. 생존경쟁을 정상으로 아는 정도의 도덕이나 윤리의 규범이 하나님이 보실 때에 얼마나 저급한가 하는 것이 성경의 지적입니다. 그러나 하나님이 안 계시는 자들에게는 죄로 규명하면 오히려 오해하여 덤벼듭니다.

하나님을 모르는 자들이 자기 속에 꿈틀거리는 초월자에 대한 그리움을 진정시키려고 찾아 간 곳이 우상숭배입니다. 돌로, 철로, 사람과 버러지 형상을 만들어 그것 앞에 절하는 정도의 가소로운 수준입니다. 종교적으로 타락한 모습이 우상숭배의 상태입니다. 그렇다면 인간이 추구하는 윤리나 도덕은 얼마나 더 유치하고 저급한가? 모든 것이 가증스럽고 부패한 소행이라는 것이 성경이 고발하고 있습니다. 그런데 우리가 성경의 고발대로 전하면 우리가 바보가 됩니다.

"하나님께로서 부르심을 받은 사람이 났으니 이름은 요한이라 저가 증거하러 왔으니 곧 빛에 대하여 증거하고 모든 사람으로 하여금 자기를 믿게 하려 함이라" (요 1 : 6, 7).

세례요한은 빛을 본 자입니다. 하나님을 본 사람이요 하나님에 대하여 아는 자입니다. 요한은 종교성이나 윤리성을 가지고 빛을 증거하는 자가 아닙니다. 그의 뒤를 따라 오실 예수 그리스도는 빛이요, 생명이요 나보다 먼저 계셨던 창조주이심을 보았고 알았습니다. 요한은 보고 아는 것을 그대로 외치고 증거할 뿐입니다. 지금 세례요한이 어떤 입장이냐 하면 한 쪽은 눈을 감고 있고 한 쪽은 눈을 뜨고 있는 상황입니다. 눈을 뜬 자가 보는 세계에 대하여 그 아름다움과 찬란함을 눈을 감고 있는 자들에게 설명해야 하는 데 방법이 없습니다.

오직 눈뜬 자가 갖는 기쁨과 감동 그리고 경이로운 모습 그대로 외치고 또한 단 한 가지 할 수 있는 것은 그렇게 누리는 행복으로 사는 것 이외에는 전할 길이 없습니다. 눈을 감은 장님에 대하여 답답한 심령으로 소리칠 뿐입니다. 목이 터져라 외칠 수밖에 없습니다.

하나님은 우리를 세상의 빛이라 하셨습니다. 빛을 본 자로서 빛을 증거하는 자입니다. 하나님을 보았고 그의 음성을 들었고 그의 나라에 초대되었습니다. 하나님에 대하여 눈을 뜬 자들입니다. 우리가 증거해야 할 주제가 빛을 어두움에 비치는 것입니다. 그렇다면 어두움에 있는 자들보다 당연히 더욱 섬겨야 하고 헌신해야 되는 입장에서 살아야 합니다. 우리는 본 자들이기 때문에 어두움만 아는 자들과 같이 생존경쟁이나 약육강식의 굴레에서 자신만을 돌보고 키우는 자리에서 살 수 없습니다.

우리는 생존경쟁을 안 하기로 한 자들입니다. 속옷을 달라 하면 겉옷까지 벗어 주어야 할 자들입니다. 이는 무슨 뜻입니까? 물질에 관한 싸움을 안 하도록 되어 있는 자리입니다. 오른편 뺨을 치면 왼편 뺨을 돌려 대어야 하는 자들입니다. 자존심 싸움도 못하도록 요구받고 있습니다. 예수 믿는 자리는 빛을 본 자로서 장님을 인도해야 할 책임이 있음을 명심하고 저들보다 더욱 고생하고 수고하고 오래 참고 절제하고 사랑하고 섬기는 일에 세상 사람들보다 돋보여야 합니다.

하나님에 대하여 아무리 설명해도 우리의 힘으로는 납득시킬 수가 없습니다. 세상 사람들이 눈을 감고 있는 동안에는 우리의 설명이 허공을 칠 수밖에 없습니다. 그렇지만 눈을 뜬 자로서의 삶의 보람과 자랑, 감동과 행복만을 놓쳐서는 안 됩니다. 어두움을 깨치고 빛으로 인도해야 되는 책임으로서 예수 믿는 자의 행복을 외치며 증거하는 방향으로 사는 것만은 실패해서는 안 됩니다.

● ● ● ● ● ● ● ● ● ●

성도의 삶은 눈을 뜬 자로서 이제는 하나님의 말씀 아래 사는 자들임을 명심해야 합니다. 하나님께서 영혼구원의 문제를 맡겨 주신 이상, 우리는 어두움으로부터 당하는 멸시와 조롱 그리고 수많은 반대에도 불구하고 빛을 본 자로서 내게 돌을 던지는 자들을 사랑하고 관용하고 오래 참고 자비와 온유를 취하는 삶의 풍요로움과 넉넉함을 보여주는 증인으로서의 사명이 있음을 깨우쳐야 할 것입니다.

하나님은 지금도 보좌에 계셔서 불꽃같은 눈으로 빛을 증거하는 자를 살피시며 보존하십니다. 빛을 증거하다가 당하는 고난에 대하여 그리스도의 흔적으로 평가하시며 갚아 주실 상급을 준비하고 계십니다. 이는 그리스도 안에서 빛을 본 자들에게 주시는 특권입니다.

(요 1:9–13)

> "참 빛 곧 세상에 와서 각 사람에게 비취는 빛이 있었나니
> 그가 세상에 계셨으며 세상은 그로 말미암아 지은바 되었으되 세상이 그를 알지 못하였고
> 자기 땅에 오매 자기 백성이 영접지 아니하였으나 영접하는 자 곧 그 이름을
> 믿는 자들에게는 하나님의 자녀가 되는 권세를 주셨으니 이는 혈통으로나 육정으로나
> 사람의 뜻으로 나지 아니하고 오직 하나님께로서 난 자들이니라"

참 빛 곧 세상에 와서 각 사람에게 비취는 빛이 있었습니다. 그러나 세상은 아무도 그 빛을 창조주로 아는 자가 없었습니다. 요한의 논증은 이렇습니다. 인간을 비롯한 모든 피조세계는 하나님에 의하여 만들어졌다는 것이며 필경 그렇다면 피조물은 마땅히 창조주를 알고 섬겨야 하는데 지금 상황은 창조주가 자기 땅에 왔는데도 불구하고 알아보는 자가 없더란 것입니다.

주님이 오셔서 말로만 한 것이 아니라 창조주의 권능과 표적을 보여 주시면서 증거 하셨는데도 몰라보았다는 것입니다. 그만큼 세상은 하나님에 대하여 무지한 자들만 사는 곳이라는 설명입니다.

우리가 예수를 믿는 것이 우리의 결심이나 의지로 이루어진 결과라고 생각하는 것처럼 오해되는 경우가 없습니다. 우리는 흔히 예수를 아무나 믿는다고 생각합니다. 나도 믿는데 너의 입장에서는 백번 믿어야 할 게 아닌가? 는 생각을 합니다. 아무나 오게 전도하며 증거하지만 예수는 아무나 믿을 수 있는 신앙의 대상이 아닙니다. 우리는 전도할 때마다 전도하면 된다는 식의 사고에 젖어 있습니다.

그러나 우리가 전도하면 당연히 믿는 것이 아니라 안 믿는 것이 보통입니다. 성경은 오히려 믿는 것을 최고의 기적이라고 합니다. 기독교 신앙이 우리의 힘으로는 얼마나 불가능한가 하는 것을 증명해 주는 것으로 구원을 출생을 가지고 설명하고 있음은 참으로 놀랍습니다.

> "영접하는 자 곧 그 이름을 믿는 자들에게는 하나님의 자녀가 되는 권세를 주셨으니" (요 1 : 12).

영접이라는 말에는 두 가지 뜻이 있습니다. 11절, "자기 땅에 오매 자기 백성이 영접지 아니하였으나" 에서 영접은 헬라어로는 '파레라본' 으로 그 뜻은 공적인 환영, 즉 창조주가 피조물로부터 받는 환영을 말합니다. 그런데 12절, "영접하는 자 곧 그 이름을 믿는 자"에서 영접이란 말은 헬라어 '에라본' 으로 개인적 환영을 의미하는 것으로써 예수님 앞에 한 사람 한 사람씩 나오는 것을 말하는 것입니다. 구원은 혈통이나 가족이나 사회 공동체의 단위로 이루어지는 것이 아니라 개인적임을 강조하는 대목입니다. 아버지 구원, 아들 구원이 따로 있습니다.

12절, "영접하는 자 그 이름을 믿는 자에게는 하나님의 자녀가 되는 권세를 주셨으니" – 하나님의 양자, 상속자, 기업을 이을 자로서 법적 권리를 갖는다는 것 – 죄와 사망의 종으로 살던 우리가 예수를 믿음으로 말미암아 하나님의 나라의 기업을 이을 양자로서 합법적인 권리를 갖는 신분상의 변화를 가리킵니다. 이는 족보와 신분에 관한 권리입니다. 어떤 경우라도 신분은 보장받는다는 뜻에서의 법적 권리요 지위인 것입니다.

아버지는 자녀의 실수와 잘못 때문에 내어 쫓지 않습니다. 하인이나 종인 경우에는 잘못에 대하여 내어 쫓을 수 있습니다. 그러나 아들인 경우에는 잘못한다 해도 남의 자식이 부러울 뿐이지 내어 쫓을 수는 없습니다.

어느 정도로 확고한 보증이냐 하면 "이는 혈통으로나 육정으로나 사람의 뜻으로 나지 아니하고 오직 하나님께서 난 자들이니라" 이 정도입니다. 혈통, 육정, 사람의 뜻으로가 아닙니다. 인간의 것으로는 절대 아닙니다. 인간이 만들어내는 기존의 산물이 아닙니다. 인간의 중보나 혈통으로가 아닙니다. 하나님이 나게 하시는 출생입니다.

예수를 영접하는 것, 믿는 것이 얼마나 불가능하냐 하면 사람이 태어나는 것과 같습니다. 인간 편에서 최고로 불가능한 일이 출생입니다. 나 스스로 할 수 없는 일의 가장 분명한 사실은 출생입니다. 여기 어느 누구도 내가 '태어나겠다' 해서 난 사람은 한 사람도 없습니다. 전적으로 타의에 의해서 난 것입니다. 내가 선택해서 난 것이 아닙니다. 명령으로 주어진 삶을 삽니다. 나의 뜻과는 전혀 관계가 없습니다. 태어난 것입니다. 전적으로 수동적입니다. 육정으로 이루어진 것이 아닙니다.

예수를 영접하는 행위가 인간의 감정으로 결정될 수가 없습니다. 눈물을 흘리고 기뻐서 웃는다고 하나님의 자녀가 되는 것이 아닙니다. 사람의 뜻으로가 아닙니다. 인간의 수양이나 절제나 금욕과 같은 노력으로서가 아닙니다. 적극적인 사고방식을 개발해서 되는 것이 아닙니다. 종교성을 발휘하거나 구도해서 아닙니다.

13절에 "오직 하나님께로서 난 자들이니라" 요한이 증거한 말씀대로입니다.

"그가 그 조물 중에 우리로 한 첫 열매가 되게 하시려고 자기의 뜻을 좇
아 진리의 말씀으로 우리를 낳으셨느니라" (약 1 : 18).

구원에 이르는 길은 그 기원이 하나님의 뜻에 있습니다. 인간이 근원
이나 원인이 될 수 없습니다. 믿음은 하나님이 자기 뜻대로 진리의 말
씀을 가지고 우리를 낳음으로 얻어지는 결과 예수의 이름을 믿어야 구
원을 얻는 데 믿음의 출처가 우리에게서가 아니라 하나님의 뜻이라 합
니다.

로마서 10장 17절에는 "믿음은 들음에서 나며 들음은 그리스도 말씀
으로 말미암았느니라"고 하였습니다. 들음이 있고 난 후에야 믿음이
생깁니다. '듣는다' 는 것은 산 자에게 가능한 경우이지 죽은 자에게는
불가능한 현상입니다. 살아있는 자가 듣는 법입니다. 하나님이 말씀을
들을 수 있는 귀를 열어주셔야 들립니다. 그래야만 듣는 자가 믿음에
이르게 됩니다.

예수의 이름을 믿는 자는 누구입니까? – 하나님의 뜻으로 난 자들입
니다. 영적으로 살아있는 자만이 듣는 말씀입니다. 하나님이 살려 주셔
서 듣고 믿게 되었습니다. 살아서 믿는 것이 얼마나 기적이며 영광인가
요? 은혜 또 은혜가 아닐 수 없습니다. 믿는 자의 은혜와 감격, 들어도
깨닫지 못하고 보아도 듣지 못하는 어두움에 속한 자들을 만날 때마다
얼마든지 간증해도 좋은 말씀입니다. 우리는 꿈에라도 내가 믿었다. 내
가 회개했다는 생각은 해서는 안 됩니다. 내가 어떻게 하나님을 창조주
로 예수 그리스도를 나의 구주로, 나의 하나님으로, 나의 심판주로 알고
고백하게 되었나요? 다시 한번 상기하십시다. "이는 혈통으로나 육정으
로나 사람의 뜻으로 나지 아니하고 오직 하나님께로서 난 자들이니라"

성경은 예수 믿는 자의 가장 자랑스러운 특권과 축복의 근거로 믿음
을 얘기합니다.

"긍휼에 풍성하신 하나님이 우리를 사랑하신 그 큰사랑을 인하여 허물로 죽은 우리를 그리스도와 함께 살리셨고 (너희가 은혜로 구원을 얻은 것이라)... 너희가 그 은혜를 인하여 믿음으로 말미암아 구원을 얻었나니 이것이 너희에게서 난 것 아니요 하나님의 선물이라" (엡 2:4-8).

믿음은 행위의 반대말입니다. 다시 말하면 내가 직접 행하지 않았다는 말입니다. 믿음은 제삼자의 행위를 통하여 이루어진 결과를 나의 것으로 소유하는 방법입니다. 예수 그리스도로 말미암아 이루어진 의와 거룩과 존귀를 하나의 결과로 소유하는 것 원인이 내게 없고 결과만을 가지는 것입니다. 믿음입니다.

예수님이 빛이십니다. 어두움이 깨닫지 못합니다. 그렇게 반대에 부딪치면서 여기 내가 사는 곳까지 오셨습니다. 창조주가 피조물에게 오셨는데 영접 받지 못하셨습니다. 어두움밖에 모르는 자들이 알아 볼 리가 없습니다. 그래도 예수 그리스도는 우리를 꾸짖고 심판하러 오신 것이 아닙니다. 구원하러 오셨습니다. 이미 반대를 받으실 줄 알고 처음부터 섬기러 오셨습니다. 어두움의 자식들임을 알고 긍휼히 여기는 마음을 가지시고 오셔서 우리를 구원하시는 일에 그 분이 하실 수 있는 모든 일을 다 행하셨습니다. 하나님으로서 갖는 무한하신 사랑과 긍휼과 자비와 인자하심을 총동원하셔서 우리를 어두움에서부터 이끌어 내어 빛과 생명으로 인도해 주셨습니다.

• • • • • • • • • •

우리가 어떻게 예수를 믿게 되었는지 설명할 길이 없습니다. 하나님이 나를 찾아 오셨고 죽음과 무지와 어두움에서 살던 나를 생명의 빛이 있는 곳으로 인도해 주셨다는 것 이외에는 할 말이 없습니다. 우리를 찾아 와서 행하신 예수 그리스도에 관하여 알지 못하는 무지 때문에 내가 지금 믿고 있는 나의 삶의 자리를 기적으로 감동으로 외치고 증거하지 못하는 불행은 곧 바로 치유되어야 합니다.

이 믿음 하나로 하나님과 더불어 살아가는 삶의 감동과 환희를 누리고 맛보는 일은 우리의 특권이며 눈물겨운 자랑인 것입니다.

성육신 하신 말씀

"말씀이 육신이 되어 우리 가운데 거하시매 우리가 그 영광을 보니 아버지의 독생자의 영광이요 은혜와 진리가 충만하더라 요한이 그에 대하여 증거하여 외쳐 가로되 내가 전에 말하기를 내 뒤에 오시는 이가 나보다 앞선 것은 나보다 먼저 계심이니라 한 것이 이 사람을 가리킴이라 하니라 우리가 다 그의 충만한 데서 받으니 은혜 위에 은혜러라 율법은 모세로 말미암아 주신 것이요 은혜와 진리는 예수 그리스도로 말미암아 온 것이라 본래 하나님을 본 사람이 없으되 아버지 품 속에 있는 독생하신 하나님이 나타내셨느니라"

말씀은 태초에 계셨던 하나님이십니다. 하나님이 하나님이시기를 그만 두시고 인간이 되셨습니다. 무한한 존재가 유한 속으로 들어 오셨습니다. 이성으로는 볼 수 없는 영적 존재가 인간의 실체가 되었습니다.

하나님이 인간의 몸을 입으셨다는 것은 죄 없는 참사람이 되셨다는 것입니다. 인간의 혈통으로가 아니라 하나님이 직접 인간이 되셨습니다.

"이러한 대제사장은 우리에게 합당하니 거룩하고 악이 없고 더러움이 없고 죄인에게서 떠나 계시고 하늘보다 높이 되신 자라" (히 7 : 26).

성육신하신 예수는 참 하나님임과 동시에 참사람으로서 신성과 인성의 두 성품을 지니셨습니다. 성육신하심으로 예수는 지혜와 키가 자라며 하나님과 사람에게 더 사랑스러워 갈 수 있었습니다. 그는 말씀으로서는 하나님의 아들이며 육신으로서는 사람의 아들입니다. 그리스도의 인격 안에 있는 두 가지 본질은 중보자로서 필수 불가결한 요소입니다.

신성과 인성이 하나의 인격체 안에 연합함으로 세 가지의 목적을 이룰 수 있었습니다.

1. 죽는 것이 가능케 되었습니다

죄란 하나님과의 분리이며 단절입니다. 하나님과 함께 있을 수 없으면 그 상태는 언제나 죄이며 하나님의 진노 아래 있는 경우가 됩니다. 인간이 죄의 상태에서 사는 한 하나님이 함께 거하실 수가 없습니다. 그것은 마치 빛과 어두움이 함께 자리를 같이 할 수 없는 것과 같습니다. 하나님이 우리를 사랑하시는 데 사랑하는 자가 지금 죄의 상태에서 삽니다. 죄의 상태대로 만나면 하나님의 거룩성 때문에 죄인을 심판하실 수밖에 없습니다. 사랑하기 때문에 함께 공존하고 싶은 열망으로 불타고 있으나 하나님의 공의와 인간의 불의 때문에 율법상 공존이 불가능한 상태입니다.

하나님은 인간의 죄의 문제를 해결하는 방법으로 성육신 하시고 죄의 값으로 지불될 죽음을 감당해야 되는 절차가 요구된 것입니다. 하나님의 공의를 만족케 하고 하나님의 진노를 진정시키는 방법으로서 공의의 심판인 십자가의 죽음을 치르신 것입니다.

십자가는 하나님의 사랑을 나타내는 방법에서가 아니라 일차적으로 죄의 값을 치루는 방법으로 세워진 것, 예수는 그렇게 율법의 요구 앞에서 사신 것입니다. 율법을 지키는 방법으로 십자가를 지셨습니다. 지은 죄를 없이하는 방법은 죄의 대가를 치르는 것입니다.

율법을 완성하는 길은 죄를 대속하는 것입니다.

2. 우리의 연약함을 체휼하실 수 있게 되었습니다

인간의 몸을 입고 사신 예수 그리스도는 우리와 함께 죄인이 겪는 고통의 삶을 친히 경험하셨습니다. 죄인이 갖는 온갖 종류의 고난을 함께 나누셨습니다. 일찍이 이사야 선지자가 예언한 대로였습니다.

"그는 멸시를 받아서 사람에게 싫어 버린바 되었으며 간고를 많이 겪었으며 질고를 아는 자라"(사 53 : 3 상반절).

예수는 죄인을 대신하여 희생 제물이 되시는 길을 걸으셨습니다. 십자가의 고난을 몸에 짊어 진채 사셨습니다. 그의 생애가 우리의 감동과 눈물을 자아내지 않는 곳이 없습니다.

굶주려 지쳐있는 무리들을 민망히 여기시던 주님이 마침내 오병이어를 들고 축사하시고 나누어 주라 하실 때의 장면은 우리의 심금을 울립니다. 기적을 베푸실 때마다 성경은 주님의 마음을 "긍휼히 여기사, 민망히 여기시다, 통분하시다"고 표현하고 있습니다. 죄의 결과로 빚어진 삶의 고통과 비참함을 함께 느끼며 나누는 심령으로 묘사하고 있습니다. 이토록 우리를 구원하시는 데 있어 하나님은 하실 수 있는 모든 가능한 일들을 다 행하셨습니다. 죄인이 몸으로 겪는 모든 고통과 비참함을 우리와 함께 살면서 같은 경험 속에서 우리를 이해하신 분이십니다.

그러므로 주님은 우리의 연약과 무능을 아시는 분으로서 언제나 우리 편에서 지금도 대제사장으로서 간구하시기에 충족하신 분이십니다. 구원이란 우리가 찾아 나설 수 없는 자리이기 때문에 하나님께서 친히 우리에게로 오신 결과 이루어진 것입니다. 그가 오셔서 친히 걸으셨던 그 길은 인간이 하나님 앞에서 걸어갔어야 했던 의의 길이요 동시에 죄인이 죄의 값으로 걸어야 했던 고난의 길이였습니다. 그는 우리를 체휼하신 분으로 우리를 설득할 만한 감동적인 삶을 사셨습니다.

3. 우리로 그의 발자취를 따르도록 모범을 남기시게 되었습니다

예수의 영광을 보고나니 동시에 은혜를, 진리를, 생명을 보았고 마침내 그 임마누엘 앞에 우리가 항복한 것입니다.

> "말씀이 육신이 되어 우리 가운데 거하시매 우리가 그 영광을 보니 아버지의 독생자의 영광이요 은혜와 진리가 충만하더라" (요 1 : 14).

말씀으로 계셨던 하나님이 우리의 모양을 취하셔서 우리와 함께 사셨습니다. 하나님이 우리와 함께 사신다는 것은 영광 중에 영광입니다. 그런데 그 영광을 보는 자가 있고 못 보는 자가 있습니다. 아무나 볼 수 있는 영광이 아닙니다. 우리가 그 영광을 보았습니다. 그 안에 은혜와 진리가 충만하더란 얘기입니다. 우리가 어떻게 그의 영광을 볼 수 있는가?

요한의 증거는 절대로 불가능하다는 것을 대전제로 하여 그 빛의 영광을 본 자로서 억제할 수 없는 감격과 행복을 전해 주고 있습니다. 예수를 믿을 것인가 말 것인가? 이 두 가지 갈림길에서 우리가 따지고 분석하여 믿기로 결심한 것으로 생각하면 오해입니다. 선택할 지혜나 능력이 우리에게는 없습니다. 이미 말씀한 대로 13절, "이는 혈통으로나 육정으로나 사람의 뜻으로 나지 아니하고 오직 하나님께로서 난 자들이니라" 했습니다. 구원은 나의 선택일 수 없다고 지적하고 있습니다.

기독교는 예수 그리스도 안에서 영광과 진리와 은혜가 충만하고 그 외에는 모두 형벌이요 저주며 지옥이므로 어느 것을 선택할 것이냐에 대한 싸움이 아닙니다. 어두움과 빛을 놓고 선택을 강요할 수 없습니다.

왜일까요? 장님에게 강요해야 되는 입장이기 때문입니다. 우리는 빛을
선택한 자가 아니라 빛에 초대된 자입니다. 우리가 스스로 선택할 수 없
는 구원이기 때문에 하나님이 직접 육신을 가지고 우리에게 오셨습니
다. 하나님이 말씀으로만 계시지 않고 우리가 알아볼 수 있는 방법으로
우리와 같은 삶을 가지고 우리를 영광과 진리와 은혜가 있는 곳으로 인
도하여 주셨습니다.

> "우리가 다 그의 충만한 데서 받으니 은혜 위에 은혜러라 율법은 모세로
> 말미암아 주신 것이요 은혜와 진리는 예수 그리스도로 말미암아 온 것이
> 라"(요 1 : 16, 17).

예수님이 인간의 몸을 입고 행하신 일은 은혜 위에 은혜, 즉 은혜와
진리의 충만입니다. 겹겹이 쌓이는 은혜와 진리입니다. 우물에서 샘물
을 떠내는 것이 아니라 샘물이 흘러넘치는 것처럼 은혜 위에 은혜가 쌓
이고 또 쌓이는 삶을 주셨습니다. 모든 것이 그에게서부터 나온 충만입
니다.

● ● ● ● ● ● ● ● ● ●

우리는 하나님의 뜻으로 난 자들이기 때문에 주의 영광을 보게 되었
습니다. 그 영광을 보니 거기에 은혜와 진리가 충만하더란 말씀입니다.
육신을 입고 우리가 알아볼 수 있는 자연의 원리에서 살아 주심으로 은
혜가 무엇인지 진리가 무엇인지 알게 되었습니다. 이제 그 영광을 보고
그 은혜와 진리의 충만함을 보고 진심으로 무릎을 꿇습니다. 그리하여
주의 뒤를 따르게 된 것입니다.

우리와 함께 계시는 임마누엘의 주님을 생각할 때마다 우리 안에 솟
아오르는 은혜와 진리를 감당할 길 없어 기쁨과 감사로 전하고 증거하
는 것입니다.

그 영광을 보니

(요 1:14 상반절)

"말씀이 육신이 되어 우리 가운데 거하시매 우리가 그 영광을 보니
아버지의 독생자의 영광이요 은혜와 진리가 충만하더라"

요한은 하나님의 영광을 본 자입니다. '본다' 라는 말은 '놀라운 광경을 본다' 에 해당되는 단어입니다. 놀라운 상태에서 실제로 목격했다는 뜻입니다. 환상이나 꿈이 아니라 직접 경이롭게 보았습니다. 변화 산에서 변형하신 예수 그리스도의 영화로우심을 보았습니다. '이는 내 사랑하는 자요 내 기뻐하는 자' 라는 음성을 들었습니다.

요한은 예수님을 그의 눈으로 보았고 귀로 들었고 손으로 만져 보았고 함께 생활하였습니다. 그러므로 예수 그리스도에 관하여 모든 것을 보고 알았다는 것입니다.

1. 요한이 보고 안 것은 독생자의 영광이었습니다

요한은 그리스도의 영광이 성부 하나님의 영광과 동등한 것임을 천명합니다. 하나님의 신성이 그리스도 안에 충만한 영광을 보았습니다. 독생자(모노게누스)는 '자녀를 낳는다'의 뜻이 아닙니다. 요한복음에서 독생자는 '외아들 – only son'이란 개념이 아닙니다. 독생자 예수 그리스도라 할 때마다 다음 몇 가지의 개념을 간직해야 더욱 은혜롭습니다.

(1) 하나님과 그의 자녀 사이에서 중보적 역할을 담당하시는 유일한 분이라는 뜻입니다.

(2) 이 세상에서 하나님과 대등한 관계를 가진 자로서 단 하나 밖에 없는 분, 부자지간의 관계가 아니라 아무데도 그 유형을 찾아볼 수 없는 유일하고도 하나밖에 없는 독특한 관계라는 뜻입니다.

독생자의 영광은 곧 하나님의 영광입니다. 하나님의 신성과 거룩성은 그 자체가 영광입니다. 하나님이 이스라엘에게 나타나실 때마다 주의 영광이 나타났다는 표현을 씁니다. 모세가 성막의 역사를 마쳤을 때 하나님이 강림하시는 장면에 대한 묘사가 이렇습니다.

"그 후에 구름이 회막에 덮이고 여호와의 영광이 성막에 충만하매 모세가 회막에 들어 갈 수 없었으니 이는 구름이 회막 위에 덮이고 여호와의 영광이 성막에 충만함이었으며" (출 40 : 34).

솔로몬이 성전을 완공했을 때의 모습도 하나님의 영광이었습니다.

"제사장이 성소에서 나올 때에 구름이 여호와의 전에 가득하매 제사장이 그 구름으로 인하여 능히 서서 섬기지 못하였으니 이는 여호와의 영광이 여호와의 전에 가득함이었더라" (왕상 8 : 10, 11).

예수님의 탄생 때에도 하나님의 영광이 두루 비치었습니다.

"그 지경에 목자들이 밖에서 밤에 자기 양떼를 지키더니 주의 사자가 곁에 서고 주의 영광이 저희를 두루 비취매 크게 무서워하는지라"(눅 2 : 8, 9).

2. "그 영광을 보니 은혜와 진리가 충만하더라"

요한은 육신을 입고 우리와 동거하시는 창조주 하나님의 신성을 보았습니다. 지금까지의 요한의 증거는 "빛이 어두움에 비치되 어두움이 깨닫지 못하더라"(요 1:5)는 상황이었습니다. 창조주가 피조세계 왔으나 피조물이 알아보지 못한 무지와 무관심과 죽음의 상태였습니다.

그런데 거기에 영접하는 자 곧 그 이름을 믿는 자가 있었습니다. 바로 우리입니다. 하나님께로서 난 자들입니다. 성령으로 거듭난 자들입니다. 율법의 눈으로가 아니라 믿음의 눈으로 보는 자들입니다. 우리가 그 영광을 보았더니 그 안에 은혜와 진리가 충만하더란 말씀입니다.

말씀이 육신이 되어 우리 가운데 함께 사셨으며 예수 그리스도를 통하여 영광을 보았습니다. 우리를 구원하러 오신 하나님의 모습에서 인간으로서는 상상할 수 없는 사랑과 긍휼과 인자의 풍성하심을 보았습니다. 예수님이 구유에 태어나실 때의 소식을 양치는 목자들에게 전할 때 다음과 같이 묘사하고 있습니다.

"주의 사자가 곁에 서고 주의 영광이 저희를 두루 비취매 크게 무서워하는지라"(눅 2 : 9).

하나님의 인자되심은 영광의 모습이었습니다. 요한은 죄 없이 태어나신 인자의 형상이 어두움을 비취는 생명의 빛으로서 영광스럽기가 한량없었습니다. 죄와 사망 아래 놓인 죄인을 구원하러 오신 하나님의 모습에서 최상의 아름다움과 선하심과 인자하심을 만났습니다. 온유와 겸비가 감탄의 절정을 자아내고 있습니다. 하나님의 형상을 잃어버린 인간의 비참함을 불쌍히 여기시는 그리스도의 행적에서 사랑과 긍휼 온유와 겸손의 영광을 보았습니다.

예수님께서는 가룟 유다가 문을 박차고 나갈 때에 십자가의 죽음이 결정되는 순간임을 알고 "인자가 영광을 얻었다"(요 13:31)고 말씀하셨습니다. 고난의 쓴 잔을 마시려는 순간에 예수는 영광을 얻었다고 승리를 선언하셨습니다.

죄인을 구원하시려는 하나님의 사랑을 완성하시는 의와 거룩의 승리입니다. 우리가 그 영광을 보니 은혜와 진리가 흘러넘치고 있었습니다. 예수 그리스도의 행적에서 우리의 감동을 불러일으키지 않는 대목이 없습니다. 모든 것이 은혜와 진리로 충만한 생애였습니다.

3. 그 영광을 보니 - '본다'는 단어가 중요합니다

우리와 같은 모양을 가지고 우리와 함께 생활하는 데 그 예수 그리스도 안에 감추어진 영광을 본 자가 있고 못 본 자가 있습니다. 빛이 어두움에 비취매 어두움이 깨닫지 못하는 세상인 데 영접하는 자 그 이름을 믿는 자가 있었습니다. 이는 기적이며 영광의 자리가 아닐 수 없습니다. 조물주가 피조물에게 오셨는데 아무나 알아보지 못했습니다. 그 중에서 창조주의 영광을 알아보고 영접하는 자가 있었습니다. 그 영광을 본 자가 그리스도안에서 은혜와 진리의 충만함을 보고 그 기쁨과 감격을 주체할 수 없어 경이로움에 쌓여 있습니다.

구원의 복음은 어느 누구나 듣고 믿을 만큼 영광과 존귀를 드러내지 않고 있습니다. 몇몇 귀있는 자가 듣는 복음입니다. 주님께서 오셔서 첫 번째 하신 일성—聲이 "회개하라 천국이 가까웠느니라" (마 4:17) 였습니다. 천국이 그 영광의 모습을 완전히 드러내지 않고 왔다는 뜻에서 가까이 왔다는 표현을 하셨습니다. 누구나 선택할 만큼 웅장하고 권세 있게 영광 중에 임한 것이라면 회개를 강요할 필요가 없습니다. 스스로 자신의 판단과 지혜를 선택할 수 있을 것입니다. 그러나 하나님의 뜻으로 난 자만이 듣는 복음이기 때문에 회개를 요구하는 것입니다. 역으로 생각하면 그토록 천국 복음은 사람들로부터 오해받아 조롱과 괄시를 받고 있는 성격임을 설명해 주고 있습니다.

천국은 마치 밭에 감추어진 보화와 같습니다. 보화는 열기 힘든 금고 같은 곳에 보관되어 있어야 보화로 보입니다. 그런데 지금 보화가 밭에 있으니까 사람들의 눈에는 마치 돌멩이로 보이더란 말입니다. 천국이 그렇게 사람들의 눈에는 하찮은 것으로 보입니다. 천국이 이 땅에서 괄시와 조롱을 감내하는 모습입니다.

천국은 가시덤불에 뿌려진 씨앗과 같다고 합니다. 세상의 재미와 유혹에 넘어지는 자라 하셨습니다. 예수 믿다가 별 신통한 수가 없으면 다시 세상으로 돌아갈 정도로 천국이 비천하고 겸비한 모습을 취하고 있습니다. 세상의 돈 몇 푼보다 더 못한 것으로 괄시를 받습니다. 세상을 사는 재미보다 못한 취급을 받습니다.

● ● ● ● ● ● ● ● ●

그러나 14절의 "우리가 그 영광을 보니 은혜와 진리가 충만하더라" 예수를 믿는다는 것의 신비와 환희와 충격을 이처럼 묘사해 주는 데가 없습니다. 우리의 믿음이 사람의 뜻으로 나지 아니하고 하나님께로서 난 것임을 생각하면 더 많은 은혜와 진리를 누리는 축복에 대한 감격이 마땅히 일어나야 할 것입니다.

(요 1:15-18)

"요한이 그에 대하여 증거하여 외쳐 가로되 내가 전에 말하기를 내 뒤에 오시는 이가
나보다 앞선 것은 나보다 먼저 계심이니라 한 것이 이 사람을 가리킴이라 하니라
우리가 다 그의 충만한데서 받으니 은혜 위에 은혜러라 율법은 모세로 말미암아
주신 것이요 은혜와 진리는 예수 그리스도로 말미암아 온 것이라
본래 하나님을 본 사람이 없으되 아버지 품속에 있는 독생하신 하나님이 나타내셨느니라 "

세례요한이 그리스도 예수를 증거하는 내용입니다. '내가 전부터 계
속하여 말하여 왔던 사실 하나가 있다' 고 강조합니다. 그 사실이 무엇
입니까? 본문 15절, "내 뒤에 오시는 이가 나보다 앞선 것은 나보다 먼
저 계심이라" 라는 것입니다.

예수님은 세례요한보다 6개월이나 뒤따라 태어나셨고 6개월의 간격
을 두고 공생애를 시작하셨습니다. 그런데 세례요한 보다 앞섰다고 합
니다. 선재하셨다는 것입니다.

세례요한은 한낱 인간에 지나지 않고 반면에 예수는 창조 전부터 하
나님과 함께 계셨던 분으로서 본질상 하나님과 같으시다는 것입니다.

따라서 신분이나 권능에 있어 세례요한과는 비교될 수 없습니다.

　예수님의 선재하심을 증거함으로 세례요한은 예수님의 그리스도 되심과 하나님의 아들이심을 증거하는 사명자임을 명백히 하고 있습니다.
　16절, "우리가 다 그의 충만한데서 받으니" – 그리스도의 차고 넘치는 충만함이 우리 모두에게 영향을 미쳐서 함께 충만함 중에 있다는 것입니다. 그리스도의 충만함과 우리와의 사이를 묘사한 대목 중 골로새서 2장 9절 말씀은 가슴이 벅차오르는 감동을 줍니다.

> "그 안에는 신성의 모든 충만이 육체로 거하시고 너희도 그 안에서 충만
>
> 하여졌으니 그는 모든 정사와 권세의 머리시라" (골 2 : 9).

　우리는 예수 그리스도와 연합하여 세례를 받은 자들입니다. 성경은 놀랍게도 우리 자신을 예수 그리스도와 동질의 존재로 규정하고 있습니다. 이것은 그리스도 예수 안에서 우리가 믿음으로 간직해야 할 가장 아름답고 영광스러운 은혜의 말씀입니다. 또한, 어떤 경우에라도 성경에서 선포하는 법적이고 객관적인 사실임을 놓쳐서는 안 됩니다.
　예수님의 충만은 곧 우리의 충만입니다. "그 안에는 신성의 모든 충만이 육체로 거하시고 너희도 그 안에서 충만하여 졌으니"라고 하였습니다. 그러나 우리는 아직 충만하지 않습니다. 우리의 경험으로는 신성이 예수님과 동일한 수준만큼 충만한 상태에서 살지 아니합니다. 연약과 부족과 무능한 자리에서 예수님의 충만을 생각할 때마다 번민과 애통함을 금할 수가 없습니다. 심령의 가난과 마음의 애통과 의에 대하여 주림과 목마름이 일어남을 감당할 수가 없습니다. 그러나 예수 믿는 자의 심령이 애통과 번민으로 가득한 상태를 주님은 복이 있다고 설교하셨습니다. 심령 속에 일어나는 애통이나 목마름이 무엇에 대한 것입니

까? 우리 자신의 무능과 연약 이전에 성경이 우리에게 선포한 내용이 예수 그리스도와 동일한 신성과 의로 충만한 존재임을 천명하기 때문입니다.

그 영광의 충만한 상태에서 살고 싶은 애절한 갈망이 우리를 애통과 번민으로 호소하게 합니다. 세상이 우리를 볼 때에는 그들의 지적 앞에 항상 면목이 없는 입장이지만 하나님은 우리를 보실 때에 예수 그리스도의 모든 충만하심과 함께 충만한 자임을 확인시켜 주십니다. 충만한 삶을 이루지 못하는 입장에서 우리를 심령에 애통함을 간직할 수밖에 없습니다.

그러나 하나님이 보실 때 우리는 이미 그리스도와 함께 신성의 모든 충만으로 충만한 상태가 된 것입니다. 내가 이룬 공로가 아닙니다. 예수께서 이루신 공로입니다. 우리는 그의 충만한 데서 받을 뿐입니다. 내가 그리스도와 동질의 존재로 연합한 자이기 때문에 그의 부활도 승천의 영광도 나의 것이 된 것입니다.

예수님이 이루신 모든 것은 결과로서 내가 소유하는 것, 그것이 믿음입니다. 우리의 느낌과 감정은 아직도 죄의 영역 가운데 있습니다. 죄의 가능성이 있는 육체 가운데서 삽니다. 그럼에도 불구하고 사실은 내가 예수 그리스도의 충만 속에서 나도 함께 충만해진 상태에서 삽니다.

> "그런즉 어찌하리요 우리가 법 아래 있지 아니하고 은혜 아래 있으니 죄
> 를 지으리요 그럴 수 없느니라" (롬 6 : 15).

우리는 더 이상 율법의 통치권 속에서 살지 아니하고 은혜의 다스림을 받고 있기 때문에 죄를 지을 수 없다고 합니다. 죄를 짓는다는 것은 죄 속에 묻혀서 사는 상태, 즉 고의적으로 의지를 굳혀서 죄를 옹호하고 정당화하는 상태를 말합니다. 우리는 성령의 전으로서 하나님의 뜻을 따라 살지만 전폭적으로 성령의 인도하심만을 따르지는 않습니다.

죄의 원리를 벗어날 수 없는 상태에서 하나님의 뜻을 거역하고 불순종하며 사는 불완전한 자로 살고 있습니다. 그렇다고 해서 우리는 하나님의 뜻에 불순종할 뿐이지 죄의 통치권을 받지는 않습니다. 죄를 지을 수 있어도 우리는 은혜의 통치권 속에서 우리의 돌아가 머무는 곳은 언제나 하나님의 의와 거룩이 있는 곳입니다.

우리는 지금도 하나님의 은혜로 죄 가운데 살면서도 성화의 길을 걸으면서 천국으로 향하여 가고 있습니다. 은혜가 아닐 수 없습니다. 은혜란 주권이 내게 없고 내 인생의 주권이 하나님께 있다는 뜻입니다. 이는 잘못을 눈감아 주는 관용이 아니라 잘못에 대하여 간섭하시는 주권이 하나님께 있다는 것입니다. 깨우치고 돌아서게 하는 간섭 속에 있음을 기억하십시오.

우리가 얼마나 그의 충만한 데서 받으며 사는가? 신분적으로 예수 그리스도와 뗄 수 없는 가장 깊고 가까운 관계 속에 있는지 성경은 이렇게 묘사하고 있습니다.

> "또 만물을 그 발 아래 복종하게 하시고 그를 만물 위에 교회의 머리로 주셨느니라 교회는 그의 몸이니 만물 안에서 만물을 충만케 하시는 자의 충만이니라" (엡 1 : 22, 23).

예수 그리스도는 만물을 충만케 하신 자입니다. 만물을 충만케 하신 자 그리스도를 충만케 하는 자는 교회입니다. 그 관계는 주님을 신랑이라 할 때 그의 미완성을 완성케 하는 돕는 배필로서 신부입니다. 교회가 아니면 그리스도의 충만이 이루어질 수 없는 가장 가깝고 밀접한 사이가 우리와 예수 그리스도와의 관계입니다. 즉 우리는 그의 신부입니다. 우리가 아니면 신랑되신 예수 그리스도의 기쁨이나 만족이 없을 만큼 사랑과 긍휼을 입고 있는 자리가 우리 자신들입니다. 예수 그리스도의 충만한 데서부터 우리는 모든 것을 받아 누리는 은혜 가운데서 삽니다.

믿음의 조상 아브라함의 경우에도 그리스도의 모든 충만한 데서 누리는 은혜가 넘침을 엿볼 수 있습니다. 아브라함에게 내리신 약속은 다음고 같습니다.

"내가 너로 큰 만족을 이루고 네게 복을 주어 네 이름을 창대케 하리니 너는 복의 근원이 될지라"(창 12 : 2).

아브라함이 하나님께로부터 복을 받을 만한 입장에 있었던 것이 아닙니다.

다시 말해서 남달리 잘나거나 완전해서가 아닙니다. 하나님이 나타나셔서 내리신 전혀 일방적인 약속이 있었을 뿐입니다. 아브라함은 아직도 하나님에 대하여 아는 바도 없고 전폭적으로 하나님께 순종할 만한 믿음이 있었던 것도 아닙니다. 미완성, 부족함, 무능함, 무지함, 불의함, 나태함, 불순종의 우준함 그대로였습니다. 그럼에도 불구하고 하나님이 나타나신 그 처음 순간부터 아브라함은 복의 근원으로 인생을 산 자였습니다.

우리가 예수님을 믿고 있으면서 우리가 사는 곳이 어딘지를 모르는 것처럼 안타까움이 없습니다. 예수 안에서 그 시작이 복의 근원임을 한 시라도 잊어서는 안 됩니다. 우리는 우리의 인식이나 경험으로만 사실을 확인하려는 습성이 있습니다. 기독교 신앙을 나의 경험이나 감동과 관계없이 하나님께서 나에게 무엇을 말씀하시는가를 사실로 여기고 거기에 나의 인격과 삶을 일치하게 하는 싸움입니다.

야곱이 형 '에서'를 속이고 아비 이삭이 늙어 보지 못하는 틈을 타서 장자에게 돌아갈 축복을 다 받아 내었습니다. 이 사실이 들통이 나자 '밧담아람'이라는 곳으로 도망을 치다가 '벧엘' 광야에서 지쳐 쓰러진 체 잠을 청하는 데 하나님이 나타나셔서 축복을 선포하십니다.

"나는 네 조부 아브라함의 하나님이요 네 아비 이삭의 하나님이라 너 누운 땅을 내가 너와 네 자손에게 주리니"(창 28:13).

여기 이 지점이 기독교의 은혜가 살아나는 지점입니다. 지금은 아비를 속이고 형에게 돌아갈 축복을 가로챈 약탈자에게 마땅히 꾸중과 채찍을 내릴 때입니다. 그러나 이런 주장은 인본주의적 발상입니다. 상식으로 보면 야곱이 복을 받을 입장이 아닙니다. 그럼에도 불구하고 하나님은 그의 조부 아브라함과 아비 이삭에게 언약하신 것을 기억하고 약탈자 야곱에게 복을 선포하십니다. 야곱이 하나님께로부터 복을 받는 장면에서 오늘 우리의 자리가 은혜와 진리가 흘러넘치는 감동을 동시에 느끼게 됩니다.

또 바울은 그의 서신에서 예수 믿는 자의 풍성함을 이렇게 설명하고 있습니다.

"항상 기뻐하라 쉬지 말고 기도하라 범사에 감사하라 이는 그리스도 예수 안에서 너희를 향하신 하나님의 뜻이니라"(살전 5:16-18).

하나님께서 우리를 향하여 갖고 계시는 것은 항상 기쁨과 감사가 흘러넘치고 기도의 능력과 영성과 풍성함이 넘치도록 모든 것을 충만하게 해 주시겠다는 약속입니다. 우리의 일생을 예수 그리스도의 모든 충만으로 우리를 충만케 하고 만족케 하고 감동과 기쁨이 솟아오르도록 이끄시겠다는 것입니다.

베드로와 요한이 성령 충만하여 예루살렘 성전의 미문에 앉아 구걸하던 앉은뱅이에게 외친 말씀이 무엇입니까? "은과 금은 내게 없거니와 내게 있는 것으로 네게 주노니 곧 나사렛 예수의 이름으로 일어나 걸으라"(행 3:6)였습니다. 이것은 흘러넘치는 은혜의 충만이 있는 자가 줄 수 있는 풍성한 능력이었습니다.

하나님은 우리의 순종과 충성을 요구하시지만 강요하시는 분이 아니라 충만케 하시고 만족케 하실 분이심을 잊지 말아야 합니다. 성경상의 신앙인들이 쏟아낸 간증은 한마디로 하나님의 명령 아래 자신들을 기꺼이 신하로, 종으로 바치는 일에 충성하였지만 그들 내면에서 분수처럼 솟아오르는 기쁨과 행복을 세상이 감당치 못하였다는 것입니다.

고난의 대명사 바울 사도의 고백이 눈물겹습니다.

"모든 성도 중에 지극히 작은 자보다 더 작은 나에게 이 은혜를 주신 것은 측량할 수 없는 그리스도의 풍성을 이방인에게 전하게 하시고" (엡 3:8).

●●●●●●●●●●

마틴 루터(Luther, M.)는 그리스도의 충만함을 '아무리 물을 퍼내어도 고갈되지 않는 샘'에 비유했습니다.

16절, "우리가 다 그의 충만한데서 받으니 은혜 위에 은혜러라" 우리는 모든 것을 그리스도의 충만한 데서 받고 있습니다. 은혜 위에 은혜 — 은혜를 대신하는 은혜 — 한번 받은 은혜가 다하면 또 다른 은혜가 임합니다. 은혜가 겹겹이 쌓이고 넘치는 상태입니다. 차고 넘치는 은혜가 충만하시길 바랍니다.

광야의 소리

(요 1:19-27)

"유대인들이 예루살렘에서 제사장들과 레위인들을 요한에게 보내어 네가 누구냐 물을 때에
요한의 증거가 이러 하니라 요한이 드러내어 말하고 숨기지 아니하니 드러내어 하는 말이
나는 그리스도가 아니라 한대 또 묻되 그러면 무엇, 네가 엘리야냐 가로되 나는 아니라
또 묻되 네가 그 선지자냐 대답하되 아니라 또 말하되 누구냐 우리를 보낸 이들에게
대답하게 하라 너는 네게 대하여 무엇이라 하느냐 가로되 나는 선지자 이사야의 말과 같이
주의 길을 곧게 하라고 광야에서 외치는 자의 소리로라 하니라 저희는
바리세인들에게서 보낸 자라 또 물어 가로되 네가 만일 그리스도도 아니요 엘리야도 아니요
그 선지자도 아닐진대 어찌하여 세례를 주느냐 요한이 대답하되 나는 물로 세례를 주거니와
너희 가운데 너희가 알지 못하는 한 사람이 섰으니 곧 내 뒤에 오시는 그이라
나는 그의 신들메 풀기도 감당치 못하겠노라 하더라
이 일은 요한의 세례 주던 곳 요단강 건너편 베다니에서 된 일이니라"

세례요한은 여러 가지 측면에서 성경의 인물 중 가장 주목할 만합니다. 그의 출생부터 하나님의 직접적인 간섭 아래 이루어졌고 "모태로부터 성령의 충만함을 입은 자"(눅 1:15)였습니다. 그는 "주의 길을 예비하도록 하나님께로부터 보냄을 받은 자"(마 3:3) 였으며 예수께서 친히 말씀하신바 "여자가 낳은 자 중에 세례요한보다 큰이가 일어남이 없도다"(마 11 : 11) 라고 격찬을 아끼지 아니하셨습니다.

이제 세례요한이 예루살렘으로부터 보냄을 받은 제사장들과 레위인들로부터 몇 가지 질문을 받습니다. 19절, "네가 누구냐?" 이 질문은 세례요한이 그 당시 교권에 대하여 상당한 위협을 주는 존재였음을 암시

해 줍니다. 그의 외치는 소리에 군중들이 몰려왔고 큰 소동이 일어났었습니다. 그의 외침은 군중들의 마음을 움직였고 격동케 하였고 죄를 깨우침과 동시에 가슴을 파고드는 각성을 일으켰습니다.

사람들의 심중에는 '이 사람이 바로 오실 메시아가 아니냐?' 하는 호기심으로 가득하였습니다. 당시 유대인들이 처해 있던 상황이 로마의 압제 아래에서 무척이나 곤고한 세월을 보내고 있었음을 감안할 때 그들을 모든 압제로부터 해방해 줄 메시아를 기다리고 있던 터에 세례요한은 그리스도로 기대될 만한 능력과 위용을 갖춘 인물이었습니다. 메시아 대망이 최고의 절정을 이루는 때였습니다. 당시 교권 내지 정치권에서 볼 때 군중들의 지지기반을 빼앗기는 위기감을 떨쳐 버릴 수가 없었습니다. "네가 누구냐?" 는 질문은 그만큼 당시 교권 지도자들을 당혹케 함과 동시에 세례요한 본인에게 상당한 위협을 가하려는 의도가 있는 말이었습니다.

20절, "요한이 드러내어 말하고 숨기지 아니하니" – 요한은 자기 소명에 대하여 확고부동한 신앙고백을 가지고 있었습니다. 하나님께로부터 받은 사명을 완수하고 있는 충성을 엿볼 수 있습니다.

오늘 우리에게 하나님의 자녀로서 갖는 사명감과 자긍심에 대한 용기와 담대한 기백이 있는가? 우리는 하나님께로부터 약속 받은 복을 요구하는 데는 급급한데 하나님의 뜻을 따라 사는 종으로서는 들어서지 않으려는 데에 문제가 심각합니다.

20절, "요한이 드러내어 말하되 나는 그리스도가 아니라"

21절, "또 묻되 그러면 무엇, 네가 엘리야냐? 가로되 나는 아니라 또 묻되 네가 그 선지자냐? 대답하되 아니라"

그들이 왜 요한에게 엘리야냐 물었을까요? 여기에 함축된 의미가 있습니다. 당시 메시아를 대망하고 있었는데 그는 엘리야와 같은 혁명가적 불같은 사람, 모세와 같은 구국 지도자와 같은 반 로마 운동의 민족

해방을 이끌어 낼 메시아였습니다. 유대인들은 엘리야나 모세와 같은 선지자가 나타나기를 기다리고 있었습니다.

이러한 때에 예수님께서도 당시 자신에 대한 민심을 시험해 보고자 하는 의도에서 제자들에게 이와 같은 질문을 던졌으리라는 추측이 가능합니다.

"사람들이 인자를 누구라 하느냐?"(마 16:13) "더러는 세례요한 더러는 엘리야 어떤 이는 예레미아나 다른 선지자 중에 하나이라 하더이다"(마 16:14) 이때에 베드로가 뛰어나와 주님께 아룁니다.

"주는 그리스도시오 살아계신 하나님의 아들이시니이다" (마 16:16). 사람들의 자신에 대한 오해가 팽배한 때에 베드로의 고백은 예수님의 심금을 울릴 정도의 감동적인 고백이 아닐 수 없었을 것입니다.

22절, "또 말하되 누구냐? 우리를 보낸 이들에게 대답하게 하라 너는 네게 대하여 무엇이라 하느냐?" 제사장들과 레위인들의 물음은 단호하였고 엄중하였습니다. "네가 누구냐?" "너는 너를 보고 무엇이라 하느냐?" "우리가 너를 누구라고 보고하면 되겠느냐?" 고 협박하고 있었습니다.

23절, "가로되 나는 선지자 이사야의 말과 같이 주의 길을 곧게 하라고 광야에서 외치는 자의 소리로라"

"너는 너 자신에 대하여 무엇이라 하느냐?" "나는 광야에서 외치는 소리로라" 세례요한의 신앙고백이 우리로 오늘 교회의 모습을 되돌아 보게 하는 대목입니다. 우리는 우리가 쌓아올린 공적에 대하여 자화자찬하여 또는 누군가에 의하여 찬사를 받는 데에 쉽게 고무되어 높아지기를 좋아하는 약점을 가지고 있습니다. 우리는 종종 우리 자신의 헌신과 기도와 눈물과 열심의 산물인 양 오늘의 부흥이나 축복을 자랑하는 데에 익숙해져 있습니다. "나는 기도하는 자다. 영성이 풍성한 자요 섬김이 탁월한 자다. 하나님께로부터 크게 쓰임을 받는 자" 라고 자신을 높이는 말을 쉽게 합니다.

세례요한은 23절 말씀과 같이 "나는 광야에서 외치는 소리로라" 고 자신의 위치와 사명을 분명한 어조로 설명하였습니다. 이와 비슷한 고백을 바울에게서도 엿볼 수 있습니다. "나는 모든 성도 중에 지극히 작은 자 보다 더 작은 자니라" 주님을 섬기는 종으로서 자신의 신분을 확정짓는 고백입니다. 자신의 입지나 완성을 도모하고자 하는 기미가 전혀 없습니다. 요한은 지금으로부터 700년 전에 이사야가 예언하였던 대로 자신을 광야의 소리로 증거하고 있습니다.

"외치는 자의 소리여 가로되 너희는 광야에서 여호와의 길을 예비하라 사막에서 우리 하나님의 대로를 평탄케 하라" (사 40 : 3).

요한은 길을 예비하는 자로서 안내자 또는 선구자로 예언된 인물입니다. 그리스도의 길을 앞서 예비하는 자로서 빛을 증거한 자였습니다.

"빛이 어두움에 비취되 어두움이 깨닫지 못하더라 하나님께로서 보내심을 받은 사람이 났으니 이름은 요한이라 저가 증거하러 왔으니 곧 빛에 대하여 증거하고 모든 사람으로 자기를 인하여 믿게 하여 함이라" (요 1 : 5-7).

요한은 빛을 본 자로서 빛에 대하여 증거할 수 있는 유일한 자입니다. 그는 빛이 아니라 빛을 증거하는 자입니다. 빛은 말씀이었고 증거자는 소리였습니다. 요한은 사람들이 바라는 구원자가 아니라 구원자의 말씀을 전달하는 전령사였습니다.

이어 제사장들의 성난 질문은 계속됩니다.

25절, "어찌하여 세례를 주느냐?" 26절과 27절, "나는 물로 세례를 주거니와 너희 가운데 너희가 알지 못하는 한 사람이 섰으니 곧 내 뒤에 오시는 그이라 나는 그의 신들메 풀기도 감당치 못하겠노라" 했습니다.

요한은 계속하여 예수 그리스도의 길을 준비하는 자로서 자신의 신분과 직분에 대하여 분명한 어조로 대답합니다. "나는 물로 세례를 준다. 내 뒤에 오시는 이는 불로 세례를 주실 분이시다." 나는 그의 신들메 풀기도 감당치 못할 자로 그분의 신복에 지나지 않는다는 것입니다.

예수님은 빛이요 말씀이요 불이십니다. 요한은 빛에 대하여 증거하는 자요 말씀에 대하여는 소리로 존재하고 불에 대하여 그는 물로 세례를 주는 자입니다. 말씀은 태초에 계셨습니다. 소리가 있기 전에 존재하셨습니다. 예수님은 말씀으로서 태초부터 계셨고 요한이 외치는 소리 이전에 선재하셨습니다. 소리는 말씀을 전하는 수단입니다. 단순한 전달 기능입니다. 소리는 들릴 뿐, 들을 때에 순간에만 작용합니다. 그러나 말씀은 소리 이전에 있었고 소리와 함께 전달되었습니다. 소리가 끝난 후에도 존재합니다. 광야에서 외치는 요한의 소리는 비록 그는 죽었지만 말씀의 씨앗이 뿌려진 곳에서 열매를 맺습니다. 아벨이 가인에게 살해당하여 죽었지만 그의 제사는 지금도 말하고 있고 세례요한의 소리로 전한 말씀은 지금도 역사하고 있습니다.

우리는 소리로 존재하며 소리의 역할로 살아갑니다. 우리는 말씀을 전하는 배우이며 말씀의 입술이요 지팡이로 삽니다. 왜 군중들이 광야로 모여들었는가? 예루살렘성 안에는 유대주의 교권에 의한 형식과 자랑, 법과 제도의 견고한 정통만 있었습니다. 그리고 사랑과 섬김이 없었습니다. 껍데기만 치장하였고 알맹이는 텅 비어 있는 공허한 자태만이 가증스러운 행렬을 짓고 있었습니다.

요한은 제사장들과 레위인들, 서기관 바리새인들이 지배하는 곳에서는 외치지 않았습니다. 하나님이 허락지 아니하셨습니다. 하나님은 외식과 겉치레에 분주한 자들 속에서 자신의 말씀을 나타내지 않으시고 처음부터 광야에서 외치는 소리로 예언하신 뜻을 좇아 요한으로 하여금 외로운 곳에서 회개를 외치도록 하셨습니다.

그들의 체제와 지배 영역 밖에서 그리스도의 오심을 예비하셨습니다. 수많은 무리들이 따르기 시작하였습니다. 영적으로 메마르고 고갈된 심령들이 성안에 화려하고 웅장한 의식과 종교적 행렬이 있는 곳을 떠나 광야로 나아갔습니다. 외치는 자의 소리를 들으려고 모여 들었습니다.

오늘 우리가 머물러 있는 곳은 어디입니까? 화려한 행렬이 있고 아름다운 문화적 감각이 있고 경건의 형식과 장식이 있는 곳에서 어느덧 우리 자신의 신앙이 우리 스스로 고안해 낸 온갖 색깔의 문화 혹은 심리적 현상들이 각색된 채 정주定住 하고 있지 않는지 우리로 되돌아보게 하는 대목입니다.

성령의 사람들은 주님이 가신 길을 기꺼이 함께 갑니다. 예수께서 승천하시기 전 제자들에게 분부하신 말씀은 아버지께서 약속하신 성령을 기다리라는 것이었습니다. 교회를 세우시기 전에 주님이 굳세게 권면하신 것은 성령강림의 약속이었습니다. 교회의 역사는 하나님과 함께 이루어 가려는 의도라는 사실을 한시라도 잊어서는 안 됩니다. 이를 다시 역으로 풀이하면 교회와 복음 증거의 역사는 제자들에게 맡길 수 없다는 뜻임과 동시에 성령 충만과 권능이 임한 후에야 이룰 수 있는 것임을 역설하시는 내용입니다.

하나님은 진리와 생명의 말씀을 맡기면 우리는 하나님의 뜻을 받들어 이를 지키고 보존할 만큼 심지가 굳지 않고 변질될 가능성이 있음을 아신 것입니다. 교회와 복음 증거를 우리가 맡으면 이를 우리의 입지나 왕성旺盛이나 유익을 위한 응용 재료로 도용할 위험이 있음을 지적하는 말씀임을 명심해야 합니다.

성령강림의 약속이 있고 재림의 기약이 있은 후 제자들이 어디로 달려갔습니까? 모두 마가의 다락방에 모여 마음을 같이 하여 전혀 기도에 힘을 쏟았습니다. 우리는 성령의 검 곧 하나님의 말씀과 기도로 만들어져 가는 존재입니다. 성령의 사람은 말씀과 기도가 있는 곳으로 달려갑니다. 외치는 자의 소리가 있는 곳으로 사람들이 광야로 행렬을 지어 모여들 듯이 말입니다.

● ● ● ● ● ● ● ● ● ●

세례 요한은 광야에서 약대 털옷을 입고 석청을 먹으며 오직 그리스도를 외치는 소리로 존재하며 그리스도의 길을 예비하는 선구자의 사명을 다했습니다. 그는 자신의 위치를 벗어나지 않았습니다. 우리에게도 광야에서 외치는 자의 소리가 그리운 때입니다.

'주여, 그 곳으로 목마른 심령들이 모이고 또 모이는 은혜를 내려 주옵소서'

하나님의 어린 양이로다

(요 1:29-34)

> "이튿날 요한이 예수께서 자기에게 나아오심을 보고 가로되 보라 세상 죄를 지고 가는 하나님의 어린 양이로다 내가 전에 말하기를 내 뒤에 오는 사람이 있는데 나보다 앞선 것은 그가 나보다 먼저 계심이라 한 것이 이 사람을 가리킴이라 나도 그를 알지 못하였으나 내가 와서 물로 세례를 주는 것은 그를 이스라엘에게 나타내려 함이라 하니라 요한이 또 증거하여 가로되 내가 보매 성령이 비둘기 같이 하늘로서 내려와서 그의 위에 머물렀더라 나도 그를 알지 못하였으나 나를 보내어 물로 세례를 주라 하신 그이가 나에게 말씀하시되 성령이 내려서 누구 위에든지 머무는 것을 보거든 그가 곧 성령으로 세례를 주는 이인 줄 알라 하셨기에 내가 보고 그가 하나님의 아들이심을 증거하였노라 하니라"

세례요한은 자신이 누군지를 잘 알고 있습니다. 이사야의 예언대로 주의 길을 예비하신 광야의 소리로 존재하는 자입니다. 제사장의 아들이며 메시아의 길을 예비하는 전령사이며 하나님의 역사와 깊숙이 관련되어 태어난 성령 충만함을 입고 사는 자입니다. 많은 무리들의 심령을 파고드는 회개의 소리를 가진 자였습니다. 그런데 그의 소리는 당시 백성들의 메시아에 대한 대망을 불러 일으켰고 급기야는 최고의 민족 지도자로 떠오르고 있었습니다.

그런데 요한은 27절, "내 뒤에 오시는 한 사람이 있으니 나는 그의 신들메 풀기도 감당치 못하겠노라" - 자기 자신에게 거는 메시아의 대망을 일축시키고 그 기대를 예수님께로 돌리고 있습니다.

그리고 본문 29절입니다. "이튿날 요한이 예수께서 자기에게 나아오심을 보고 가로되 보라 세상 죄를 지고 가는 하나님의 어린 양이로다" 바로 그 전날까지 메시아로 오해받고 있던 세례요한이 모든 사람 앞에서 외칩니다.

> "보라 세상 죄를 지고 가는 하나님의 어린 양이로다 내가 전에 말하기를
> 내 뒤에 오는 사람이 있는데 나보다 앞선 것은 그가 나보다 먼저 계심이라
> 한 것이 이 사람을 가리킴이라" (요 1 : 29, 30).

요한은 메시아의 길을 예비하는 자로서 마침 자기에게로 오시는 예수님을 보는 순간 남다른 감격과 놀라움을 감출 수 없습니다. 29절, "세상 죄를 지고 가는 하나님의 어린 양이로다" 그의 심령에서 솟구치는 감탄의 외마디 소리와 같습니다. 요한은 이미 예수를 본 적이 있었습니다. 마태복음 3장에서 예수님은 벌써 요한에게 세례를 받은 적이 있었습니다. 지금은 예수님이 광야에서 40일간 시험을 받으시고 이제 승리와 영광으로 가득 찬 모습으로 세례요한에게로 찾아오시는 때였습니다.

본문 29절, "보라 세상 죄를 지고 가는 하나님의 어린 양이로다" – 당시 유대인들의 상황에서 요한의 증거는 아주 충격적인 것이었습니다. 이는 분명 유대 민족이 대망하고 있던 것과는 전혀 다른 증거였습니다. 백성들의 기대는 로마의 압제로부터 해방해 줄 민족의 영웅이었습니다. 가난과 압박으로부터 건져줄 힘 있고 패기만만한 왕 같은 권위를 가진 자였습니다. 아무도 자신의 몸을 대속물로 희생할 메시아에 대해서는 기대하는 자가 없었습니다. "네가 엘리야냐?" "그 선지자냐?" 모두가 다 정치적 경제적 메시아만을 갈망하고 있었습니다. 제사장들과 레위인 정도는 그래도 하나님의 임박한 진노로부터 구원해 주실 대속의

메시아에 대해서도 관심을 가졌어야 하는 데 전혀 관심 밖의 사안事案
이었습니다. 모든 것이 빗나가고 있었습니다. 하나님과 사람 사이의 관
심사가 엇갈리고 있었습니다. 유대 민족은 제사장들과 레위인들을 비
롯하여 어느 누구도 죄의식이 없었습니다. 하나님의 심판 아래 있는 죄
인임을 모르고 있었습니다.

  세상 죄를 진다라는 말은 '돌을 옮긴다' 또는 '십자가를 진다' 고 표
현할 때 쓰이는 단어입니다. 하나님이 보내신 어린 양이 세상 죄를 옮겨
걸머지고 가고 있다는 뜻입니다. 하나님의 어린 양을 보는 순간 세례요
한만이 감격해 하고 있습니다. 가슴이 벅차오르는 영광을 감당할 길이
없습니다.
  심령의 회개를 외치던 광야의 소리로서 예수 그리스도의 공생애가
시작되면 역사의 뒷면으로 사라질 자신의 사명을 다해 가는 자리에서
요한은 구약의 마지막 선지자로서 감동을 억누를 수가 없습니다.
  요한이 그토록 하나님의 어린 양이라고 감격해 하면서 외친 것은 당
시 유다 백성들의 잠자고 있는 영성을 깨우치려는 열정도 함께 불태우
고 있었음을 간과 할 수 없습니다.
  종교지도자들 뿐만 아니라 하나님의 백성으로서 자신에 대하여 자
랑하고 있던 자들이 기대하고 있던 것은 메시아를 제사장으로서가 아
니라 왕으로서 기다리고 있었음은 세례요한으로서는 견딜 수 없는 고
통이었습니다.
  물로 세례를 주고 있던 자신에게 어찌하여 세례를 주느냐고 시비를
걸 것이 아니라 마땅히 하나님의 임박한 진노로부터 구원해 줄 메시아
에 관하여 물어보아야 했었을 것입니다. 그들은 하나님의 뜻이나 진리
나 생명에 관하여는 전혀 관심이 없었습니다. 오직 자신의 세상을 요구
하였고 자신들이 쌓아올린 세상 공적이나 빼앗기지 않을까 하고 정신
이 팔려 있었습니다.

그 당시 유대인들의 메시아에 대한 오해는 이것입니다. 메시아가 오시면 그 때로부터 하나님의 나라가 완전하게 이루어지는 것으로 알고 있었습니다. 회개할 것이 없는 의인으로 자처하고 있었다는 애기입니다. 그들에게는 죄인이라는 인식이 전혀 없었습니다. 다른 민족은 다 멸망하고 자기들은 왕권을 가지고 살 것이란 기대에 부풀어 있었습니다. 세례요한이 그리스도의 오심을 보고 "보라, 하나님의 어린 양이로다" "그가 세상 죄를 짊어진 채 가고 있다"고 외친 것은 회개할 것이 없는 의인으로 자부하고 있던 당시 회개치 아니 하는 오만한 백성들을 향하여 통분해 하는 메시지입니다. 하나님의 말씀이 아니고 하나님의 그리스도가 아니라 "하나님의 어린 양이로다"라고 고함을 쳤습니다. "너희들이 속죄 양으로 오신 예수를 보느냐?" "그는 다름 아닌 하나님의 백성의 죄를 대속하러 오신 속죄 양이 아니냐?" 요한의 외침은 회개를 재촉하는 부르짖음이었습니다.

● ● ● ● ● ● ● ● ●

오늘도 마찬가지입니다. 우리의 현실에서 엘리야로서 그리스도를 요구하고 있지 않는지, 사회 개혁자로서의 그리스도를 요청하고 있는 현실이 아닌지, 아니면 윤리 교사로서 그리스도를 증거하고 싶지는 않는지 생각해야 합니다. 우리의 씻을 수 없는 죄를 걸머지시고 속죄하는 어린 양으로 오신 예수 그리스도의 은혜를 근거로 나의 삶을 증거하지 아니하면 나의 자리가 무용지물이 된다는 것을 심각하게 짚어 보아야 할 것입니다.

구속받은 우리의 안목에서는 우리 주변에 함께 살고 있는 사람들이 아무리 도덕적이며 문화적이며 일류사회의 아름다움을 갖추었다 할지라도 하나님의 은혜가 아니면 희망이 없고 회개치 아니하면 영원한 멸망에 처할 불쌍하고 가련한 자들임을 놓쳐서는 안 됩니다. 신앙은 문화의 멋을 가지고 치장하는 것이 아닙니다. 인간이 만들어 내는 아름답고 고상한 삶을 모방하는 것이 아닙니다. 오직 십자가의 어린 양을 생각하고 지금도 하나님께로 돌아가는 결심을 굳히는 고백인 것입니다.

"보라 세상 죄를 지고 가는 하나님의 어린 양이로다" – 회개할 것이 없는 의인으로 자부하고 있던 제사장, 레위인, 그리고 선민사상에 붙잡혀 있던 유대 군중들에게 하나님의 임박한 진노를 경고하면서 회개할 것을 외치던 메시지를 다시 한번 상기하십시오.

"보라! 세상 죄를 지고 가는 하나님의 어린 양이로다!"

첫 제자들, 무엇을 구하느냐?

(요 1:35-39)

> "또 이튿날 요한이 자기 제자 중 두 사람과 함께 섰다가
> 예수의 다니심을 보고 말하되 보라 하나님의 어린 양이로다 두 제자가 그의 말을
> 듣고 예수를 좇거늘 예수께서 돌이켜 그 좇는 것을 보시고 물어 가라사대 무엇을 구하느냐
> 가로되 랍비여 어디 계시오니이까 하니 (랍비는 번역하면 선생이라) 예수께서 가라사대
> 와 보라 그러므로 저희가 가서 계신 데를 보고 그날 함께 거하니 때가 제 십 시쯤 되었더라"

본문은 예수께서 다섯 명의 제자를 부르시는 장면입니다. 예수님이 제자를 삼는 일에 일정한 방법이 없었다는 것은 매우 흥미롭고 교훈적입니다. 어떤 특별한 방법만을 정해놓고 그 방법만을 제한하지 않았습니다. 제자들을 부르시는 네 가지 경우에 있어서 닮은 것은 하나도 없었습니다.

제일 먼저 제자가 된 사람은 요한과 안드레입니다. 이 두 사람은 세례요한의 제자로서 세례를 받았을 뿐 아니라 요한과 함께 메시아를 기다리고 있었습니다. 마침내 기다리던 메시아를 만나는 날이 왔습니다. 평소에 가장 믿고 따르던 선생 세례요한이 한 사람의 지나가는 모습을

보고 말씀을 증거합니다. 29절, "보라 하나님의 어린 양이로다."

두 사람 앞에 대망하던 그리스도가 찾아오신 것입니다. 평소에 배워 알고 있던 인자가 오신 것입니다. 말씀이 육신이 되어 오신 하나님이 자신들 앞에 모습을 나타내신 것입니다. 그가 죄인을 하나님의 심판으로부터 구원하러 오신 속죄 양 그리스도였습니다. 그 후 요한은 아마 이 장면을 연상하면서 요한일서 1장 1절에 이렇게 기록하였을 것입니다.

"태초부터 있는 생명의 말씀에 관하여는 우리가 들은 바요 눈으로 본 바요 주목하고 우리의 손으로 만진 바라"(요일 1 : 1).

요한의 두 제자는 듣고 보았습니다.

"내가 주께 대하여 귀로 듣기만 하였삽더니 이제는 눈으로 주를 뵈옵나이다"(욥 42 : 5).

이제는 듣고 본 것으로 가만히 있을 수 없습니다. "보라, 하나님의 어린 양이로다" 말씀을 들어오다가 그토록 듣는 바에 대하여 그리움과 호기심을 품어 오다가 그 실체를 눈으로 본 감격으로 예수님을 쫓아갔습니다. 따라갔습니다.

"두 제자가 그의 말을 듣고 예수를 쫓거늘 예수께서 돌이켜 그 쫓는 것을 보시고 물어 가라사대 무엇을 구하느냐 가로되 랍비여 어디 계시오니이까 하니"(요 1 : 37, 38).

예수님의 쫓아오는 두 사람에게 던진 질문은 어쩌면 냉정해 보입니다. "무엇을 구하느냐?" "무엇 때문에 따라오느냐?" 라는 질문입니다. 이는 시험하시기 위해 꺼낸 질문입니다. 그리고 예수님 자신의 목적을 이해시키려는 의도와 함께 던진 말씀입니다.

사람들은 예수를 따르는 데 있어 참으로 다양한 동기와 목적을 가지고 있습니다. 큰 무리가 예수님을 따르고 있음을 보고 군중에 휩쓸려 맹목적으로 끌려온 사람도 있었고 오병이어의 기적을 일으키시고 난 후 주님이 친히 따르던 무리들을 책망하실 때에 말씀처럼 먹고 배부르기 위하여 또는 병을 고치기 위하여 또는 "우리의 왕 되소서" 하고 정치적 목적을 가지고 따르는 사람들도 있었습니다.

지금도 당시의 사람들처럼 자신의 것을 요구하는 동기와 목적을 가지고 예수를 믿고 교회에 나오는 사람들이 많습니다. 예수 믿는 것을 예배나 드리고 성경 공부나 하고 각종 교회 프로그램에 참여하는 것으로 다 했다고 생각합니다. 소위 종교적인 형태만을 가지고 신앙생활을 다한 것으로 생각하는 사람이 많습니다.

예배를 누구에게 드립니까? 기독교의 가장 근본되는 신앙의 원리입니다. 창조주시요 구속주이시며 심판주이신 하나님께 경배를 드립니다. 그 하나님을 나의 최상의 가치와 함께 하나님의 보좌 앞에 엎드리는 것입니다. 나를 구원하시기 위하여 행하신 십자가의 지극한 사랑을 힘입은 자로서 이 세상의 무엇으로도 보상할 수 없는 구원의 은혜를 어찌 감당할 수 없어 늘 황공해 하다가 하나님께 드리는 예배의 의식을 따라 나 자신을 제물로 드리는 것입니다. 하나님의 영광을 기뻐하고 높이는 자리에서 나의 뜻과 정성을 다하여 신령한 노래를 부르는 것입니다. 기도가 상한 심령으로 통회 자복하는 자리가 됩니다. 헌금 순서는 하나님을 극진히 사랑한다는 마음으로 자신을 드리는 순간입니다.

어떤 사람들은 예배를 마음의 수양을 위하는 것 정도로 알고 참여하는 자도 있습니다. 복잡한 인간문제를 풀어보기 위하여 무슨 길이 없을까 하고 구도의 심정으로 오는 경우도 있습니다. 또 어떤 경우에는 예배가 하나님께 드리는 경배라고는 보기 힘들 정도로 노래와 연극 중심의 문화적 내지는 심리적 욕구를 충족케 하는 형식을 갖는 곳도 있습니다. 무엇을 구하느냐? 물질이나 명성이나, 마음의 평안이나, 종교적인 열망이나 심리적 기쁨이나 도덕적 쾌락이나 구도의 환희인가?

두 제자의 경우는 오직 하나님에 대한 갈급함이 있었습니다. 그리스도에 관하여 더 많이, 더 긴밀하게 알고 싶었습니다. 신앙은 하나님을 아는 것입니다. 하나님을 알고 그와 함께 동거하며 사는 것입니다. 성경 공부는 왜 합니까? 성경의 내용대로 그렇게 살기 위함입니다. 기적은 왜 일으키십니까? 그렇게 치유하시는 자에게 항복하여 그와 함께 살기 위함입니다. 하나님에 대한 호기심 같은 열망이 일어날 때 주를 따를 수 있는 법입니다. 다윗의 시는 하나님에 대한 그리움을 이렇게 묘사하고 있습니다.

> "하나님이여 사슴이 시냇물을 찾기에 갈급함같이 내 영혼이 주를 찾기
> 에 갈급하니이다"(시 42:1).

39절, "예수께서 가라사대 와 보라 그러므로 저희가 가서 계신 데를 보고 그 날 함께 거하니 때가 제 십 시쯤 되었더라" 예수님은 이에 두 제자 요한과 안드레의 마음을 헤아리고 계셨습니다. 주님은 자신의 임재와 인격과 삶을 함께 갖고 싶어 하는 갈망을 분별하고 계셨습니다. 주님은 영혼의 갈급함을 결코 실망시키신 적이 없습니다.

예수를 믿는다는 것, 그것은 하나님과 함께 살아가는 삶 자체입니다. 하나님과 함께 사는 입장이라면 나의 전인격과 삶에서 신성으로 충만한 현상이 나타나야 합니다. 예수 믿고 구원까지는 받았는데 아직도 나의 인격이나 삶이 과거와 별로 다를 바가 없다면 오히려 구원이 가난하게 보입니다. 구원이 구원으로만 있으면 세상 보기에 초라해 보일 수밖에 없습니다.

우리에게 약점이 있다면 아는 것은 있는 데 이를 행동으로 옮길 힘이

없다는 데 있습니다. 경건의 모양은 있는데 하나님의 일을 나타낼 만한 능력이 없습니다. 사랑할 능력, 관용할 능력, 오래 참음과 자비와 온유 충성의 열매를 맺지 못합니다. 뿐만 아니라 복음을 전할 입술이 열려지지 않습니다.

우리는 구원을 얻었다는 명분만을 가지고 있을 것이 아니라 하나님이 쓰시는 배역으로 사는 것까지를 힘있게 실천해 나가야 합니다. 그러기 위해서는 성령 충만은 필수적입니다. 배역이란 무엇입니까? 배우는 각본에 따라 감독이 연출하는 대로 노인도 됐다가 청년도, 교수도, 깡패도 되는 것입니다. 자기 맘에 안 맞는다고 뜯어 고친다면 작가의 원래 의도는 잃어버리게 됩니다.

신앙생활은 기도와 말씀을 통하여 '우리 자신을 어떻게 하나님께 바치느냐' 에 대한 싸움으로 발전합니다. 신앙의 싸움은 나의 소원을 놓고 하나님의 법칙을 깨뜨리는 것이 아니라 하나님의 법칙을 근거로 하여 우리 자신을 깨뜨리는 것입니다 내게 있던 세상의 지혜와 사고방식이 사라지고 하나님의 능력과 신성으로 충만해집니다. 하나님의 법에 대하여 성숙해지는 새로운 피조물로서 나를 변화시킵니다. 성령강림이 있은 후에야 가능한 일입니다. 성령은 기도의 응답으로 이루어집니다. 아버지께서 약속하신 것이지만 일심으로 기도할 때 강림하셨습니다. 가장 깊은 열망, 처절한 갈망이 일어나야 합니다. 애통하는 자에게, 주리고 목마른 자에게 위로하며 배부르게 하며 충만케 하십니다.

"나를 사랑하는 자들이 나의 사랑을 입으며 나를 간절히 찾는 자가 나를 만날 것이니라 (잠8:17).

"누구든지 목마르거든 내게로 와서 마시라" (요7:37).

목마르다 – 이것 없으면 죽겠다는 것–하나님이 없으면 살 수 없다는 것입니다. 나의 공허함, 허탈감, 생의 무의미함을 채울 길이 없습니다.

돈에도 명예도 구도의 길에도 도덕에도 없습니다. '나를 불쌍히 여기사
나로 만족케 하옵소서' 의 처절한 열망입니다.

● ● ● ● ● ● ● ● ●

　예수 그리스도 안에서 오직 성령 충만을 받고 권능을 입을 때까지 기
다리고 열망하는 것만이 우리의 생명을 더욱 풍성하게 하고 우리 자신
의 구원을 더욱 구원답게 하는 유일한 길입니다.

처음 제자들 - 베드로

(요 1:40-42)

> "요한의 말을 듣고 예수를 좇는 두 사람 중에 하나는 시몬 베드로의
> 형제 안드레라 그가 먼저 자기의 형제 시몬을 찾아 말하되 우리가
> 메시아를 만났다 하고 (메시아는 번역하면 그리스도라)
> 데리고 예수께로 오니 예수께서 보시고 가라사대 네가 요한의 아들 시몬이니
> 장차 게바라 하리라 하시니라 (게바는 번역하면 베드로라)"

예수님의 제자로 부름 받는 경우가 각양각색입니다. 우리가 복음을 전할 때 가져야 할 자세와 교훈을 담고 있는 내용이어서 매우 흥미롭고 유익한 장면들입니다.

첫 번째 두 제자인 경우는 "하나님의 어린 양"에 대한 말씀을 듣고 주님을 만났습니다. 말씀을 들어오던 중에 만나 보게 된 경우입니다. 두 번째의 경우는 베드로의 제자로 부름 받는 장면입니다. 그의 동생 안드레가 전하는 말씀을 듣고 따라 온 경우입니다.

"요한의 말을 듣고 예수를 좇는 두 사람 중에 하나는 시몬 베드로의 형

제 안드레라 그가 먼저 자기 형제 시몬을 찾아 말하되 우리가 메시아를 만
났다고 하고" (요 1: 40, 41).

시몬의 동생 안드레가 만난 예수 그리스도를 그의 형인 시몬에게 전
달하는 데 그 자신이 갖는 큰 만족과 기쁨을 함께 전합니다. "우리가 메
시아를 만났다"고 경이롭게 소리칩니다.

우리가 예수 믿고 구원을 얻었고 하나님의 자녀가 된 것은 우리만이
갖는 큰 특권이 아닐 수가 없습니다. "내가 메시아를 만났다"는 데 대한
감격과 행복이 흘러넘칠 때에 복음을 증거하는 법입니다. 내게 나도 억
제할 수 없는 감동이나 기쁨이 없으면 남에게 전달할 힘이 발생하지 아
니합니다.

안드레의 경우는 그의 마음속으로부터 솟구쳐 오르는 감동을 억누
를 수가 없어 이를 가장 가까운 친족 중에 형 시몬에게 전합니다. 너
무나 만족하였고 말할 수 없이 경이로웠기 때문에 찾아 간 곳이 형 시
몬입니다.

안드레는 설교자로 간 것이 아닙니다. 교회의 권위로 파송된 자도 아
닙니다. 전도 훈련을 받은 전문가도 아닙니다. 그가 만난 그리스도를 그
의 감격과 만족함 그대로를 전했습니다. 단순하고 진지한 증거였습니
다. 구원의 감격을 가진 자는 가장 가까운 나의 가족부터 만나 믿는 자
의 특권과 행복을 전하는 사역에 책임이 있음을 간과할 수 없습니다.

복음 증거는 먼저 가족부터입니다. 가장 가까운 가족들에게는 예수
의 복음이 무엇인가, 하나님의 말씀이 어떤 내용인가 이전에, 먼저 믿는
자 내가 갖는 기쁨이 어느 정도인가, 나의 사는 행복과 소망이 얼마나
큰가를 보여 주는 것입니다.

사도들이 처음으로 기적을 일으킬 때에 외친 말씀입니다.

"은과 금은 내게 없거니와 내게 있는 것으로 네게 주노니 나사렛 예수의
이름으로 일어나 걸으라"(행 3 : 6).

성령의 권능을 받고 사도들이 처음 쏟아놓은 감동이었습니다. 내게
있는 것이 은과 금이 아니라 나사렛 예수로 말미암은 구원의 은혜와 기
쁨이었습니다. 이 세상의 것으로는 그토록 만족할 수 없는 것들이었습
니다. 은과 금으로는 채워질 수 없는 것, 삶의 근원적인 행복과 만족,
삶을 기쁨과 의욕으로 힘있게 살도록 하는 것으로 예수 그리스도이심
을 증거하였던 것입니다.

하나님의 나라가 심령 속에 세워 진 것입니다. 어찌 말로 형용할 수
없는 전혀 다른 능력과 지식이 압도하는 하나님의 권세였습니다. 물질
의 힘에 의존하여 근근이 생존하는 입장이라면 가족들에게 전할 것이
없습니다. 가족들이 잘 아는 가장 가까운 이해관계에 놓인 당사자들인
데 그 돈이 갖고 있는 힘으로는 진리를 규명할 수 없습니다.

삶을 힘있게 하고 의미와 보람으로 채색케 하는 하늘 양식으로 배부
른 자로 존재할 때 설득력이 있고 호소력이 있게 됩니다. 그들이 전부로
알고 있는 물질이 가련하고 불쌍하게 보이는 전혀 다른 세계, 하나님의
나라가 있음을 알려주는 존재로서 사는 것입니다.

우리의 자녀들이 어릴 때부터 예수 그리스도를 인격적으로 만나는
감격과 행복의 분위기 속에서 성장한다면 하나님의 나라의 행복과 축
복을 아는 자로서 크게 공헌할 꿈을 가질 것입니다.

"데리고 예수께로 오니 예수께서 보시고 가라사대 네가 요한의 아들 시
몬이니 장차 게바라 하리라 하시니라 (게바는 번역하면 베드로라)"(요 1 :
42).

시몬은 본래 성격이 과격하고 충동적이며 경솔하고 불안정한 사람이

었습니다. 안드레가 데리고 예수께 왔을 때 베드로의 마음속에는 몹시도 거리끼는 무엇이 있었을 것입니다. 시몬 자신은 자기를 잘 압니다. 성품의 과격함, 충동적이고 경솔한 기질이 예수님의 제자로서 합당치 않음을 알고 있었을 것입니다.

예수님이 그의 이름을 게바라고 고쳐 주셨습니다. 게바는 번역하면 베드로 곧 반석입니다. 예수님이 주신 새 이름은 베드로요, 반석입니다. 요동치 않는 사람, 극히 든든하고 심지가 굳고 안정된 것을 상징하는 이름입니다. 불안정하고 우유부단한 시몬으로서는 듣기가 민망스러운 이름입니다. 지극히 성급하고 감정의 기복이 심하고 변덕스러운 평소의 약점을 알고 있는 시몬에게는 더 이상 큰 위로와 격려가 되는 말씀이 없었을 것입니다. 주님은 앞으로 시몬을 베드로와 같은 제자로 키워 가실 것입니다. 바야흐로 베드로는 초대교회의 반석으로서 천국 열쇠를 맡은 자의 역할을 감당한 인물이 된 것입니다.

제자로 부르심에 있어 주님은 일정한 규범이 없으셨습니다. 다양한 색깔의 인간을 은혜로 부르시고 부르신 자를 그리스도의 복음을 전하는 데에 필요한 인물로 변화시켜 사용하십니다. 그렇다면 우리도 부르심의 지난날을 돌이킬 이유가 없습니다. 과거를 회상하며 그날의 감격만을 되뇌이고 있으면 장차 받을 상급을 놓치고 맙니다. 베드로도 안드레도 요한도 바울도 다 하나님의 은혜로 시작하였을 뿐 우리와 다를 바가 없습니다. 이제는 부르심의 상을 위하여 주어진 나의 현실을 어떻게 살아야 할 것인가? 에 관심을 기울여야 할 것입니다.

빌립에게는 그를 도와 줄 친구나 그 영혼을 염려해 주는 이웃이 없었나 봅니다. 주님이 직접 만나 주신 자입니다.

"이튿날 예수께서 갈릴리로 나가려 하시다가 빌립을 만나 이르시되 나를 좇으라 하시니"(요 1 : 43).

나다나엘은 그의 형제 빌립이 찾아가서 나사렛 예수에 관하여 설명하고 있는 동안 예수님이 그에게로 오셔서 부르셨습니다. 예수님은 나다나엘을 미리 아셨고 빌립과의 대화하는 것도 다 알고 계셨다고 하시면서 부르셨습니다. 즉흥적이지 않으셨습니다. 의도하신 바를 이루신 것입니다.

주님이 제자로 부르시는 모양이 우리의 생각을 초월하여 각기 다양합니다. 자연 계시의 상황이 구원을 일으키는 현장이라는 뜻에서 삶의 현실은 아름답습니다. 버릴 것이 없습니다. 모두가 다 하나님이 쓰시는 무진장한 자원이 우리가 사는 현실 속에 묻혀 있습니다. 구원을 중심으로 허락된 삶의 환경입니다. 참으로 놀랍고 감동적인 이야기가 우리가 경험하고 있는 현실과 함께 진행되고 있습니다.

오늘 우리에게 약점이 있다면 어떻게 부름 받았느냐고 하는 그 처음 믿었을 때의 감격에 매달려 있는 것입니다. 믿음을 시작할 때에 어떤 극적인 경우가 있었는가? 나는 구원을 받고 감격했다, 울었다는 감동의 분량에 따라 믿음의 수준을 평가하고 있음은 안타까운 일입니다. 구원의 첫 번째 느끼는 감격에 얽매여 사는 사람들이 구원파입니다. 영적 출생을 확인하고 그날의 감격을 최고의 경험으로 간증합니다. 출생을 알아서 무엇을 합니까? 태어났으므로 사는 것이 아닙니까? 출생했으면 이제는 바뀌어야 하고 성장해야 하고 열매를 맺어야 합니다.

예수님의 제자로 부름 받은 첫 번째 제자들이나 우리 모두 그 출발이 동일합니다. 오직 하나님의 은혜로 그 크신 사랑으로 하나님의 자녀가 되었습니다. 여기에는 우열이 없습니다. 이제 남아 있는 것은 나의 종말에 받을 상급이 서로 다를 뿐입니다. 영원한 상급과 면류관 받아쓰기까지 구원의 열매를 많이 맺는 일에 전념해야 합니다. 힘을 다하여 이 상급을, 이 복된 자리를 우리의 것으로 차지해야 합니다.

이제 방금도 세례요한의 증거는 29절, "보라 세상 죄를 지고 가는 하나님의 어린 양이로다" – 보라, 하나님이 지금 너희를 구원하시기 위하여 무엇을 행하시는가를 보란 말입니다. 모든 영광 버리시고 그의 거룩과 존귀함도 뒤로 하시고 심판권도 감추시고 육신을 입고 오셔서 무엇을 행하고 계시는가 보란 말입니다. 우리가 요청한 것도 아니요 간절히 구하여 응답하신 것도 아니요 우리가 그 일에 쓰임 받는 것도 아닙니다. 다만 우리를 죄와 사망에서부터 건져내시려고 스스로 오셨고 오시되 섬김을 받으려 하지 아니하고 섬기러 오셨으며 대속물로 자기 몸을 십자가에 못 박히시러 오셨습니다. 그 구원을 실천하러 오셨습니다.

●●●●●●●●●●

우리는 거기에 초대되었을 뿐입니다. 그 영광의 생명과 진리의 빛을 본 자에 불과 합니다. 이 구원의 자리는 모두 하나님의 은혜라는 차원에서 출발이 동일합니다. 어느 누구도 우리보다 잘나서 부름 받은 자는 없습니다. 오직 하나님의 은혜와 긍휼에 풍성하심과 크신 사랑으로 선물로 받은 것입니다. 이제는 그 나라에서 받을 상급을 어떻게 받을 것인가에 관심을 가질 때입니다.

이보다 더 큰일을 보리라

(요 1:47-51)

"예수께서 나다나엘이 자기에게 오는 것을 보시고 그를 가리켜 가라사대
보라 이는 참 이스라엘 사람이라 그 속에 간사한 것이 없도다
나다나엘이 가로되 어떻게 나를 아시나이까 예수께서 대답하여 가라사대
빌립이 너를 부르기 전에 네가 무화과나무 아래 있을 때에 보았노라 나다나엘이
대답하되 랍비여 당신은 하나님의 아들이시요 당신은 이스라엘의 임금이로소이다
예수께서 대답하여 가라사대 내가 너를 무화과나무 아래서 보았다
하므로 믿느냐 이보다 더 큰 일을 보리라 또 가라사대
진실로 진실로 너희에게 이르노니 하늘이 열리고
하나님의 사자들이 인자 위에 오르락 내리락하는 것을 보리라 하시니라"

우리의 신앙생활에서 누구에게나 찾아오는 것은 하나님에 대한 갈등과 의심입니다. 처음부터 적극적으로 하나님의 뜻에 대하여 자신을 바치며 헌신하는 경우는 더러 있는 편이지 흔하지는 않습니다. 안드레와 요한처럼 예수님이 그 앞을 지나가실 때에 즉각적으로 응답하는 경우가 오늘 우리의 상황에서는 참으로 보기 드뭅니다. 기쁘고 즐겁게 그 부르심에 대하여 화답하며 따라가는 경우가 거의 없습니다.

그들은 이미 세례 요한으로부터 그리스도에 관하여 많은 것을 알고 있었습니다. 평소에 메시아에 대하여 기대하고 있었습니다. 마침 예수님께서 그들 앞에 자기 모습을 드러내실 때 그 감동을 억제할 수 없었습

니다. 준비되고 기다리며 호기심을 갖던 자들에게는 이토록 감동이 크게 일어나게 됩니다. 그 영광과 감동을 억제할 수 없어서 안드레는 형 시몬에게 찾아갑니다. 이윽고 메시아를 만났다고 외칩니다. 형 시몬이 동생 안드레에게 설득 당하여 주님께로 인도됩니다. 주님은 베드로를 보고 "네 이름을 이제부터는 반석이라" 하라 하심으로 영광의 새 이름을 선물로 받게 됩니다.

예수님께서 제자들을 부르시는 장면은 이토록 극적이며 굉장히 감동적입니다. 그리고 그 이튿날 갈릴리로 가시는 길에서 빌립을 만나게 됩니다. 빌립은 안드레와 베드로와 똑같은 동네인 벳새다란 마을에서 살고 있었습니다. 그는 베드로와 안드레와는 친구 사이입니다. 서로에게 허물이 없는 가족과 같은 이웃들입니다. 다같이 유대 광야에서 외치는 세례 요한의 집회에 참석했다가 집으로 돌아가는 길입니다. 지금 추측하건데 올 때는 이토록 동행해서 세례 요한이 외치는 광야 집회에 참석하였는데 돌아가는 길에서는 서로의 입장이 바뀝니다. 안드레와 베드로는 이미 예수님의 제자로 부름 받은 상태에서 동행합니다. 그러나 빌립은 따로 먼저 가고 있었습니다.

우리는 여기서 빌립에 대하여 한 가지 의문을 제기 할 수밖에 없습니다. 베드로와 안드레와 한 동네에서 살았던 사람이요 그들과 허물없는 친구 사이입니다. 같은 동네에서 온 빌립은 왜 함께 제자로 발탁되지 않았을까 하는 의문입니다. 빌립에 대하여 간과할 수 없는 것은 그가 상당히 현실적인 사고를 가진 사람이란 겁니다. 계산에 빠릅니다. 합리적인 사고를 가진 사람입니다. 주님이 자기 고향인 벳새다에서 남자만 적어도 오천 명, 여자와 아이를 합하면 적어도 일만 명이 넘는 저녁 한 끼 식사를 놓고 고민하고 계셨을 때에 주님이 먼저 빌립에게 이런 말을 꺼내십니다.

이는 빌립을 시험코자 꺼낸 질문입니다. "우리가 어디서 떡을 사서

이 사람들로 먹게 하겠느냐?"(요 6:5) "각 사람으로 조금씩 받게 할지라도 이백 데나리온의 떡이 부족하리이다"(요 6:7) 빌립이 곧장 대답합니다.

주님이 일부러 빌립을 대상으로 일만 명이 넘는 식사 문제를 꺼내신 것은 그가 어떻게 할 것을 아시고 시험코자 하신 일입니다. 그는 벳새다 동네의 사정을 잘 알고 있는 벳세다 출신입니다. 계산에 빠른 빌립이 대답합니다. "이백 데나리온의 거액이 필요한 양입니다. 그러나 이미 날이 저물었습니다. 벳새다 동네에는 돈이 있다 하더라도 이 떡을 감당할 집이 없습니다" 불가능을 고백합니다. 예수님이 빌립을 지명하여 시험할 정도로 빌립은 믿음보다는 상당히 계산적인 사람이며 합리적인 두뇌를 가진 사람입니다.

또 예수님이 십자가를 지기 전에 근심하는 제자들에게 위로하시는 말씀, "나를 알았다면 내 아버지를 알았으리로다 이제부터는 너희가 그를 보았고 그를 보았느니라"(요 14:7) 하셨습니다. 이 말을 듣고 빌립이 "주여 아버지를 우리에게 보여 주시옵소서 그러면 족하겠나이다"(요 14:8)하고 선뜻 나서서 얘기합니다.

> "빌립아 내가 이렇게 오래 너희와 함께 있으되 나를 알지 못하느냐 나를 본 자는 아버지를 보았거늘 어찌하여 아버지를 보이라 하느냐"(요 14:9).

빌립은 확실한 증거가 아니면 믿지 아니하는 합리적인 사고 체계를 가진 사람입니다. 계산에 맞지 아니하면 뛰어들지 않는 사람입니다. 동시에 생각해야 할 것은 빌립도 속죄 양 예수 그리스도에 대하여 기대하고 있었다는 것입니다.

그럼에도 불구하고 안드레처럼 그리스도에게 달려가지는 못했습니다. 왜 그럴까요? 그의 평소에 살던 의식구조 때문입니다. 실리적이며 합리적인 사고방식 때문에 망설이고 있었습니다. 신앙의 세계에 완전히 뛰어들지 못한 채 주변에서 서성거리고 있었다는 겁니다. 마음이 없는 것은 아닙니다. 그래서 모든 기회를 다음으로 미루면서 답답한 심정으로 고향으로 돌아가고 있었습니다. 우리는 빌립에 대하여 능히 이런 것들을 상상할 수 있습니다.

이 때에 주님이 빌립을 만나신 것입니다. 보시자마자 단 한마디로 말씀하십니다. "나를 좇으라." 긴 설명을 하지 않았습니다. 주님은 이미 빌립의 마음을 파악하고 있었습니다. 빌립의 마음은 주님을 따를 것인가, 말 것인가 이 두 가지 마음으로 치열한 싸움이 일어나고 있었습니다. 주님은 이를 다 파악하고 계셨습니다. 이를 아신 주님이 "나를 좇으라." 이 말씀 속에는 빌립을 압도하는 위엄과 동시에 빌립의 갈등을 해소시키는 말씀이 아닐 수 없었습니다.

"나를 좇으라." 이 말씀에 응답하는 자가 그 인생의 번민과 고통, 절망의 문제로부터 해방되는 자유를 맛보게 됩니다. 대체로 합리적인 사고를 가진 사람들은 무턱대고 아무 생각 없이 행동하지 않습니다. 하나님의 은혜가 필요한 줄 알면서도 자신이 살아온 기질 때문에 신앙의 요구에 대하여 언제나 망설입니다. 언젠가는 제자로 부름 받은 나 자신을 그리스도인답게 멋지게 살 것을 기대하고 있지만 아직은 망설이는 상태입니다. 교회의 요구에도 미온적입니다. 기도와 전도에 힘을 내어 달려들지 않습니다. 신앙의 요구가 정당한 줄 알면서도 서성거립니다. 방황을 계속합니다.

이는 신앙생활에서 오는 갈등과 회의는 신앙과 상식을 혼동하는 데서 비롯됩니다. 신앙의 문제는 우리의 상식으로 풀 수 없습니다. 그래서 내리신 결론이 주님이 빌립을 첫 번째 만나는 자리에서 "나를 좇으라"고 명령하셨습니다. 영적 삶의 풍요로움이 얼마나 놀랍고 큽니까? 그 기쁨과 감동이 어느 정도인가를 알기 위해서는 우리의 논리적 이해로는 설명이 불가능합니다. 직접 뛰어 들어가 봐야 알 수 있는 세계입니다. 기도하는 것도 기도의 깊은 곳으로 들어가 봐야 하나님과 교제하는 희열과 기쁨과 영광의 감격들을 체험할 수 있습니다. 전도도 한번 나가서 전도지를 들고 낯선 사람에게 예수의 복음을 전할 때에 내가 받은 은혜의 감동을 몇십 배, 몇백 배로 누릴 수가 있습니다.

우리가 영의 세계로 직접 들어가 보지 않고 신앙의 아름다움과 신비로움을 제한한다는 어리석은 행동입니다. 봉사와 섬김의 다양한 활동에 참여하지 않고는 하나님을 경험할 방법이 없습니다. "나를 좇으라." 빌립에게 명하신 것은 하나님의 세계에 대하여 도전하시는 권유입니다. 너의 이성으로나 너의 판단으로 나를 좇으면 나를 경험할 수 없다는 것을 지적하시는 말씀입니다.

빌립은 이제 그 감동으로 나다나엘을 찾아서 메시아를 만났다고 증거합니다. 모세의 율법과 선지자들이 글에 이야기해 온 메시아를 만났다는 겁니다. 그가 바로 요셉의 아들 나사렛 예수라는 것을 외친 것입니다. "그가 하늘로부터 내려온 구세주 메시아다. 내가 그를 만났노라."

나다나엘의 즉각적인 대답이 무엇입니까? 나사렛? "나사렛에서 무슨 선한 것이 날 수 있겠느냐?" 조롱과 멸시가 섞인 반응입니다. 기대하고 있던 메시아 그가 오시기는 오시겠지만 나사렛 동네에서 어떻게 날 수 있느냐, 나사렛은 갈릴리 동네 북쪽에 위치한 아주 시골 마을입니다. 거기는 교양이 없는 아주 난폭한 사람들이 사는 곳입니다. 사투리를 쓰는 사람이며 이방인들과 함께 섞여 사는 사람입니다. 거기는 외족들이 이스라엘을 쳐들어올 때 첫 번째로 공격하는 마을입니다. 나사렛은 빈번히 열방의 군인들에 의해서 짓밟힌 마을입니다. 거기는 사생아들이 많이 났다고 합니다. 그러니까 나사렛 마을은 전통적으로 유대인의 율법에 의하면 상대할 수 없는 여러 사람이 섞여 사는 동네라는 것입니다.

"나사렛에서 무슨 선한 것이 날 수 있겠느냐" – 나다나엘은 나사렛에 대하여 좋지 않는 편견을 가지고 있었습니다. 우리도 한 번 좋지 않는 편견을 가지면 일생동안 지울 수 없는 악념을 가지고 있습니다. 그 사람

나쁘다는 소문을 들으면 그 사람은 평생 나쁘다는 인식을 지울 수 없습니다. 속이는 사람, 사기꾼, 나쁜 교회, 싸움하는 교회로 한 번 소문나면 계속 나쁜 교회가 됩니다. 나쁜 동네 나사렛, 이 지워지지 않는 악습으로 인하여 하나님의 영광의 말씀이 약동하고 말씀이 초대하는 하늘나라의 영광을 놓칠 때가 얼마나 많습니까?

빌립이 합리적인 기질로 인하여 망설였다면 그 다음 나다나엘은 자기 편견과 선입견 때문에 거부하는 올무에 빠진 것입니다. 오늘 이런 경우가 우리 주변에 얼마나 많겠습니까? 우리가 갖고 있는 선입견으로 인하여 말씀이 귀에 들어오지 않는 경우가 허다합니다. 처음부터 말씀이 들려지지 않는 것은 우리의 그릇된 편견 때문입니다. 왜곡된 안목으로 귀중한 말씀을 놓치게 되면 일생을 후회할 수 있습니다.

오늘도 활동하는 계시의 말씀이 여러분의 영혼을 움직이며 전 삶에 변화를 일으키시고자 활동하고 있는데, 여러분의 편견과 선입견 때문에 막고 있다면 여러분의 일생동안 하나님을 경험하지 못한 채 망설이며 주저하는 삶을 살 수 밖에 없습니다.

말씀은 언제나 살아 있습니다. 말씀은 항상 영혼의 양식으로 우리의 삶을 살찌게 합니다. 말씀은 언제나 우리의 삶을 힘있게 하는 영혼의 자양분을 듬뿍 담고 있습니다. 선입견 때문에 거부하면 영혼이 언제나 메마르게 됩니다. 갈등과 방황을 호소할 수밖에 없습니다.

주님은 이토록 그릇된 자들을 제자로 부르셨습니다. 주님은 모든 사람을 사랑하셨습니다. 기꺼이 달려온 안드레와 요한과 베드로를 사랑하심과 동시에 주저하고 망설이는 잘못된 편견과 선입견과 자신의 합리적인 사고방식으로 망설이고 있는 제자들을 사랑하셨습니다. 상처받은 자를 비롯하여 열등의식으로 비뚤어진 자들을 자신의 일을 맡기실 위대한 일꾼으로 선택하여 부르셨습니다. 하나님의 부르심에는 후회함이 없습니다.

47절, "예수께서 나다나엘이 자기에게 오시는 것을 보시고 그를 가

리켜 가라사대 보라 이는 참 이스라엘 사람이라 그 속에 간사한 것이
없도다"라고 하셨습니다.

간사한 것이 없다는 것이 무슨 뜻입니까? 자기 자신을 있는 그대로의
모습으로 주님께 나아왔다는 것입니다. 자신을 감추지 않았습니다. 포
장하지 않았습니다. 가식이 없고 꾸미지 않았습니다. 그러나 반대로 그
당시에 유대 장로들과 바리새인들 과 율법주의자들은 온통 형식과 가
식으로 자신의 모습을 장식하였습니다. 저들은 가증스럽게도 하루살이
는 걸러내고 약대를 삼키고 있었습니다. 주님이 지적한 내용입니다.

"너희는 하루살이는 걸러내고 약대는 삼키는 도다" – 외식하며 형식
주의자들에게 질타하는 말씀입니다. 여러분 외식하는 사람들은 대체로
그 특징이 작은 것에는 철저하게 정의롭습니다. 작은 것에는 아주 선합
니다. 아주 정직합니다. 절대로 십만 원, 백만 원 안 떼먹습니다. 빚진
것은 반드시 갚습니다. 남에게 신세지지 않습니다. 외식하는 자들의 특
징입니다. 그러나 문제는 큰 것을 삼키려 한다는 겁니다. 외식하는 자는
그 당시에 바리새인들을 비롯한 정치권의 사람들이었습니다. 하루살이
는 걸러내고 약대는 삼키는 바리새인들은 오늘도 여전히 그 사람들입
니다.

그러나 나다나엘에게는 이러한 간사가 없었습니다. "나사렛에서 무
슨 유익한 것이 날 수 있겠느냐" 내심으로는 하나님을 기다리고 있었습
니다. 선한 것에 대하여 갈망하고 있었습니다. 나사렛과 같은 천한 곳에
서 무엇을 기대할 수 있을까? 그러나 나사렛에서라니 무슨 말이냐? 그
는 생각하고 있는바, 그대로를 말하는 사람이었습니다. 자신의 있는 모
습, 그대로를 이야기하는 사람, 이 간사한 것이 없는 내용을 가진 사람
이 하나님 앞으로 나옵니다. 자기 자신의 고아 됨을, 외로움을, 아픔을,
고통을, 번민과 절망의 자리를 아는 것이 회개입니다.

오늘 믿지 않는 사람들이 왜 예수를 영접지 않습니까? 다 가식과 외
식으로 자기를 포장하고 있기 때문입니다. 그런 사람이 얼마나 많습니

까? 이미 사업이 망했는데도 아직도 번들번들한 차를 타고 다닙니다. 빚을 내 가면서 말입니다. 왜일까요? 자신을 위장하고 가소롭게도 자신의 빈곤을 포장하는 허세를 부리는 것입니다. 전도할 때마다 느끼는 것은 인생의 짐이 무거워서 지친 자들과 삶의 근원적인 고독과 절망을 아는 자들이 복음에 관심을 갖는다는 것입니다.

우리는 사람들에게 세상이 영원치 않다는 것, 언젠가는 이 세상을 떠나야 하는 존재이며 그러나 심각한 것은 우리가 언제 떠날지 모른다는 사실을 놓고 하나님의 주권을 이야기해야 합니다. 시간은 우리의 소관이 아니라는 사실과 또 죽음은 소멸이 아니라 반드시 천국과 지옥이 있다는 것을 가장 엄연한 사실로 전해야 합니다.

48절, "나다나엘이 가로되 어떻게 나를 아시나이까 예수께서 대답하여 가라사대 빌립이 너를 부르기 전에 네가 무화과나무 아래 있을 때 보았느니라" – 주님은 나다나엘의 행동을 다 알고 계셨습니다. 무화과나무 아래서 무엇을 하였는지, 어떤 고민에 쌓여서 번민하고 있었는지, 무엇을 생각하고 있었는지, 누구를 만났는지, 주님은 이미 다 알고 계셨다고 합니다.

49절, "랍비여 당신은 참으로 하나님의 아들이시오 이스라엘의 영광의 임금이로소이다" – 나다나엘이 드디어 주님 앞에 항복합니다. 하나님이 아니시면 나의 과거를 알 수 없나이다, 이스라엘의 왕이 아니시면 나의 백성으로서 갖는 이 고민을 알자가 없나이다.

하나님은 우리의 고민을 아시고 나만이 갖고 있는 슬픔과 고통을 그리고 절망을 다 헤아리고 계십니다. 우리는 하나님이 아시는 고난과 아픔의 시절을 살고 있습니다. 나만이 갖는 비밀이 아닙니다. 전능하신 자, 보좌 위에 계신 창조주, 구속주, 생사화복의 주권자 하나님이 우리를 알고 계시는 그 절망의 시간들을 삽니다. 절망하고 있을 때 오셔서 위로하시고 용기를 불러 일으켜 주십니다. 온갖 고통의 상처로 얼룩진 나의 삶을 아시고 나를 찾아오시는 분은 오직 여호와 하나님이십니다.

하나님 이외에는 찾아오시는 분이 없습니다. 여러분의 명예가 사회의 자리가 없어졌을 때 동시에 주변의 사람들이 여러분을 떠나게 됩니다. 누가 여러분을 돌봅니까?

주님이 제자로 부르시는 모양이 각양각색입니다. 우리가 처해 있는 상황이 다른 것처럼 주님이 찾아오시는 방법도 다릅니다. 손길도 다릅니다. 현실에서 일어나는 고통의 국면들이 비록 사람들마다 다 달라서 어떤 이는 갈등과 번민 속에 헤매고 있고 어떤 이는 삶에 지치고 피곤하여 절망에 부딪혀서 무너져 가는 순간일지라도 여호와 하나님은 그때 우리를 찾아오셔서 영광의 나라로 초대해 주십니다. 우리의 합리적인 사고 때문에 망설이고 있던 자에게 전도자를 보내셔서 나를 하나님께로 불러 주십니다.

우리의 삶의 상황이 모두 하나님이 우리를 부르시는 구원의 기회라는 뜻에서 현실은 실로 아름답고 살만한 가치가 있습니다. 모두가 다 하나님이 사용하시는 무진장의 자원이 우리가 사는 현실 속에 파묻혀 있습니다. 우리의 이웃들에게 내 동료들에게 가족들에게 참으로 놀랍고 감동스런 나사렛 예수의 이야기를 들려줄 아름다운 기회들로 열려져 있습니다. 그 삶의 주제가 구원이기 때문에 아름답습니다. 구원을 놓고 싸우시는 하나님의 손길을 대역하는 사람들로서 우리 교회 모두가 이번 기회에 전도자의 길을 나서시는 영광이 있기를 바랍니다.

> "예수께서 대답하여 가라사대 내가 너를 무화과나무 아래서 보았다 하므로 믿느냐 이보다 더 큰 일을 보리라 또 가라사대 진실로 진실로 너희에게 이르노니 하늘이 열리고 하나님의 사자들이 인자 위에 오르락내리락 하는 것을 보리라 하시니라" (요 1 : 50, 51).

나다나엘에게 있어서 자신의 모든 것을 아시는 하나님이 찾아오시는 것보다 더 큰 일이 없습니다. 그러나 주님께서 더 큰 일을 보리라 약속해 주셨습니다. 더 큰 일이 뭡니까? 야곱이 벧엘 광야에서 경험한 하나님입니다. 야곱이 그 형 '에서'를 속이고 그의 살인적인 추적을 피하여 도망치고 있을 때 어느 광야에서 피곤에 지친 나머지 돌을 취하여 베개로 삼아 잠을 청하고 있었고 바로 그 때 하나님이 나타나셨습니다. 하늘과 땅을 잇는 사닥다리가 있고 하나님의 사자가 오르락 내리락하는 환상을 보던 중에 하나님께서 축복을 선포합니다.

> "나는 여호와니 너희 조부 아브라함의 하나님이요 이삭의 하나님이라
> 너 누운 땅을 내가 너와 네 자손에게 주리니 네 자손이 티끌 같이 되어서
> 동서남북에 편만할지며 땅의 모든 족속이 너와 네 자손을 인하여 복을 얻
> 으리라"(창 28 : 13, 14).

하나님이 일방적으로 야곱에게 복을 선포하시는 장면입니다. 참으로 은혜의 자리가 아닐 수 없습니다. 야곱이 잘 나가서 아닙니다. 그는 사기꾼이요 아비를 속이는 약탈자입니다. 마땅히 채찍을 들고 꾸중을 내려야 할 순간에 하나님은 두 손을 들어 야곱에게 복을 내려 주십니다. 야곱이 너무나 황공한 나머지 잠을 깨자 마자 이렇게 고백합니다.

> "하나님이 과연 여기 계시거늘 내가 알지 못하였도다"(창 28 : 16).

그가 하나님이 나타나신 것에 큰 충격과 감동을 받고 그 자리에 베개를 하였던 돌을 취하여 거기에 기름을 붓고 제단을 쌓아서 하나님께 예배를 드립니다. 그 때 야곱이 고백한 내용이 "이는 하나님의 전이요 이는 하늘의 문이로다"(창 28:17) 라고 한 것입니다. 거칠고 외롭고 두려운 광야가 하나님이 나와 함께 하시니 거룩한 성전이 된 것입니다. 하늘과 직통하는 문이 열린 겁니다. 하나님이 강림하사 축복을 내리는 장소로 그는 벧엘에서 성전을 지었습니다. 그리고 하신 말씀 "내가 너와 함

께 영원히 있으리라 너를 떠나지 아니하리라 이 언약을 다 이루기까지 너와 함께 있으리라"(창 28:15)와 같이 임마누엘을 약속하신 것입니다.

50 하반절, "더 큰 일을 보리라" 오늘 바로 그 말씀입니다. 51절, "천사가 오르락내리락하는 것을 보리라" – 나다나엘은 지금부터 벧엘 광야에서 경험한 야곱의 하나님을 그의 마음속에 그리면서 그도 임마누엘의 하나님을 경험하며 살게 될 것임을 확신하게 됩니다.

신앙의 핵심은 하나님이 나와 함께 계신다는 것을 가장 굵직한 지식으로 간직하고 무엇에든지 삶의 주권자이신 하나님을 배경으로 승리를 외치며 사는 것입니다.

> "내가 사망의 음침한 골짜기를 다닐지라도 해를 두려워하지 않을 것은
> 주께서 나와 함께 하심이라"(시 23 : 4 상반절).

다윗은 일생을 사망의 위험 속에서 전쟁 수행의 사명으로 살았지만 임마누엘의 하나님으로 인하여 날마다 승리를 외치며 살았습니다. 여호와 하나님이 그의 목자이심으로 인하여 그는 언제나 승리하며 산다고 고백하였습니다.

●●●●●●●●●

야곱에게 약속하시고 다윗을 통하여 말씀하시고 나다나엘에게 증거하신 임마누엘의 하나님은 그리스도 안에서 사는 우리에게도 마땅히 함께 하심을 굳게 믿는 은혜가 넘치기를 바랍니다.

"내가 너를 무화과나무 아래서 보았다 하므로 믿느냐 이보다 더 큰 일을 보리라… 하늘이 열리고 하나님의 사자들이 인자 위에 오르락 내리락하는 것을 보리라 하시니라."

제2장
기적과 예배의 중심, 예수 그리스도

(요 2:1-11)

"사흘 되던 날에 갈릴리 가나에 혼인이 있어 예수의 어머니도 거기 계시고 예수와
그 제자들도 혼인에 청함을 받았더니 포도주가 모자란지라 예수의 어머니가 예수에게
이르되 저희에게 포도주가 없다 하니 예수께서 가라사대 여자여 나와 무슨 상관이 있나이까
내 때가 아직 이르지 못하였나이다 그 어머니가 하인들에게 이르되 너희에게 무슨 말씀을
하시든지 그대로 하라 하니라 거기 유대인의 결례를 따라 두 세통 드는 돌 항아리 여섯이
놓였는지라 예수께서 저희에게 이르시되 항아리에 물을 채우라 하신즉 아구까지 채우니
이제는 떠서 연회장에게 갖다 주라 하시매 갖다 주었더니 연회장은 물로 된 포도주를
맛보고 어디서 났는지 알지 못하되 물 떠온 하인들은 알더라
연회장이 신랑을 불러 말하되 사람마다 먼저 좋은 포도주를 내고 취한 후에 낮은 것을
내거늘 그대는 지금까지 좋은 포도주를 두었도다 하니라 예수께서 이 처음 표적을 갈릴리
가나에서 행하여 그 영광을 나타내시매 제자들이 그를 믿으니라"

본문은 예수님이 공생애를 시작하면서 행하신 첫 번째 표적에 관한
기사입니다. 하나님이 육신을 입고 이 땅에 오셔서 베푸신 첫 번째 이적
에서 물을 포도주로 만드신 것이 무슨 특별한 의미가 있는 것일까? 왜
하필이면 포도주가 떨어진 잔치집이 첫 번째 이적에 동원되었을까? 하
는 것이 관심사입니다.

성경에서 포도는 종종 기쁨을 상징하는 열매로 등장합니다.

"사람의 마음을 기쁘게 하는 포도주와 사람의 얼굴을 윤택케 하는 기름
과 사람의 마음을 힘있게 하는 양식을 주셨도다" (시 104:15).

혼인 잔치에서 술이 떨어졌다는 것은 잔치의 여흥이 더 이상 계속될 수 없는 매우 쓸쓸한 상황일 수밖에 없습니다. 잔치에 왔던 사람들의 마음도 기쁨을 잃은 채 맥이 빠진 허허로운 풍경일 것입니다. 당시 유대인들은 로마의 압제 하에서 미래에 대한 기대도 현실적인 축복도 바랄 것이 없는 절망의 상황 속에서 살고 있었습니다. 이 때에 오리라 약속하신 선지자들의 예언대로 메시아가 오신다면 더 이상 바랄 것이 없는 기쁨의 날이 될 것입니다.

이제 메시아의 길을 예비하는 광야의 소리로서 세례요한은 구약의 율법과 선지자의 시대를 마감하는 마지막 선지자로서 그의 메시아의 전령사로서의 역할을 결말짓고 난 후입니다. 그의 두 제자마저도 예수 그리스도의 첫 번째의 제자가 되었습니다. 메시아의 복음시대가 문을 활짝 열고 역사를 시작하고 있습니다. 그 첫 번째로 나타내신 표적이 술이 떨어진 잔치집의 여흥을 회복해 주시는 것이었습니다.

하나님을 모르고 살아가는 사람의 모습이 가나의 혼인 잔치에서 술이 떨어진 상황과 같습니다. 죄인들의 모습은 미래를 기대할 것도, 현실에서 힘있게 살아야 할 의미도, 자랑도 없는 절망과 고독의 날들입니다. 마치 술이 떨어져 잔치의 여흥도 기쁨도 사라진 적막한 풍경과 같습니다. 물로 포도주를 만드신 것은 죄로 말미암아 사망의 도탄에 빠져 허덕이는 우리를 구원하시고 하늘나라의 기쁨을 회복해 주시겠다는 의미가 내포된 표적입니다. 예수님이 행하신 첫 표적이라는 뜻에서 면밀히 살펴보고 은혜의 풍성함을 나누어야 할 대목이라 여겨집니다.

모친 마리아가 포도주가 떨어졌다는 것을 왜 예수님께 알리었을까요? 마리아는 예수가 누구인지 알고 있었습니다. 예수를 복중에 잉태하기 전에 천사가 전해 준 계시의 말씀을 기억하고 있었을 것입니다. 동정녀 탄생을 예고하던 때의 예언의 말씀을 마음에 두고 그 자라나는 모습을 특별한 관심으로 지켜보면서 양육하고 있었을 것입니다.

"아들을 낳으리니 이름을 예수라 하라 이는 그가 자기 백성을 저희 죄에서 구원할 자이심이라 하니라"(마 1 : 21).

"보라 처녀가 잉태하여 아들을 낳을 것이요 그 이름을 임마누엘이라 하리라"(마 1 : 23).

이는 어머니 마리아의 마음을 사로잡고 있는 말씀으로서 그녀의 꿈이요 환상이었을 것입니다. 혼인 잔치에서 겪고 있는 쓸쓸하고도 절박한 상황 속에서 어머니는 아들로 하여금 모든 사람들이 잔치의 기쁨과 여흥을 즐기게 할 수 있으리란 기대가 부풀어 올랐던 것입니다. 마리아의 심중에는 아들 예수가 무엇인가를 해 낼 수 있으리라는 믿음을 가지고 있었습니다. 이러한 기대와는 달리 예수님의 반응은 마리아를 비롯하여 오늘 우리 모두에게 당혹케 하는 내용을 전하고 있습니다.

"여자여 나와 무슨 상관이 있나이까 내 때가 아직 이르지 못하였나이다"(요 2 : 4).

"여자여"라는 호칭은 일반적으로 여성을 존칭할 때 사용하던 명칭입니다. 여성에 대한 존경과 사랑을 담아 부를 때 사용하는 단어입니다. 십자가상에서 운명하시기 전에 어머니 마리아를 부르실 때에도 사용하신 적이 있습니다. "여자여, 보소서 아들이니이다"(요 9:26)라고 하셨습니다. "여자여, 나와 무슨 상관이 있나이까?" 이적을 베풀지 않겠다는 뜻으로 질책하는 내용이 아닙니다. 거부하는 듯한 말이지만 실상은 이적을 베푸셨습니다.

"여자여" 라는 호칭으로 시작된 "나와 무슨 상관이 있나이까" 라는 물음은 이 기적으로부터 나는 더 이상 부모와 자식 관계에서 복종하는 입장이 아니라 하늘에 계신 아버지의 뜻을 따라 행동해야 할 메시아의 길을 가야 한다는 것을 선포하는 내용입니다.

이 첫 번째 이적을 시작으로 하여 더 이상 인간적인 관계에서 어머니 밑에서 순종하던 때를 끝내고 아버지 하나님의 뜻을 이루는 공생애를 시작합니다. "여자여" 라고 부르실 때 이제는 아들로서가 아니라 성육하신 하나님으로서 어머니를 대하고 있음을 나타내 주고 있습니다.

요한복음의 주제가 예수 그리스도의 신성을 중심으로 기록되어 있음을 감안하면 예수님은 이 대목에서 더 이상 마리아를 어머니로서가 아니라 한 여인으로서 대하시는 예수님의 입장에 서신다는 것을 읽을 수가 있습니다. 마리아는 단지 한 사람의 여성으로서 하나님께 은혜와 복을 받을 사람입니다.

> "그에게 들어가 가로되 은혜를 받은 자여 평안할지어다 주께서 너와 함께 하시도다 하니"(눅 1 : 28).

그러나 마리아는 숭배의 대상이 될 수 없는 존재임을 분명히 보여주고 있습니다. 다음으로 이어지는 말씀이 더욱 메시아의 공생애가 시작되었음을 확실하게 해줍니다.

4절, "내 때가 아직 이르지 못하였나이다" – 주님의 공생애의 시작을 알리는 가장 엄숙하게 표현입니다. 요한복음에 예수님이 "나의 때"라고 말씀하신 적이 7번이나 나옵니다. "나의 때" 라고 하신 주님의 때를 풀지 아니하면 첫 번째 표적이 갖는 의미를 받아 낼 수 없습니다. 요한복음은 특히 주님 자신의 때에 대하여 각별히 기록해 놓고 있습니다.

"저희가 예수를 잡고자 하나 손을 대는 자가 없으니 이는 그의 때가 아직 이르지 아니하였음이러라"(요 7 : 30).

"이 말씀은 성전에서 가르치실 때에 연보 궤 앞에서 하셨으나 잡는 사람이 없으니 이는 그의 때가 아직 이르지 아니하였음 이러라"(요 8 : 20).

"예수께서 대답하여 가라사대 인자의 영광을 얻을 때가 왔도다"(요 12 : 23).

"지금 내 마음이 민망하니 무슨 말을 하리요 아버지여 나를 구원하여 이 때를 면하게 하여 주옵소서 그러나 내가 이를 위하여 이 때에 왔나이다"(요 12 : 27).

"보라 너희가 다 각각 제 곳으로 흩어지고 나를 혼자 둘 때가 오나니 벌써 왔도다 그러나 내가 혼자 있는 것이 아니라 아버지께서 나와 함께 계시느니라"(요 16 : 32).

"예수께서 이 말씀을 하시고 눈을 들어 하늘을 우러러 가라사대 아버지여 때가 이르렀사오니 아들을 영화롭게 하사 아들로 아버지를 영화롭게 하게 하옵소서"(요 17 : 1).

종합해 보면 이 '때'가 어느 때입니까? 고난의 때입니다. 십자가와 관련된 때입니다. 아직 때가 이르지 않았으므로 사람들은 예수님을 잡을 수가 없었습니다. 때가 이르면 주님은 사람들의 손에 붙잡히실 것입니다. 이리저리 끌려 다니다가 끝내는 십자가에 못 박히실 것입니다. 때가 되면 따르던 제자들도 제 갈 곳으로 흩어질 것이요 때가 되면 그가 홀로 십자가에서 아버지의 뜻을 다 이루실 때에 아버지께서 영광을 받으실 것입니다.

이제 4절, "내 때가 이르지 못하였나이다" 하시면서 물로 포도주를 만드셨습니다. 잔치의 여흥과 기쁨을 회복해 주셨습니다. 어머니 마리아의 소원대로 이루어졌습니다. 그러나 우리가 주목해야 할 것은 이 첫 번째 베푸신 표적으로부터 주님은 더 이상 인간의 요구에 따라 살지 아니하고 아버지의 뜻을 좇아 사시는 공생애의 첫 시작을 자신의 때와 연결하여 선포하신 것임을 놓쳐서는 안 됩니다.

물로 포도주를 만드시는 이적으로부터 주님의 때는 시작되었습니다. 예수님은 이제부터 더 이상 나사렛 동네에서 사는 가난한 목수 집안의 아들이 아니라 하나님의 아들로서 그의 메시아이심을 증명하실 수많은 표적들과 함께 많은 사람들의 이목을 한 몸에 받으면서 살아가게 될 것입니다. 화제를 일으킬 것입니다. 그리고 유리방황하는 무리들이 줄지어 따라 다닐 것입니다. 오병이어의 기적을 본 자들이 무엇을 얻을까 하고 떼를 지어 따를 것입니다. 각색 병으로 고생하는 자들이 병 낫기를 기대하면서 뒤 따를 것입니다. 어떤 이들은 출세하려고 아니, 제자들마저도 세상에서 누릴 부귀영화를 꿈꾸면서 시중들고 있었음을 감안할 때 분명 사람들은 자신의 것을 요구하며 주님을 좇아 다녔을 것입니다.

예수께서 친히 가시고 있는 길이 십자가의 길임을 사람들은 알 리가 없습니다. 사람들은 오직 예수님이 베푸시는 권능의 기적을 보고 자신의 세상을 요구하며 따르기 시작하였습니다.

* * * * * * * * * *

주님은 아버지의 뜻을 따라 십자가의 길을 가시고 그 가시는 도중에 펼치시는 기적과 권능의 이적들을 보고 사람들은 자신의 세상을 요구할 것을 뻔히 아시는 주님의 안타까운 말씀에서 우리의 신앙을 돌아보는 각성의 기회로 삼아야 할 것입니다.

"여자여, 당신이 나와 무슨 상관이 있나이까? 내 때가 아직 이르지 아니하였나이다." 요한복음은 초두에서 성육신하사 우리의 죄악을 걸머지시러 오신 그리스도의 사역에 대한 인간의 반응을 이렇게 표현하고 있습니다. "빛이 어두움에 비취되 어두움이 깨닫지 못하더라"(요 1:5).

첫 번째 표적 (2)

"사흘 되던 날에 갈릴리 가나에 혼인이 있어 예수의 어머니도 거기 계시고 예수와 그 제자들도 혼인에 청함을 받았더니 포도주가 모자란지라 예수의 어머니가 예수에게 이르되 저희에게 포도주가 없다 하니 예수께서 가라사대 여자여 나와 무슨 상관이 있나이까 내 때가 아직 이르지 못하였나이다 그 어머니가 하인들에게 이르되 너희에게 무슨 말씀을 하시든지 그대로 하라 하니라 거기 유대인의 결례를 따라 두 세통 드는 돌 항아리 여섯이 놓였는지라 예수께서 저희에게 이르시되 항아리에 물을 채우라 하신즉 아구까지 채우니 이제는 떠서 연회장에게 갖다 주라 하시매 갖다 주었더니 연회장은 물로 된 포도주를 맛보고 어디서 났는지 알지 못하되 물 떠 온 하인들은 알더라 연회장이 신랑을 불러 말하되 사람마다 먼저 좋은 포도주를 내고 취한 후에 낮은 것을 내거늘 그대는 지금까지 좋은 포도주를 두었도다 하니라 예수께서 이 처음 표적을 갈릴리 가나에서 행하여 그 영광을 나타내시매 제자들이 그를 믿으니라"

예수님은 혼인 잔치에 초대되어 물로 포도주를 만드심으로부터 자신의 하나님 되심을 드러내시는 첫 발자국을 내딛으셨습니다. 주님은 이제부터 자신이 지셔야 할 십자가의 때를 염두에 두시고 고난의 때를 시작하신 것입니다.

4절, "여자여, 당신이 나와 무슨 상관이 있나이까?" – 어머니 마리아의 입장에서는 잔치의 기쁨과 여흥이 사라진 쓸쓸하고 시들한 분위기를 회복하고자 청하였던 일이었지만 예수님은 십자가의 고난을 내다보시면서 첫 표적을 일으키셨던 것입니다. 예수님은 자신을 증명하거나 가문의 영광을 드러내고자 표적을 행사하지 아니하셨습니다.

예수님은 섬김을 받으려 하지 아니하시고 모든 사람을 섬기러 오셨습니다. 자기 몸을 모든 사람을 위하여 대속물로 주러 오셨습니다. 처음부터 세상을 구원하러 오셨고 화목제물로서 십자가를 지러 오셨습니다. 인간의 부족을 채우고 세상의 요구를 만족케 하러 오지 아니하셨습니다. 병을 고치고 귀신을 내어 쫓고 죽은 자를 살리고 굶주린 자에게 배불리 해주는 인간 문제의 해결사가 되려고 오지 않으셨습니다.

가나의 혼인 잔치에서 물로 포도주를 만드신 것은 자신의 영광을 위해서가 아니라 아버지 하나님의 영광을 나타내시고자 행한 표적이었습니다. 인간을 죄와 사망에서부터 구원하시고자 하는 아버지의 뜻을 이루시고 있는 장면입니다. 기쁨과 여흥을 회복시켜 주고 있습니다. 죄로 말미암아 끊겨진 하나님과의 화목을 회복시키시는 표적입니다. 하나님과 화목된 자들이 누릴 풍요와 평강 그리고 안식의 땅을 얻게 하고자 베푸신 이적입니다. 하늘나라의 영광을 보이시고 사람들로 하나님께로 돌아올 것을 기대하며 베푸신 표적입니다.

우리가 관심을 두고 보아야 할 점은 이 첫 번째 표적은 사람들에게 기쁨을 회복 시켜주고 잔치의 여흥을 북돋우어 주는 최대의 경사였지만 이 표적으로부터 시작하여 예수님은 영광과 갈채의 길을 걷는 것이 아니라 십자가의 길로 그 첫 발자국을 내 딛고 있었다는 것입니다. 혼인 잔치의 기적은 축복과 여흥의 시작이 아니라 죽음과 고통으로 들어서는 첫 걸음이었습니다.

수난의 시작은 역설적으로 물로 포도주를 만드는 첫 번째의 표적이 있은 다음부터 전개됩니다. 마땅히 사람들로부터 환영과 영광을 받아야 할 시점에서 주님은 사람들로부터 오해를 받으시면서 결국 배척을 당하십니다. 이 엇갈리는 축복과 저주의 갈림길을 어떻게 생각해야 할까요? 놀랍게도 주께서 이 땅에 계시는 동안 인간으로서는 도저히 상상할 수 없는 기적과 표적들 그리고 한없이 축복을 베푸시면서 그 때마다 사람들로부터 박수와 갈채를 받는 것이 아니라 오히려 수난과 고통을 당하시면서 십자가로 가까이 가고 계셨던 것입니다.

예수님은 공생애를 시작하는 지점에서 물로 포도주를 만드시는 이적을 통하여 자신의 하나님 되심을 사람들 앞에 드러내셨습니다. "저분이 물로 포도주를 만드신 분이시다" 이 경이로움과 충격적인 사건과 함께 사람들로부터 존경과 환대를 받는 것이 아니라 오히려 오해되기 시작합니다.

그 적극적인 괴리의 장면이 베데스다 광야에서 펼쳐진 오병이어의 사건입니다. 오병이어의 기적이 있은 다음 군중들은 예수를 따라 다니면서 "우리의 왕이 되소서" 하고 추대하려고 합니다. 굶주려 지친 무리들을 보시고 민망히 여기시면서 오병이어로 남자만 헤아려 5천 명이나 되는 무리들에게 마음껏 먹고도 남는 참으로 상상할 수 없는 표적을 베풀어 주셨는데도 불구하고 기적의 주인이신 하나님 앞에 경외심으로 무릎 꿇는 것이 아니라 '이 사람이면 우리의 왕이 될 수 있겠다' 하고 세상의 요구로 추대하더란 말입니다. 예수님은 군중들을 피하실 밖에 없으십니다. "기도하러 따로 산으로 가시다"(요 6:15, 마 14:23), 성경은 주님의 생애를 이렇게 묘사합니다.

사람들이 요구하는 것은 모두 자기 유익과 자존심과 정욕에 관한 것들이었습니다. 나의 문제, 이것 하나 들어주면 누구든지 그가 나의 왕이 될 수 있다는 것입니다. 오늘 우리의 신앙 현실을 돌아보게 하는 대목입니다. 누구든지 나의 문제를 해결해 주는 자가 나의 왕, 나의 하나님이 되는 현상들이 우리 주변에 즐비합니다. 이적과 표적 그리고 초월한 현상들이 있는 곳으로 무리들이 모여듭니다. 세상의 요구를 피하셨던 주님의 심사를 헤아리는 지혜가 절실해지는 현상들입니다.

이토록 우리가 바라는 것과 예수의 오신 목적과는 현저한 괴리가 있었습니다. 우리는 모두 바보같은 요구들만 가지고 주님을 따랐고 주님은 우리의 어리석음과 무지함으로 인하여 십자가를 질 수밖에는 다른 도리가 없으셨습니다.

우리가 얼마나 큰 죄인인가? 얼마나 하나님에 대하여 무지하고 어리석었던가를 고발해 주는 사건이 십자가입니다. 또 제자들의 경우를 보면 더욱 우리의 어리석음을 대변해 주고 있습니다. 예수님이 사람들로부터 오해되고 있는 상황에서 제자들에게 사람들이 나를 누구라 하느냐고 물었을 때 베드로의 고백은 무척이나 감동을 주는 것이었습니다.

> "시몬 베드로가 대답하여 가라사대 주는 그리스도시오 살아계신 하나님의 아들이니이다"(마 16:16).

이 고백이 있은 다음 주님은 십자가의 고난을 예고해주셨습니다. 예수님은 이 때로부터 자기가 예루살렘에 올라가 제사장들과 서기관들에게 고난을 받고 죽임을 당하고 제 삼일에 다시 살아나리라고 하셨더니 베드로의 반응이 엉뚱합니다.

> "베드로가 예수를 붙들고 간하여 가로되 주여 그리 마옵소서 이 일이 결코 주에게 미치지 아니하리이다" (마 16:22).

그 다음 주님의 책망이 따릅니다.

> "사단아, 내 뒤로 물러가라 너는 나를 넘어지게 하는 자로다 네가 하나님의 일을 생각지 아니하고 도리어 사람의 일을 생각하는도다 하시고"(마 16:23).

우리는 하나님의 일을 생각지 못하는 바보들입니다. 사람의 일 밖에는 생각지 못합니다. 예수는 우리 자신과 물질과 세상을 충족시켜 주려고 오신 분이 아니십니다. 우리 문제를 해결하는 일회용 처방으로 오지 않으셨습니다. 십자가를 지시고 우리의 근원적인 죄와 사망의 문제를 해결하러 오셨습니다. 거기에서 하나님 아버지의 영광을 나타내시러 오셨습니다. 우리 맘대로 신앙을 요구할 수 없습니다. 우리 방식대로 하나님을 요구할 수 없습니다. 하나님께서 우리에게 무엇을 요구하시는지 그 창조주, 구속주 하나님의 말씀에 귀 기울여야 합니다. 오늘 베드로에게 책망하시던 동일한 꾸짖음이 우리에게도 계속되고 있음을 자성하십시오.

● ● ● ● ● ● ● ● ● ●

기독교는 축복을 들어 복음을 외치지 아니합니다. 회개를 들어 복음을 소개합니다. 축복을 조건으로 하지 않고 죄를 지적받는 곳에서 회개를 조건으로 하여 축복과 영광을 소개합니다. 자연상태로는 복을 주실 수 없습니다.

회개하고 하나님께로 돌아오라고 펼쳐 보이신 표적과 기적의 사건들인데 이를 본 사람들은 오히려 하나님을 이용하여 자신들의 욕구를 채워 달라고 달려들고 있었습니다. 이 첫 번째 표적을 통하여 예수님의 하나님 되심을 만민에게 드러내심과 동시에 사람들의 예수님을 향한 기대가 하나님의 뜻과는 정반대 방향으로 엇갈리고 있는 괴리에 대해 무엇으로 설명할 수 있겠습니까?

십자가를 바라볼 때마다 주님이 걸으셨던 진리와 생명의 발자취를 이제 나만이라도 따라야 되겠다는 결심이 마땅히 일어나야 할 것입니다.

성전을 깨끗케 하시는 그리스도

> "유대인의 유월절이 가까운지라 예수께서 예루살렘으로 올라가셨더니
> 성전 안에서 소와 양과 비둘기 파는 사람들과 돈 바꾸는 사람들의 앉은 것을 보시고
> 노끈으로 채찍을 만드사 양이나 소를 다 성전에서 내어 쫓으시고
> 돈 바꾸는 사람들의 돈을 쏟으시며 상을 엎으시고 비둘기 파는 사람들에게 이르시되
> 이것을 여기서 가져가라 내 아버지의 집으로 장사하는 집을 만들지 말라 하시니 제자들이
> 성경 말씀에 주의 전을 사모하는 열심이 나를 삼키리라 한 것을 기억하더라"

유월절이 가까웠을 때입니다. 이스라엘 남자는 누구를 막론하고 적어도 일년에 세 차례는 예루살렘에 올라가서 하나님께 제사를 드려야 합니다. 이스라엘의 3대 명절은 유월절과 맥추절과 수장절입니다.

이 때에는 남자들은 누구나 제물을 가지고 와서 하나님께 제사를 드리도록 율법으로 규정해 놓았습니다. 만약 이 규정을 어기는 날에는 출교 당하는 엄벌에 처하기로 되어 있습니다. 레위기 1장에 보면 제물 중엔 소와 양과 비둘기가 있는 데 이것은 가정 형편을 고려하여 빈부의 차이를 따라서 제물을 선택하여 드릴 수 있도록 한 조치입니다. 예수님이 나셨을 때에도 마리아가 성전에 바치는 예물로 비둘기 한 쌍을 바쳤습

니다. 비둘기를 드린 것을 보면 예수님이 태어난 요셉 가정이 무척이나 가난했음을 짐작할 수가 있습니다. 이젠 유월절이 다 되어 갈 무렵 예수께서 예루살렘에 올라가셨습니다.

　14절, "성전 안에서 소와 양과 비둘기 파는 사람들과 돈 바꾸는 사람들의 앉은 것을 보시고" – 유월절이 되면 모든 유대인들이 예루살렘 성전으로 올라갑니다. 심지어 이방으로 흩어진 자들까지 머나먼 길을 여행하면서 이곳까지 올라옵니다.

　예루살렘 성전에 올라온 사람들은 이미 제사에 쓸 짐승들을 현장에서 구입하는 편리함을 알고 있었습니다. 장사꾼들에게는 이때가 돈을 벌어들일 절호의 기회입니다. 실제로 제사용으로 짐승을 기른다는 것도 번거로울 뿐 아니라 거리가 먼 경우 짐승을 끌고 오는 것이 여간 어려운 것이 아닙니다.

　장사꾼들은 이러한 요구를 재빨리 알아채고 경쟁하듯이 성전 가까이에서 짐승들을 몰고 와서 그것들을 매매하는 일을 예사로이 행하고 있었습니다. 돈만 있으면 얼마든지 짐승들을 살 수 있었습니다. 이러한 상거래가 이루어지고 있는 동안 성전을 맡아 관리하는 제사장들은 일부 가난한 백성들의 생계를 위하여 장사를 허용했을 가능성도 있고 아니면 일부 부유층 장사치들에게 기득권을 주어 성직자들의 실리를 챙기는 협상도 있을 것으로 보입니다.

　또 그 곳에는 소와 양을 파는 자들과 비둘기 파는 자들 이외에 돈 바꾸는 자들도 있었습니다. 유대인들은 해마다 반 세겔의 세금을 성전고에 바쳐야 하는 데 성전에 드리는 세금은 반드시 유대인의 화폐단위인 세겔로 드려야 합니다. 그 당시는 로마의 통치를 받던 때이므로 일상생활에서는 로마의 화폐단위인 드라크마를 사용하고 있었습니다. 드라크마 동전에는 이방 나라 왕의 얼굴이 새겨져 있으므로 유대인에게는 우상이 새겨진 돈으로 간주되고 있었습니다. 그렇기 때문에 성전에 내는 헌금은 반드시 유대인의 화폐 단위인 세겔로 바꾸어야 했습니다.

여기서 돈 바꾸는 자들이 환전을 통하여 이득을 챙기는 직업에 종사하고 있었습니다. 환율을 적용해서 그 차액을 취하는 일이 성행하고 있었습니다. 제물을 돈으로 살 때에나 세금을 낼 때에도 돈을 바꾸는 일은 필수적인 일이 된 셈입니다. 소 파는 자들과 돈 바꾸는 자들은 이러한 매매 행위를 통하여 통상 액보다 훨씬 높은 값을 받아 이득을 챙기는 자들로 악명이 높아 있었습니다.

주께서 책망하셨듯이 성전이 참으로 강도의 굴혈이 되었습니다. 우리는 여기서 예수님이 성전을 청결케 하신 이유가 무엇인가를 살펴보아야 합니다. 먼저 우리의 관심을 끄는 초점은 당시의 영적 상태가 말할 수 없이 부패하고 메말라 있음을 엿볼 수가 있습니다. 종교의식을 빙자해서 인간의 탐욕을 채우고 있음은 결코 용납될 수 없다는 것을 보여주는 사건입니다. 하나님께 드리는 제사의 진정한 뜻이나 가치보다는 물질에 대한 탐욕의 수단으로 제사를 사용하고 있었음은 마땅히 책망 받아야 할 죄의 흉칙한 모습입니다.

하나님은 이스라엘의 부패한 모습을 보시고 이사야를 통하여 이미 경고한 바 있습니다. 오늘 우리의 영적 현실에 대해 가슴을 찌르는 말씀이 아닐 수 없습니다.

"여호와께서 말씀하시되 너희의 무수한 제물이 내게 무엇이 유익하뇨 나는 수양의 번제와 살진 짐승의 기름에 배불렀고 나는 수송아지나 어린 양이나 수염소의 피를 기뻐하지 아니하노라 너희가 내 앞에 보이러 오니 그것을 누가 너희에게 요구하였느뇨 내 마당만 밟을 뿐이니라 헛된 제물을 다시 가져오지 말라", "너희가 손을 펼 때에 내가 눈을 가리우고 너희가 많이 기도할지라도 내가 듣지 아니하리니 이는 너희의 손에 피가 가득함이니라 너희는 스스로 씻으며 스스로 깨끗케 하여 내 목전에서 너희 악업

을 버리며 악행을 그치고 선행을 배우며 공의를 구하며 학대 받는자를 도
와주며 고아를 위하여 신원하며 과부를 위하여 변호하라 하셨느니라"(사
1:11-13 상반절, 15-17).

여호와의 전에 올라가 제물을 바치는 것은 제사의 형식입니다. 제사
의 종류가 여러 가지가 있고 또 의미가 각각 다르겠지만 한마디로 종합
해보면 하나님이 나의 주권자이심을 고백하는 행위입니다. 제사의 내
용은 나는 이제부터 하나님의 명령대로 준행하고 하나님의 종으로 충
성할 것이며 하나님의 기뻐하시는 뜻을 받들겠다는 신앙고백이 내포된
예배 형식입니다. 이렇게 하나님을 최고의 영광으로 받들고 하나님의
기쁘심을 위하여 나의 전 삶을 드리겠다고 하는 결심과 생활 자체가 깃
들여진 예배 의식이 곧 제사입니다.

그런데 유대 백성들은 하나님의 전에서 제사를 드리면서 하나님의
뜻을 따르는 것이 아니라 자신들의 정욕과 탐심을 채우는 일로 교활해
졌다는 얘깁니다. 오늘 우리의 신앙을 돌아보게 하는 무서운 지적입니
다. 당시 성전을 더럽힌 유대인들의 행태를 성경이 이미 예고한바 있습
니다.

"너희가 만일 길과 행위를 참으로 바르게 하여 이웃들 사이에 공의를 행
하며 이방인과 고아와 과부를 압제하지 말며 무죄한 자의 피를 이곳에서
흘리지 아니하며 다른 신들을 좇아 스스로 해하지 아니하면 내가 너희를
이곳에 거하게 하리니 곧 너희 조상에게 영원 무궁히 준 이 땅에니라 너희
가 무익한 거짓말을 의뢰하는도다 너희가 도적질하며 살인하며 간음하며
거짓 맹세하며 바알에게 분향하며 너희의 알지 못하는 다른 신들을 좇으
면서 내 이름으로 일컬음을 받는 이 집에 들어와서 내 앞에 서서 말하기를
우리가 구원을 얻었나이다 하느냐 이는 이 모든 가증한 일을 행하려 함이
로다 내 이름으로 일컬음을 받는 이 집이 너희 눈에는 도적의 굴혈로 보이

느냐 보라 나 곧 내가 그것을 보았노라 여호와의 말이니라" (렘 7 : 5-11).

주께서 예루살렘 성전을 깨끗케 하시면서 인용한 말씀입니다. 너희는 네 이웃집이 도적의 굴혈로 보이느냐? 너희가 너희 탐욕대로 다 행해 놓고 여호와의 집에 들어와서 제사를 드리면서 우리가 구원을 얻었다 하니 이 집이 어디 강도의 굴혈로 보이느냐? 어찌 그럴 수 있느냐는 것입니다.

너희가 만일 길과 행위를 참으로 바르게 하며 이웃 사이에 공의를 행하면 이방인과 고아와 과부를 압제하지 아니하면 내가 이곳에서 너희와 함께 있어 복을 내리시겠다는 것입니다. 그렇게 나의 기뻐하는 길로 행하는 이 성전도 너희가 행한 제사도 다 흠모 할만한 가치가 있을 것이나, 지금 너희처럼 나를 외면하고 너희의 정욕대로 행하면 가증한 일을 행하려고 하는 죄악일 뿐이라고 하셨습니다. 이토록 하나님은 예레미야 선지자를 통하여 유대 민족의 불 경건에 대하여 책망하신 적이 있습니다.

신앙생활은 하나님을 경배하는 것을 제일 큰 목표로 싸우는 영적 훈련의 과정입니다. 하나님은 우리에게 있어 예배와 경배의 대상입니다. 우리의 이해와 납득의 대상이 아님을 명심해야 합니다. 우리의 편리한 방법대로 우리가 고안해 낸 화려한 의식으로 섬김을 받으실 분이 아니십니다. 우리의 신앙에 있어서 조심해야 할 것은 하나님을 섬기되 우리의 자랑이나 기쁨이나 우리의 종교적인 만족이나 유희를 유도하고자 하는 탐욕의 재료로 응용될 가능성이 있음을 지나쳐서는 안 될 것입니다.

신령과 진정으로 하나님을 나의 주님으로 아는 자리에서 그 전지전능하신 하나님의 언약하신 축복과 영광의 날을 바라보면서 오늘에 있어 나를 하나님의 기쁘심을 따라 사는 충성으로 고백하고 결심하는 자세가 절실히 요구됩니다.

하나님은 우리의 상한 심령으로 그의 전에 나옴을 가장 기뻐하십니다. 화려한 예배 의식이나 또 우리가 드리는 예배 절차에서의 웅장한 퍼레이드를 좋아하시지 아니하십니다. 진정 우리의 전인격적인 고백을 하나님을 주인으로 나를 그 주인 앞에 드리는 종으로 고백하며 하나님을 나의 대장으로 나는 기꺼이 그의 신하로서 나의 자리를 믿음으로 고백하는 이 영광의 예배를 하나님이 기뻐 받으십니다. 우리의 삶 전체가 예배임을 기억하시기 바랍니다.

● ● ● ● ● ● ● ● ●

오늘 우리 신앙의 약점이 있다면 하나님을 믿기는 믿는 데 나를 그분의 종으로 들어오셔서 나를 바치는 일에는 인색하다는 것입니다. 나를 기꺼이 주님의 신하로서 충성하는 일에 있어는 나태하단 얘깁니다. 우리의 삶 속에서 전폭적으로 하나님을 주인으로, 나의 대장으로 나는 주님의 종으로, 그리고 충성스러운 신하로서 나를 기꺼이 드리는 헌신적인 고백들이 일어나야 할 것입니다.

이 성전을 헐라

"이에 유대인들이 대답하여 예수께 말하기를 네가 이런 일을 행하니 무슨 표적을 우리에게 보이겠느뇨 예수께서 대답하여 가라사대 너희가 이 성전을 헐라 내가 사흘 동안에 일으키리라 유대인들이 가로되 이 성전은 사십 육 년 동안에 지었거늘 네가 삼 일 동안에 일으키겠느뇨 하더라 그러나 예수는 성전된 자기 육체를 가리켜 말씀하신 것이라 죽은 자 가운데서 살아나신 후에야 제자들이 이 말씀하신 것을 기억하고 성경과 및 예수의 하신 말씀을 믿었더라"

예수 그리스도의 관심은 아버지의 집에서 행해지는 제사는 반드시 마음과 뜻과 목숨을 다해 드리는 순전한 예배에 있었습니다.

예루살렘 성전 안에서 관행 되어 오던 매매하는 상행위를 보신 예수님은 분노할 수밖에 없었습니다. 노끈으로 채찍을 만들어 소나 양이나 돈 바꾸는 사람들의 상을 엎으시며 다 내어 쫓으셨습니다.

우리가 한 가지 주목해야 할 것은 성전에서 장사하며 큰 이익을 보던 자들이 어떻게 그렇게 쉽게 나사렛 동네에서 올라온 예수라고 하는 사람에게 그토록 굴복하여 그들의 소유를 다 포기하고 쫓아내시는 대로 도망칠 수 있었을까 하는 것입니다. 우리는 여기서 예수님의 신적 권위를 읽을 수가 있습니다.

예수님은 이미 사람들을 통제하는 능력과 신성을 지니고 계셨습니다. 아무도 그에게 저항할 수가 없었습니다. 인간들로 하여금 그의 가르침에서나 행적에서나 태도에서나 주님 앞에서 떨도록 만드는 권세가 그 분에게 있었습니다.

예수님은 스스로 계시는 자로서 인간의 힘에 의하여 좌우되는 분이 아니십니다. 그의 때가 이르지 아니하면 아무도 그를 붙잡을 수가 없습니다. 죽음도 예수님을 붙들 수가 없습니다. 십자가에서 운명하실 때에도 "다 이루었다" 하신 후에 죽음을 허락하시니 영혼이 떠나신 분입니다. 물과 피를 다 쏟으시고 힘이 없어 죽음에 붙잡히신 것이 아니라 모든 일이 다 이루어진 것을 보시고 이를 선포하신 후에 스스로 죽음 아래로 내려가신 분이십니다.

우리는 성전을 깨끗케 하시는 장면에서도 예수 그리스도의 신성을 읽을 수가 있습니다. 하나님은 하나님의 성전이 인간들의 탐욕에 의해 짓밟히고 있는 것을 더 이상 참으실 수가 없으셨습니다.

하나님은 자기 백성의 방종을 한번도 방치하신 적이 없으십니다. 그는 만홀히 여김을 받지 아니하십니다. 인간들의 정욕에 의해서 그의 영광은 빼앗기지를 않으십니다. 인간의 정욕으로 상처받은 하나님의 영광을 되찾으시는 일에는 능치 못할 일이 없으십니다. 하나님은 우리의 현실에 뛰어드시는 분이십니다. 말로만이 아니라 채찍을 드시더라도 그릇된 일을 바로잡으십니다. 오늘 성전을 청결케 하신 어린 양의 모습은 전 세계적으로 잊혀져 가고 있는 하나님의 진노에 대하여 각성을 새롭게 해주는 경고의 사건이기도 합니다.

하나님의 집은 만민이 기도하는 집입니다. 만민이 기도하는 집으로서 하나님이 거하실 처소로서 삼고 있는 성전이 인간들의 조잡한 모임의 장소로 변해가고 있는 현상은 하나님의 진노를 불러일으키는 죄악

상임을 귀담아 들어야 합니다.

성전이 우상숭배로 상업화되어 가는 것을 단호한 방법으로 깨끗하게 정리하셨다면 예수님은 오늘날에도 주의 이름으로 바쳐지는 수많은 건축물에 대하여 어떻게 생각하실까요? 슬프게도 당시 예루살렘 성전에서 행해지고 있던 상행위가 오늘날에 교회 안에서도 여전히 되풀이되고 있음은 안타까운 현실이 아닐 수 없습니다.

하나님께 드리는 경배와 찬양이 그리고 기도의 거룩함이 보존되어야 하는 그 하나님의 집에서 영화가 버젓이 상영되고 있고 바자회의 명분으로 행해지고 있는 각종 파티나 잡화전이나 오락 프로그램이나 연주회나 춤이나 혹은 가요대회나 심지어는 정치유세 등 각종 문화행사가 이루어지고 있음은 교회의 상업화 현상으로서의 변질이 우려되는 모습이 아닐 수가 없습니다. 주님은 세상적인 것들과 영적인 것들이 혼합되는 현상을 분개하셨습니다.

"내 아버지의 집은 만민이 기도하는 집이라" (막 11 : 17).

이 말씀을 명심해야 합니다.

성전 안에서 상행위가 부패하고 부정하다는 윤리적 문제보다는 이러한 행위 속에 하나님의 영광과 거룩성이 침몰되고 있다는 데에 더 큰 심각성이 있습니다. 아버지의 집이 장사의 터로 사용된 데 대한 분노임을 놓쳐서는 안 됩니다. 이러한 뜻에서 교회를 위해서 바쳐진 성구들이나 기명들 그리고 헌금 등은 세상의 다른 것들과 반드시 구별하여 소중하게 취급하는 자세가 요청됩니다. 성전에 바쳐진 물건들은 일반 가정이나 사무실에서 사용하는 것들과 구별되어야 할 것은 적어도 그것은 하나님을 대상으로 진심과 성실을 담아 드린 신앙고백적 기명들이기 때문입니다.

요즘은 신앙의 내용주의가 팽배해지는 시대입니다. 나의 진심과 양심의 고백이 더 중요하다는 생각 때문에 공간이나 시간의 형식을 무시하는 경향이 매우 짙어진 시대에 들어와 있습니다. 나의 진실과 깨끗한 양심으로 드리는 신앙고백을 기초로 하여 하나님을 경배하고 그의 뜻을 따르게 되면 우리의 신앙이 자칫 자기의 독선과 편견으로 빠질 수 있음을 주의 깊게 살펴보아야 합니다. 왜냐하면 우리의 양심과 진심이 어디에 대한 것이냐 하는 것입니다. 우리의 진심이나 양심이 나 자신이 본래부터 가지고 살던 나의 자존심과 정욕에 이끌리어 발산하는 양상일 수 있다는 것을 부정할 수 없습니다. 그것은 적어도 죄로 말미암아 이미 이지러지고 깨어진 양심입니다.

우리 안에서 나오는 것들이 더럽다고 이미 주님께서 말씀하셨습니다. 우리에게는 하나님의 거룩과 영광을 보존하기 위하여 예배와 기도가 객관적인 형식과 규례를 따를 필요가 있습니다. 만일 예배와 기도를 위하여 일정하게 정해놓은 형식이 없이 우리의 편리대로 한다면 그에 따라 우리의 진심도 함께 무너진다는 사실을 명심해야 합니다.

18절 말씀입니다. "이에 유대인들이 대답하여 예수께 말하기를 네가 이런 일을 행하니 무슨 표적을 우리에게 보이겠느뇨" – 예수님은 그의 권위를 가지시고 성전을 깨끗케 하셨습니다. 무슨 권한으로 이런 일을 행하느냐? 유대인들의 당연한 질문입니다. 유대인들은 이미 모세와 엘리야 같은 선지자들이 어떤 일을 행사할 때마다 권능의 기적을 보여 주었던 일에 이미 익숙해져 있었습니다.

"네가 이런 일을 행하나" – 유대인들에게 있어서는 참람한 광경입니다. 예수님은 참으로 큰일 날 일을 행하셨습니다. 네가 무슨 자격으로 이런 엄청난 일을 행하느냐는 것입니다. 특히 당시 유대인들의 기대 속에는 메시아가 나타나리라는 환상과 함께 메시아라면 큰 표적을 보여 줄 것이라는 생각이 자리 잡고 있었습니다.

성전을 깨끗케 하신 예수 그리스도에 대한 소문을 들은 산헤드린 당국자들의 입장에서는 예수를 이미 이단으로 정죄하고 있는 상태에서 성전 정화라 하는 파격적인 행사를 강행한 예수에 대하여 신중을 기하는 마음으로 표적을 구한 것으로 보입니다. 메시아라면 큰 표적을 보일 것이라는 확신 아래 예수께 표적을 구한 것은 성전 정화를 행하시는 예수를 붙잡아 가둘 빌미를 잡고자 하는 시도인 것으로 여겨집니다.

19절, "대답하여 가라사대 너희가 이 성전을 헐라" – 표적을 보이라는 유대인들의 요구에 "너희가 이 성전을 헐라 내가 사흘 만에 일으키리라" 고 대답하셨습니다. 요한은 유대인들의 항변과 예수님의 답변 사이를 팽팽한 긴장 국면으로 대립시켜 놓고 있습니다.

표적을 구하는 자들에게 "이 성전을 헐라 내가 사흘 후에 일으키리라" 전혀 상상을 뒤엎는 대답을 하셨습니다. 지금 성전 광장에는 구약의 성전을 믿는 자들과 신약의 성전 사이에서 흐르는 충돌과 긴장이 엿보이는 장면입니다.

예수님이 말씀하시는 성전은 자신의 몸을 가리키고 있습니다. 여기서 사용된 성전이라는 단어는 성전의 외형적인 전체의 모습을 가리키는 '히에론' 이라고 하는 헬라어의 낱말과는 뜻이 다릅니다. 여기서 사용한 이 성전의 의미는 주로 신약에서 등용되는 성전으로서 성령의 전이나 또는 예수님 자신을 가리키는 낱말입니다. 여기서는 예수 그리스도 자신의 몸을 분명히 가리키고 있습니다.

예수님은 자신을 가리켜 이 성전을 헐라 하셨습니다. 여기 또 주의 깊게 연구해야 할 단어는 '헐다' 라는 동사입니다. 이는 명령법으로 씌어졌지만 미래의 의미가 강조된 개념입니다. 앞으로 헐게 될 것이라는 뜻입니다. 예수님이 자신을 가리켜 헐라 하셨을 때에 의미를 각색해 보면 바로 이런 뜻이 되겠습니다. "너희는 지금 하나님의 성전을 더럽히고 있고 아버지의 집을 강도의 굴혈로 만들어 버린 장본인들이 아니냐. 너희들은 내가 보여준 권능의 기사도 표적에도 불구하고 나의 권위에 항복한 것이 아니라 도리어 나를 반대하여 잡아 죽이려고 하고 있지 않느냐? 앞으로 나의 하나님의 아들 됨이 드러나는 표적이 나타나면 나타날수록 너희들은 더욱 나를 죽이려고 할 것이며 나를 파괴하려고 달려들 것이다"- 이러한 뜻으로 해석할 수 있습니다. 결국 예수 그리스도의 신성이 온전히 그 안에 드러날수록 유대인들의 손에 의하여 붙잡혀 십자가의 대속물로 자기 몸을 버리는 방향으로 가게 될 것을 예표하는 단어가 '헐다' 라는 단어입니다.

예수님은 하나님으로서 신성이 충만하신 육체로 거하십니다. 이미 성전이십니다. '나를 헐라' 는 것입니다. 사도요한은 이미 그의 복음서 초두에 "빛이 어두움 가운데 비취되 어두움이 깨닫지 못하더라"고 전제한 바가 있습니다. 예수님으로부터 하나님의 신성이 나타나면 날수록 주님은 무지한 인간들로부터 많은 반대에 부딪혀 십자가로 가까이 가게 될 것이라는 것입니다.

19절, "이 성전을 헐라"- 하나님이 피조물에 의하여 죽음을 허락하시는 말씀입니다. "내가 사흘 만에 일으키리라"- 예수님의 부활을 예언하는 말씀입니다. 인간은 자신의 탐욕의 수단으로 성전을 더럽혔지만 예수님은 더 이상 이토록 더럽혀진 성전을 깨끗케 하실 분이 아니라 이제는 심령의 성전을 깨끗케 하실 것을 예언해 주고 있습니다.

구약의 성막이나 성전이나 모두 하나님의 임재를 상징하는 형상들이었습니다. 이제 메시아가 오면 더 이상 건축의 형식으로서 성전 시대는 막을 내리게 됩니다. 하나님께로 나아가는 신령한 성전이 심령에 이루어지게 됩니다. 메시아가 이 심령의 성전을 지을 것입니다. 하나님이 거하실 처소로서 각 사람의 심령 속에 하나님의 거룩한 임재의 모습 곧 심령의 성전을 세우실 것입니다.

예수님이 죽었다가 삼일 만에 부활하셨다는 것 보다 더 큰 표적은 없습니다. 이토록 예루살렘 성전을 청결케 하실 권한이 예수님에게 있고도 남습니다. 하나님께로부터 보내심을 받지 아니하면 도저히 일어날 수 없는 표적입니다. 죽었다가 다시 살아난다는 것입니다.

이에 유대인의 반응은 이렇습니다. "이 성전을 사십 육 년 동안이나 걸려서 지었거늘 어찌하여 삼일 만에 일으킨다는 것이냐?" – 헤롯이 그의 큰 권력과 부에도 불구하고 이토록 오랜 기간 동안에 지은 집이거늘 어찌 사흘 동안에 일으키겠단 말이냐? 조롱과 멸시와 조소를 보내었습니다. 예수님의 말씀은 유대인들에게는 엉터리 같은 말씀이었습니다. 정신 나간 사람의 이야기로 받아들여 진 것입니다.

여기서 우리가 깊게 주목해야 할 것이 있습니다. 예수님은 그러나, 유대인의 오해와 경멸을 그대로 내어 버려두셨습니다. 주님이 친히 말씀하신 대로였습니다.

"저희가 보아도 보지 못하며 들어도 듣지 못하며 깨닫지 못함이니라"
(마 13:13).

당시 종교지도자들은 예수님의 말씀을 이해하려고 귀를 기울인다면 이해할 수 있는 말씀이었습니다. 그러나 그들은 처음부터 트집을 잡고자 하는 계획뿐이었습니다.

● ● ● ● ● ● ● ● ● ●

22절 말씀에 보면 제자들마저도 부활을 믿지 않았습니다. 그만큼 그들마저도 자신의 근심과 염려의 문제에 매달려 있었습니다. 주님이 십자가에 힘없이 죽는다는 것 그리고 다시 부활하신 다는 것은 생각할 수조차도 없었던 일들이었습니다.

그러나 요한은 예수님의 부활을 확인한 다음에야 제자들도 이 성전을 헐라는 말씀의 진의를 알게 되었다고 진술하고 있습니다. 오늘 우리가 얼마나 하나님의 말씀에 대하여 더디 믿고 미련하고 우둔한 자들인지 되돌아보게 하는 가슴 아픈 사건입니다.

제 3장
구원하는 사랑의 본체,
예수 그리스도

니고데모

"바리새인 중에 니고데모라 하는 사람이 있으니 유대인의 관원이라
그가 밤에 예수께 와서 가로되 랍비여 우리가 당신은 하나님께로서 오신 선생인 줄 아나이다
하나님이 함께 하시지 아니하시면 당신의 행하시는 이 표적을 아무라도
할 수 없음이니이다 예수께서 대답하여 가라사대 진실로 진실로 네게 이르노니
사람이 거듭나지 아니하면 하나님 나라를 볼 수 없느니라 니고데모가 가로되
사람이 늙으면 어떻게 날 수 있삽나이까 두 번째 모태에 들어갔다가
날 수 있삽니이까 예수께서 대답하시되 진실로 진실로 네게 이르노니
사람이 물과 성령으로 나지 아니하면 하나님 나라에 들어갈 수 없느니라
육으로 난 것은 육이요 성령으로 난 것은 영이니
내가 네게 거듭나야 하겠다 하는 말을 기이히 여기지 말라"

요한복음의 중요한 핵심은 생명과 영생입니다.

말씀이신 예수께서 육신을 입고 우리가 사는 이 세상에 오신 것은 이 세상을 구원하려고 오셨습니다. 믿는 자마다 멸망치 않고 영생을 얻게 하려는 목적으로 오셨단 말입니다. 우리는 전장에서 예수께서 이미 많은 표적을 행하셨고 이 표적으로 수많은 사람들이 예수를 믿고 따라다녔음을 증거한 바가 있습니다.

그러나 표적을 보고 예수를 따른다고 하여 다 구원함에 합당한 자인가 하는 것은 예나 지금이나 심각한 문제가 아닐 수 없습니다. 요한복음 3장에서 우리는 니고데모라고 하는 유대인 관원 한사람을 만나게 됩니

다. 니고데모도 예수의 표적을 보고 믿은 사람들 가운데 한 사람으로 보여 집니다.

이제까지 예수님이 베푸신 표적으로 많은 사람들의 마음은 예수께로 쏠리고 있었습니다. 당시 바리새인들의 입장에서는 예수님을 어떤 방법으로든지 올무에 빠지게 하여 거세해야 된다는 적개심을 품고 있던 사람들이었습니다.

"이 성전을 헐라 내가 사흘 동안에 일으키리라" (요 2:19). - 예수님의 표적을 보고 진실로 하나님이 보내신 메시아로 영접할 마음을 품고 있었다면 얼마든지 쉽게 이해할 수 있었던 말씀이었습니다. 그러나 정치권에 속한 자들에게는 예수님을 올무에 걸리게 할 빌미로는 상당한 발언이 되었던 것입니다. 요한은 조물주가 피조물로 와서 받고 있는 대우가 이토록 오해와 경멸이었음을 증명하면서 인간이 하나님이 행하시는 일을 이해하고 기뻐한다는 것은 인간 편에서는 도무지 방법이 없고 오직 성령으로 거듭나게 하는 역사가 아니면 불가능하다는 것을 밝히고 있습니다. 성경에서 가장 중요한 중생 교리를 세우는 대목입니다.

> "바리새인 중에 니고데모라 하는 사람이 있으니 유대인의 관원이라 그가 밤에 예수께 와서 가로되 랍비여 우리가 당신은 하나님께로서 오신 선생인 줄 아나이다" (요 3:1,2 상반절).

우리는 여기에서 니고데모가 어떤 사람인가를 알아볼 필요가 있습니다.

1. 그는 바리새인이였습니다

바리새인들은 당시 문화와 교육 분야에서 최고의 학식과 지위를 확보한 사람들이었습니다. 종교적으로나 윤리적으로나 사회적으로 최고의 수준에서 삶을 누리며 살던 사람들입니다. 예수님 당시 유대사회의 귀족층으로서 약 6천 명 정도가 있었다고 합니다. 바리새인들은 율법을 전문적으로 연구 보존하는 학자들입니다. 예를 들면 안식일을 준수하라는 제 4계명을 해석하는 일을 하는 데 안식일 준수하는 법률만도 365개나 만들었다고 합니다.

2. 그는 유대인의 관원이었습니다

유대인들을 다스리는 통치자의 한 사람이다. 당시 정치권의 일을 주관하는 산헤드린 공회라는 것이 있었습니다. 오늘로 말하면 국회의원과 같은 지위에 있는 사람으로서 저명인사요 백성들의 지지를 받고 있는 사람입니다.

그가 밤에 예수께 찾아왔습니다. "랍비여 당신은 하나님께로서 오신 선생이로소이다" 하고 인사를 건넵니다. 니고데모의 입장에서 예수님을 찾아온다는 것은 당시 정황으로 보아 공개적일 수가 없었습니다. 산헤드린이 예수님의 표적에 대하여 적개심을 품고 있었던 때에 니고데모가 예수님을 찾아 왔다는 것은 그가 품고 있었던 가장 근원적인 문제, 즉 메시아에 대한 궁금증을 풀어보기 위한 열정이라 할 수 있습니다.

그는 이미 예수님의 표적을 보고 하나님이 보내신 자가 아니면 이런 일을 행할 수 없다는 것을 짐작하고 있었습니다. 니고데모에게 있어서 예수는 어떤 분이신가? 하나님이 육신을 입고 오신 메시아인가? 아니면 표적을 보고 따르던 무리들과 같이 세상의 요구를 들어주는 메시아인가? 니고데모가 예수를 하나님으로 알아 본 입장이라면 그 앞에 이미 엎드리어 회개했어야 할 것입니다. 나의 주, 나의 하나님이라고 고백했어야 합니다. 그에게 있어서 예수는 무척이나 궁금한 사람으로서 한번 만나보고 싶은 인물일 뿐입니다. 예수께서 행하시는 표적을 보고 호기심을 가지고 있던 랍비, 선생에 불과합니다.

예수님의 시선은 이미 니고데모의 심장을 꿰뚫고 있었습니다. 더 이상 보여줄 표적도 필요치 않습니다. 이미 바리새인들과 서기관들의 요구 앞에 "나는 더 이상 보여줄 표적이 없다"고 단호히 거절하신 적이 있습니다. 예수님은 이미 가나 혼인 잔치에서 물로 포도주를 만드시기도 하셨고, 문둥병을 고치시고 소경의 눈을 뜨게도 하시는 여러 가지 표적을 보여 주셨습니다. 그런데도 불구하고 예수님을 하나님으로 알고 믿고 따르기 보다는 오히려 자기들의 유익에 걸림이 된다는 이유로 잡아 죽일 빌미를 찾고 있었습니다. 그래서 내린 결론이 무엇입니까? 성경은 요한복음 2장 마지막 부분에서 이렇게 기록하고 있습니다.

> "유월절에 예수께서 예루살렘에 계시니 많은 사람이 그 행하시는 표적을 보고 그 이름을 믿었으나 예수는 그 몸을 저희에게 의탁지 아니하셨으니 이는 친히 모든 사람을 아심이요 또 친히 사람의 속에 있는 것을 아시므로 사람에 대하여 아무의 증거도 받으실 필요가 없음이니라." (요 2:23-25).

이러한 예수님에 대한 오해와 적개심이 팽배해 있는 때에 주님께 찾아온 니고데모의 생각을 아시고 예수님은 거듭남에 대한 이치를 들려주십니다.

> "진실로 진실로 네게 이르노니 사람이 거듭나지 아니하면 하나님의 나라를 볼 수 없느니라" (요 3:3).

예수님은 니고데모로서는 전혀 이해할 수 없는 말씀을 전해주십니다. 예수님이 보시기에 니고데모가 찾아온 원인이나 목적이 예수님의 말씀에 의거하면 어디에 있습니까? 니고데모의 관심이 육적인가? 영적인가? 예수님은 이에 "사람이 거듭나지 아니하면"이라 하셨습니다. 다시 말하면 니고데모의 지금 상태로는 예수님을 알아볼 수 없다는 것입니다. 육신을 입고 이 땅에 오셔서 우리의 불쌍한 처지를 안타까이 여기사 죄와 사망의 심판에서부터 건져내시려고 애쓰시는 인자의 모습을 이해할 수 없다는 것입니다. 성령으로 거듭나지 아니하면 그렇다는 것입니다. 지금 니고데모를 꾸짖고 계시는 장면이 아닙니다. 또 성령으로 거듭나라는 권면도 아닙니다. 성령으로 거듭나지 아니하면 이같이 인본적으로 볼 때에는 표적만 구하는 것이 당연한 반응이라는 것입니다.

니고데모 앞에 서신 예수를 니고데모가 유대 민족의 지도자로서 메시아나 능력많은 선지자나 선생 정도로 보는 것으로는 불충분합니다. 이제 표적을 보았느냐? 그렇다면 그 초월성을 가지고 있는 자가 조물주이시며 구속주이심에 대한 인식이 일어나고 그 분 앞에서 엎드려 경배하는 것이 마땅하지 않느냐는 뜻입니다. 그런데 거듭나지 않고는 하나님을 볼 수 없다고 정리해 주셨습니다.

하나님을 보기 위해서는 새롭게 태어나야 한다는 것입니다. 자연 그대로는 아무리 율법사라도 예수님을 알아보지 못한다는 것을 지적하고 있는 내용입니다. 우리는 자연적인 출생과 더불어 근원적으로 하나님과 반대되는 길을 걸어 왔습니다. 가다가 범죄하고 실수해서 하나님을 떠난 것이 아니라 처음부터 곁길로 간 자들입니다.

아담이 하나님의 품을 떠날 때 우리도 함께 떠난 자가 되었습니다. 그래서 마음과 생각이 어릴 때부터 악합니다. 우리는 죄 가운데 잉태되었고 허물 가운데 살았고 선을 행한 자 없으니 하나도 없는 상태에서 살아 왔습니다. 그래서 육신적인 생각으로 사는 사람들은 하나님과 원수되는 자로서 본질상 죄인입니다.

죄인이기에 하나님의 진노 아래 놓인 자들이었습니다. 왜 이런 현상이 일어납니까? 영이 죽어있기 때문입니다. 하나님과의 관계가 단절되었기 때문입니다. 영혼의 활동이 마비상태가 되어버렸습니다. 영이 죽어있는 상태는 하나님을 느낄 수도 인식 할 수도 찾아 나설 수도 없는 무관심의 관계입니다. 마치 시체와 같은 상태에서 사는 것입니다.

하나님과 관계가 없으면 육체밖에 없는 셈인데 그 육체의 생각이 모두 하나님께 반대되는 것뿐이더라는 얘기가 성경의 지적입니다. 물론 자연인도 선하고 고귀하고 숭고한 정신으로 살 수 있습니다. 참으로 모든 사람들의 추앙을 받을 만한 구도의 높은 지경에서 참으로 아름다운 윤리와 도덕성을 지니면서 살아갈 수가 있습니다. 그렇다고 해도 그 모든 선하고 고귀한 행위가 하나님과 연결되지 아니하면 다 그 행위가 하나님 보시기에 악할 뿐이라는 얘깁니다.

기독교 신앙은 영혼이 살아나는 운동입니다. 죽은 자들이 살아나는 것입니다. 생명이 일으켜지는 것입니다. 하나님을 알게 하고 하나님과 만나게 하고 하나님과 함께 살게 하는 생명운동입니다. 이것이 교회운동입니다. 기존의 것을 변화시키는 것이 아닙니다. 우리의 가던 길을 약간 궤도를 수정하는 정도로 삶의 방향을 선하게 아름답게 바꾸는 정도가 아닙니다. 새생명이 탄생하는 겁니다. 심령이 재창조되는 것입니다.

성령으로 거듭나는 것 곧 중생입니다. 중생은 다시 태어나는 것인데 죽은 자의 입장에서는 이일이 불가능합니다. 하나님이 살려주셔야 합니다. 하나님이 우리에게 나타나심으로 가능해집니다. 하나님의 말씀을 나의 전인격으로 듣고 영접하는 일은 자연인으로서는 불가능합니다. 오직 성령으로 거듭난 자가 듣는 말씀임을 명심해야 합니다.

니고데모를 비롯하여 많은 사람들이 예수님의 표적을 보고 그를 하나님으로 믿었다면 마땅히 그 분 앞에 엎드리어 경배하고 회개했어야 합니다. 그러나 사람들은 표적을 보고 배부른 까닭에 예수님을 따라다녔습니다. 다시 말하면 자신의 정욕과 세상의 요구 앞에 예수님이라면 다 충족시켜 줄 경제적, 사회적, 정치적 메시아로 갈구하며 따라다녔습니다. 이에 대하여 주님의 경고하신 말씀입니다.

'내가 진실로 진실로 너희에게 이르노니 너희가 나를 찾는 것은 표적을

본 까닭이 아니요 떡을 먹고 배부른 까닭이로다 썩는 양식을 위하여 일하
지 말고 영생하도록 있는 양식을 위하여 하라"(요 6 : 26, 27 상반절).

●●●●●●●●●●

우리는 하나님을 믿는 사람들입니다. 니고데모는 거듭나지 않아서
그렇다고 합시다. 우리는 어떻습니까? 우리는 성령으로 거듭나서 하나
님을 믿는다고 하면서 얼마나 하나님을 높이며 그 말씀을 두려워하는
마음으로 생활하고 있습니까? 혹 우리의 유익과 먹고 배부름을 위해서
표적만을 구하고 있지는 않습니까?

거듭난 자는 하나님의 말씀을 듣고 그대로 행하기를 즐거워하는 자
임을 명심하시기 바랍니다. 하나님은 거기에 한없는 축복을 약속해 주
셨습니다.

(요 3:6-13)

> "육으로 난 것은 육이요 성령으로 난 것은 영이니 내가 네게 거듭나야 하겠다
> 하는 말을 기이히 여기지 말라 바람이 임의로 불매 네가 그 소리를 들어도
> 어디서 오며 어디로 가는지 알지 못하나니 성령으로 난 사람은 다 이러하니라 니고데모가
> 대답하여 가로되 어찌 이러한 일이 있을 수 있나이까
> 예수께서 가라사대 너는 이스라엘의 선생으로서 이러한 일을 알지 못하느냐
> 진실로 진실로 네게 이르노니 우리 아는 것을 말하고 본 것을 증거하노라
> 그러나 너희가 우리 증거를 받지 아니하는도다 내가 땅의 일을 말하여도
> 너희가 믿지 아니하거든 하물며 하늘 일을 말하면 어떻게 믿겠느냐
> 하늘에서 내려온 자 곧 인자 외에는 하늘에 올라간 자가 없느니라"

"성령으로 거듭나지 아니하면 하나님의 나라를 볼 수 없느니라" 니고데모에게 전해준 말씀입니다. '거듭나다' 란 말은 헬라어로 '아노덴' 이란 단어인데 몇 가지 뜻을 가지고 있습니다. 첫째는 처음부터 또는 '완전히' 라는 뜻이 있고 두 번째로는 '다시' 혹은 '두 번째' 라는 뜻이 있고 세 번째로는 '위로부터' 또는 '하나님께로부터' 라는 뜻이 있습니다. 이러한 여러 가지 뜻을 가진 거듭남이라는 개념에 익숙한 문화의식 속에서 니고데모를 비롯하여 유대인들은 이방인이 기도나 제사나 세례를 가지고 유대교로 개종하게 되는 경우에만 거듭난 자로 생각하고 있었습니다. 이것이 저들의 의식이었고 관행이었습니다.

다시 말하면 거듭난다는 단어는 유대인에게는 적용될 수 있는 단어가 아니었습니다. 이방인이 유대교로서 개종한 경우에 사용한 단어입니다.

예수께서 니고데모에게 "성령으로 거듭나야 되리라"고 말씀하신 것은 유대인의 관원으로서는 이해할 수가 없었습니다. 다른 어떤 초월한 일에 관하여 말씀하신 것이 아닌가 생각하고 보인 반응은 이렇습니다.

본문 4절 "사람이 늙으면 어떻게 날 수 있삽나이까? 두 번째 모태에 들어갔다가 날수 있삽나이까?" – 니고데모의 편견 때문에 성령으로 거듭난다는 뜻을 전혀 이해하지 못한 채 그는 깊은 의문에 빠져버렸습니다. 이에 주님이 부연하여 설명하신 말씀이 요한복음 3장 5절 이하의 말씀입니다.

"진실로 진실로 내게 이르노니 사람이 물과 성령으로 나지 아니하면 하나님 나라에 들어갈 수 없느니라 육으로 난 것은 육이요 성령으로 난 것은 영이니 내가 네게 거듭나야 하겠다는 말을 기이히 여기지 말라"(요 3:5-7).

여기서 물은 명백히 세례를 의미합니다. 유대인들이 개종할 때에 이방인들에게 세례를 베풀었습니다. 세례는 신앙을 고백하는 신령한 의식이요 하나님을 사랑하는 자가 마땅히 행해야 할 의무입니다. 예수님은 "믿고 세례를 받는 자는 구원을 얻을 것이요" 라고 마가복음 16장 16절에 말씀하신 바도 있습니다. 그러나 이 물세례가 구원과 관련시켜 강조하는 것은 아닙니다. 물세례는 성령으로 받은 세례를 공식화 하고 또 상징적인 의미로서 선포하는 데 의미를 갖습니다.

본문에서 성령으로 거듭난다는 것은 물세례에 덧붙임으로써 유대관원인 니고데모의 오해를 바로 가르치고자 하는 의도가 있었다고 볼 수 있습니다. 다시 말하면 물세례가 전부가 아니라 성령으로 세례를 받는 것이 본질이요 핵심이라는 것입니다. 물세례만을 알고 있던 니고데모에게 덧붙여서 성령으로 거듭나지 아니하면 하나님의 나라를 볼 수 없다고 말씀해 주신 것입니다.

"육으로 난 것은 육이요 영으로 난 것은 영이니" – 예수님은 니고데모로 하여금 자연상태로 사는 것이 무엇인가를 설명하고 있습니다. 그것은 바로 성령으로 세례를 받는 것이 본질이요 핵심이라는 것을 설명하고 하나님 나라와 관련하여 반드시 성령으로 거듭나야 됨이 필수적인 것을 강조하고 계십니다.

니고데모의 생각대로 늙은 사람이 다시 모태로 들어갔다가 나온다 할지라도 그것은 여전히 육의 상태이며 하나님의 나라와는 관계가 없는 죽음의 상태라는 것입니다. 육이란 말은 성경에서 부패하고 더럽고 죄악된 것을 의미하는 낱말입니다.

> "전에는 우리도 다 그 가운데서 우리 육체의 욕심을 따라 지내며 육체와 마음에 원하는 것을 하여 다른 이들과 같이 본질상 진노의 자녀이었더니"
> (엡 2:3).

이토록 육체의 본성은 탐심과 자존심과 같은 죄성입니다. 하나님의 나라를 보고 그 나라의 평강을 누리기 위해서는 영으로 거듭나지 않으면 불가능하다는 것입니다. 자존심과 탐심의 죄성을 갖고 있는 자연상태 그대로는 하나님 나라가 보이지 않는다는 것입니다. 문제는 성령으로 거듭난 것을 우리 스스로가 인식하고 경험할 수 있느냐 하는 것입니다. 중생은 바람이 부는 것과 같습니다.

> "바람이 임의로 불매 내가 그 소리를 들어 어디서 오며 어디로 가는지 알지 못하나니 성령으로 난 사람은 다 이러하니라"(요 3:8).

바람 부는 것을 비유로 해서 성령의 역사를 설명하고 있는 내용입니다. 바람은 임의로 붑니다. 주권적으로 방향을 정합니다. 인간의 힘으로는 통제할 방법이 없습니다. 인간 상황과는 전혀 무관합니다. 저항할 수 없는 힘이 작용합니다. 약하게 불기도 하고 강하게 불어 모든 것을 휩쓸어 버리기도 합니다. 이와 같이 성령의 역사도 바람과 같습니다. 성령의 능력에 부딪히면 인간의 고정관념이나 편견이 여지없이 깨어져 버리고 인간의 고집이나 자존심이 그 앞에 무릎을 꿇게 됩니다.

우리가 본문에서 살펴보아야 할 중요한 관심사는 바람이 불규칙하며 눈에 보이지 않고 불가사의한 작용을 행한다는 것입니다. 우리는 성령을 우리의 눈으로 볼 수 없습니다. 성령의 기원이나 성격이나 활동의 다양성에 대해서는 이미 우리의 지식을 훨씬 넘어서는 것들입니다. 바람이 어디서 오며 어디로 가서 어떤 현상을 일으킬 지 알 수 없듯이 성령도 이와 같습니다. 칼뱅(Calvin, J.)도 중생의 시기에 대하여 그 불확실성을 강조한 바가 있습니다. 우리는 이미 더 이상 자연인이 아닙니다. 성령의 거듭나게 하시는 새생명으로 출생한 새로운 피조물입니다. 그 증거가 무엇입니까? 내가 하나님의 자녀이며 그 증거로 성령으로 거듭나 있다고 하는 자각 증상은 어떤 때 있습니까? 이제 그 결과를 놓고 설명할 수밖에 없습니다. 바람이 임의로 부는 것과 같습니다.

오늘 우리 신앙에 있어서 병이 있다면 신앙을 우리의 인격이나 교양이나 도덕성의 각도에서 증명하려고 하는 데 있습니다. 그래서 우리의 입장은 언제나 부끄럽고 면목이 없는 중압감을 가지고 살아갑니다.

예수를 믿는다는 것을 공공연하게 표명하기가 부끄럽다는 생각에 잡혀 있습니다. 나같은 인간이 예수 믿는다는 것을 나타내면 오히려 하나님께 폐가 되고 교회에게 망신이 되고 막대한 손해를 끼친다는 생각 때문에 곧잘 숨어 버리는 것이 보통입니다.

우리는 직장에서나 사회생활에서 떳떳하게 예수를 믿는다고 나설 수 있는 사람은 극히 드뭅니다. 그러나 내가 부끄럽다, 면목이 없다는 감정이 누구 때문에 일어납니까? 내가 못났기 때문입니까? 죄가 많기 때문입니까? 아니면 하나님을 믿고 있기 때문입니까? 사실상 하나님이 찾아오시지 않았더라면 없어서도 될 고민을 지금 하고 있는 것이 아니겠습니까? 하나님을 안 믿고 교회를 안 나가면 평안할 터인데 우리는 기어코 하나님을 믿는 방향에서 그 부끄러운 중에 오늘도 교회에 나와 앉아 있는 것입니다. 나의 못남 때문에 괴로워하면서도 오는 곳이 하나님 앞에 드리는 예배의 장소입니다. 내가 하나님의 나라에 등록된 사람임을 무엇으로 확인할 수 있습니까? 지금 내가 가는 길이 어딘가를 확인해 보면 분명해집니다.

에베소서 2장에 보면 "전에는 우리도 다같이 그 가운데서 우리 육체의 욕심을 따라 지내며 육체의 마음에 원하는 것을 하였다"고 했습니다. 예수 믿기 전에는 우리가 무엇을 추구하면서 살았습니까? 내가 원하는 것을 좇아 살았습니다. 내 마음이 원하는 것을 안 해 본 사람이 여기 누가 있습니까? 내게 유익이 되고 장래를 약속받을 수 있는 것이라면 무엇이든지 거리낌 없이 모든 일들을 다 했던 사람들입니다. 생존경쟁에서 일부러 져준 사람이 있습니까? 아무도 없습니다. 돈이나 명예가 생기는 일을 양보한 적이 있습니까? 아무도 없습니다. 자녀교육을 위해서 이리저리 좋은 학군을 찾아 이사해 본 경험이 있습니까? 궁합을 보러 다니지 않았습니까? 우리는 우리의 이기심과 정욕, 이해의 득실을 따지면서 우리를 중심으로 살아왔던 사람들이었습니다.

그러나, 이제 우리는 누구를 위하여 삽니까? 누구의 뜻을 따라 삽니까? 그토록 비판하고 불평하던 주일 성수하는 것을 의례히 지키는 정도로 변해 있지 않습니까? 십일조 때문에 갈등하고 싸우던 때가 언제인데 이제는 과감히 그리고 정정당당하게 이를 하나님 것으로 알고 바치는 일에 인색하지 아니합니다. 주일에 온갖 프로그램에 참여하고 또 가난한 자나 병든 자나 외로운 자들을 심방하고 돌아보는 일에 기쁨으로 참여합니다.

그토록 다른 날보다 더 피곤하게 지내면서도 우리는 이날을 안식하였다고 그리고 평안을 누렸다고 느끼고 자부하고 있습니다. 지금 우리가 어디로 가고 있습니까? 하나님의 나라로 가고 있는 중이 아닙니까?

성령으로 거듭나지 아니한 자는 하나님의 나라를 누릴 수가 없습니다. 이미 예수 그리스도 안에서 이루어 놓으신 거룩과 의와 온전한 지식이 마치 나의 것인 것처럼 인정하시고 이를 법적, 객관적 사실로 선포하셨습니다. 그 하나님의 말씀이 살아 역사하시는 운동력이 있기 때문에 오늘도 부끄럽고 면목이 없는 입장이지만 감히 하나님의 은혜에 대하여 소리치며 증거합니다.

예수 믿는 자의 감동과 기쁨이 무엇에 대한 것인가를 만민에게 전하기를 마다하지 않습니다. 잘나서가 아닙니다. 완벽해서가 아닙니다. 부끄러움 중에 하나님의 은혜를 자랑합니다. 자신의 잘남과 떳떳함을 증거하지 않습니다. 그럼에도 불구하고 나를 끝까지 사랑하시는 하나님의 은혜를 증거하는 사람입니다.

우리는 사회나 도덕이나 윤리적인 각도에서 평가되더라도 그로 인해 그 앞에서 얼굴을 들 수 없는 부끄러움 중에 있다 할지라도 이제 우리의 시각은 성령으로 거듭나지 아니하면 하나님에 대하여 산 자로서 살 수가 없다는 사실을 명심해야 합니다. 우리는 예수 그리스도의 모든 신성이 육체로 거하여 충만을 이루듯이 우리도 그 안에서 충만해진 사실을 토대로 하여 자신을 바라볼 수 있어야 합니다. 비록 나의 인식과 나의 느낌과 경험은 날마다 애통하며 탄식하며 절망을 호소하지만 성령은 예수 그리스도의 완전한 의와 거룩을 증거해 주십니다.

내가 경험하고 내가 인식하고 있는 것을 근거로 본다면 내가 믿고 내가 결심한 것으로 느끼긴 하지만 성령으로 거듭나지 아니하면 인식도 경험도 없는 것입니다. 성령이 나를 하나님께로 인도하시니 나도 마침내 하나님의 나라에 도착하게 되는 것입니다. 나와 함께 계시는 성령이 나의 허물과 불의함에 대하여 책망하심으로 내가 깨우치고 내가 하나님께로 나아갑니다.

빌 바를 알지 못하여 답답해 할 때에 내안에 친히 성령께서 탄식하심으로 나도 나의 무능과 연약을 가슴치며 탄식하게 됩니다. 그 탄식의 기도가 있을 때에 마침내 하나님의 위로와 평강을 맛보게 됩니다. 성령으로 거듭난 자에게 드디어 탄식 후의 평강과 안식과 위로가 임재합니다.

우리는 성령으로 함께 사는 자이지만 성령의 인도하는 대로만 살지는 않습니다. 우리는 육체의 본성대로 행합니다. 자존심과 정욕이 이끄는 대로 행합니다. 그럼에도 불구하고 우리는 여전히 하나님의 통치권 아래서 살지 마귀의 손 안에 있지는 않습니다. 그러나 성령의 역사가 더욱 강하시므로 결과적으로 우리는 언제나 하나님 앞으로 나아가게 됩니다.

● ● ● ● ● ● ● ● ●

"성령으로 거듭나지 아니하면 하나님의 나라를 볼 수 없느니라" 이 말씀 속에서 성령이 함께하시는 전으로서 나 자신의 영광의 신분에 대하여 비록 현실로는 부끄럽다 할지라도 하나님의 간섭하심에 대한 은혜를 기뻐하며 증거할 수 있어야 할 것입니다.

> "니고데모가 대답하여 가로되 어찌 이러한 일이 있을 수 있나이까
> 예수께서 가라사대 너는 이스라엘의 선생으로서 이러한 일을 알지 못하느냐
> 진실로 진실로 네게 이르노니 우리 아는 것을 말하고 본 것을 증거하노라
> 그러나 너희가 우리 증거를 받지 아니하는도다 내가 땅의 일을 말하여도
> 너희가 믿지 아니하거든 하물며 하늘 일을 말하면 어떻게 믿겠느냐 하늘에서
> 내려온 자 곧 인자 외에는 하늘에 올라간 자가 없느니라 모세가 광야에서
> 뱀을 든 것 같이 인자도 들려야 하리니 이는 저를 믿는 자마다
> 영생을 얻게 하려 하심이니라"

예수님과 니고데모의 대화가 진행되고 있는 중에 예수님이 내리신 결론은 이렇습니다. 12절, "내가 땅의 일을 말하여도 믿지 아니하거든 하물며 하늘의 일을 말하면 어떻게 믿겠느냐" 는 것입니다. 성령으로 거듭나지 않고는 예수님의 이야기를 들을 수 있는 귀가 없다는 것입니다. 예수님은 하늘의 일을 말씀하시는데 니고데모는 땅의 생각으로만 가득 차 있습니다. 성령으로 거듭나야 된다는 것을 사람이 늙어 어떻게 다시 어머니의 태로 들어갈 수 있느냐 라고 이렇게 땅의 일로만 듣고 있는 국면에서 예수님의 지적하시는 책망이 더욱 깊어가고 있습니다.

"너는 이스라엘의 선생으로서 이러한 일을 알지 못하느냐 진실로 진실
로 네게 이르노니 우리 아는 것을 말하고 본 것을 증거하노라 그러나 너희
가 증거를 받지 아니하는도다 내가 땅의 일을 말하여도 너희가 믿지 아니
하거든 하물며 하늘 일을 말하면 어떻게 믿겠느냐 하늘에서 내려온 자 곧
인자 외에는 하늘에 올라간 자가 없느니라"(요 3 : 10 - 13).

하늘에서 내려온 자 곧 인자 외에는 아무도 하늘의 일을 말할 수가
없습니다. 육신을 입고 니고데모와 이야기하고 있지만 예수님은 하나
님과 함께 계셨던 말씀이셨고 말씀으로 창조를 이끌어 내신 조물주이
십니다. 하늘의 일을 알리고 더 값지고 풍성한 삶의 근원인 영생을 주시
려고 육신의 몸을 입고 여기 니고데모와 동일한 자연의 원리와 환경 속
으로 뛰어드신 분이십니다.

니고데모와의 대화에서 초자연의 존재가 자연 안에 오셔서 부딪치는
싸움이 역력히 보이는 장면입니다. 하늘의 일을 전하고 설명하고 증명
해 주었는데도 불구하고 이해하지 못하고 있습니다. 단 한 가지 방법이
있다면 성령으로 거듭나는 것입니다. 땅의 일은 사람이 어느 정도 이해
가 가능합니다. 그러나 하늘의 일은 하나님께서 직접 보여주시지 않으
시면 볼 수가 없습니다. 그 방법이 바로 중생입니다.

예수님이 지금 니고데모에게 성령으로 거듭나라고 하고 있지 않습니
다. 거듭난다는 것은 하나님의 주권이지 사람이 스스로 거듭날 수가 없
습니다. 영으로 죽어 있던 자가 살아나야 되는 데 죽은 자가 스스로 살
방법이 없습니다. 하나님이 살려 주셔야 되는 문제입니다. 이것이 중생
입니다.

그리고 전개되는 이야기가 본문 14절 이하입니다.

"모세가 광야에서 뱀을 든 것 같이 인자도 들려야 하리니 이는 저로 믿
는 자마다 영생을 얻게 하려 하심이니라"(요 3 : 14, 15).

이스라엘의 선생격인 니고데모의 수준에서는 모세가 광야에서 뱀을 든 사건은 익히 알고 있던 내용입니다. 그러나 그 사건이 하늘의 일을 말씀하고 있는 것으로 이해하고 있지 않았습니다. 다시 말하면 하늘에 계신 하나님이 육신을 입고 이 땅에 오셔서 그 몸을 죄인들의 대속물로 십자가에 못 박혀 죽음으로서 사람들을 영생하도록 살리는 역사로는 이해하지 않고 있다는 것입니다. 땅의 일을 말하여도 믿지 않거든 하물며 하늘의 일을 어떻게 믿겠느냐에 대한 예로서 모세가 든 놋뱀 이야기를 이끌어 내신 것입니다.

예수님은 니고데모에게 자신의 인자되심과 앞으로 이루어질 십자가의 죽음과 그 의미와 목적을 설명해 주시기 위해 민수기 21장에 나타난 사건을 언급하고 계십니다. 니고데모가 익히 잘 알고 있는 사건입니다. 이스라엘 백성들이 홍해를 건너 광야로 행진하던 중에 에돔 땅까지 왔습니다. 민수기 21장 4절에는 백성들의 마음을 이렇게 표현합니다.

"에돔 땅을 둘러 행하려 하였다가 길로 인하여 백성의 마음이 상하니라" – 광야의 길에서 백성들이 모세를 원망하였습니다. 한두 번이 아닙니다. 이스라엘은 출애굽 이후 광야에 머무는 동안 줄곧 불평과 원망의 세월을 보내었습니다.

이때 하나님은 원망하는 백성들에게 불뱀을 보냈습니다. 불뱀에 물린 자들이 하나 둘씩 죽어가기 시작했습니다. 이제 백성들의 간청으로 모세가 하나님께 간구하여서 받은 응답이 놋뱀을 만들어라 그리고 진영 한 가운데 높이 달아 세우라, 뱀에 물린 자들은 장대에 달린 놋뱀을 쳐다보기만 하라, 쳐다보는 자는 살아남을 수 있으리라는 약속을 해주십니다.

장대에 놋뱀을 달아매는 것이 무슨 뜻입니까? 저주의 뜻입니다. 더군다나 놋뱀을 답니다. 뱀은 죄의 원흉이요 놋은 심판을 상징합니다. 성소에 놋 제단이 있었다고 했습니다. 그 위에서 희생 제물이 죽임을 당하였습니다. 또 계시록 1장에서 예수는 심판관으로서 일곱 교회를 조사하는 데 그 발을 보니 풀무에 단련한 빛난 주석 같다고 묘사하고 있습니다. 유대의 관원이라면 다 잘 아는 분명한 사건입니다. 그리고 "나무에 달린 자는 하나님께 저주를 받았음이니라"(신 21:23 하반절) 이 말씀은 니고데모가 암기하고 있는 구절 중의 하나일 것입니다.

지금 하나님을 원망하다가 불뱀에 물려 죽어가고 있습니다. 장대에 높이 달린 놋뱀을 볼 때에 무슨 생각이 떠오르겠습니까? 죄에 대한 형벌과 심판을 상기시키는 상징물이 아닐 수 없습니다. 니고데모 정도는 그 뜻을 알아보아야 합니다. 그런데 모르더라는 얘기입니다. 감추어진 하늘의 일에 대해서는 이해가 안 되더란 말입니다.

이 놋뱀을 쳐다보는 자는 살리라 하였습니다. 쳐다볼 만한 가치가 있는 물건이 아닙니다. 그러나 물린 자마다 그것을 본 자는 살리라 하였습니다. 아무리 여러 번 물려 독이 온몸에 퍼져 더 이상 살 가망이 없다할지라도 장대 위에 달린 놋뱀을 바라보는 자는 나음을 얻습니다. 바로 약속입니다.

복음의 선포도 마찬가지입니다. "믿는 자마다 멸망치 않고 영생을 얻으리라" 고 하였습니다. 여기에 예외가 없습니다. 그러나 누구든지가 아닙니다. 죄의 독소로 죽어가고 있는 자는 누구든지입니다. 자신이 하나님 앞에서 죽어 마땅한 죄인임을 아는 자가 바라보아야 합니다. 자기 스스로 의인으로 자처하는 자는 바라보지 않을 것입니다. 예수께서 오신 목적을 설명하는 중에 이런 말씀이 있습니다.

"내가 의인을 부르러 온 것이 아니라 죄인들을 불러 회개시키러 왔노라" (눅 5:32).

사람들은 이미 죄라는 불뱀에게 물렸습니다. 독소가 온몸에 퍼져 고통하며 신음하고 있습니다. 죄의 독소가 온 몸에 퍼진 상태에서 인간에게는 치유할 처방이 없습니다. 죄의 문제이기 때문입니다. 죄란 도덕적으로 나쁜 것이 아니라 하나님과 관계가 단절된 죽음의 상태이기 때문에 심각한 인간문제입니다. 하나님과 관계가 끊어진 죽음에서 살아나는 방법은 하나님이 처방으로 내 세우신 장대에 달린 놋뱀을 쳐다보는 방법 외에는 다른 묘수가 없습니다. 다시 말하면 대속물로 십자가 달리신 예수 그리스도를 바라보는 것입니다.

이스라엘이 뱀에게 물린 것처럼 우리가 다 죄에게 물렸습니다. 뱀의 독소에 죽어가고 있듯이 우리도 죄와 형벌 가운데 그 독소로 말미암아 죽어가고 있습니다. 이 죄에 대한 하나님의 진노와 형벌 그리고 심판을 누가 감당할 수 있겠습니까? 죄인으로서는 영원히 저주의 심판에 던져지는 비참한 운명일 뿐입니다. 자연상태에서는 아무도 자신이 죄 중에 있는지 사망 가운데 있는지 그 심각성을 모릅니다.

그것은 마치 문둥병과 같습니다. 감각을 잃었습니다. 느낌이 전혀 없습니다. 자기 자신의 처지를 비참하다고 생각지 않습니다. 그토록 무지하고 무감각한 인간이 보는 앞에서 예수 그리스도가 나무에 달려 저주의 심판을 받으신 것입니다.

모세가 광야에서 뱀을 든 것같이 인자가 십자가에 오르는 길 이외에는 구원의 방법이 없습니다. 하나님의 의가 이루어지려면 구원 받아야 할 자를 대신하여 형벌의 심판을 받으실 죄없으신 분이 계셔야 합니다. 하나님의 의가 이것을 요구합니다. 그래서 그분이 말씀하셨습니다. "인자가 들려야 하리라" 모세가 광야에서 뱀을 든 것같이 입니다. 그것을 보는 자가 구원을 얻습니다.

예수님이 니고데모에게 무엇을 말씀하고 계십니까? 거듭나지 아니하면 하나님의 나라를 볼 수 없으니 거듭나라, 눈을 떠라, 믿어라, 이렇게 요구하고 있습니까? 아닙니다. 인간으로서는 구원의 방법이 없다는 것을 전제하고 인자의 온 것은 믿는 자마다 영생을 얻게 하려는 것임을 설명하고 있는 것입니다. 하나님이 인자를 대속물로서 이 땅에 보내신 것은 십자가에 달리신 인자의 모습을 보고 구원을 선택하라고 보이신 전시물이 아닙니다. 죄에 물려 죽어가고 있는 자들을 구원하시겠다고 하는 목적으로 세워진 것입니다.

놋뱀을 바라본다고 해도 나를 가망이 없다고 생각하는 많은 사람들은 다 죽었습니다. 별로 설득력이 없는 장대에 달린 놋뱀을 바라보기를 지체하며 끝까지 완강히 불신하는 자들은 다 죽었습니다. 지금도 자신이 외롭다고 생각하는 자들은 십자가의 능력이 효험이 없습니다. 자신의 도덕성이나 인격의 완벽성을 자랑하는 자는 구원의 십자가를 멸시합니다. 그러나 뱀의 독소가 온 몸을 따라 퍼져가는 위기를 느낀 자로서 마지막 침몰해 가는 자신의 생명을 하나님의 말씀에 의존하고 싶은 자들은 놋뱀을 보고 살았습니다.

하나님은 예수 그리스도로 하여금 육신을 입게 하사 우리가 사는 이 땅에서 우리를 죄와 사망의 심판으로부터 구원하시기 위한 처방으로 십자가에 대속물로 죽게 하셨습니다. 저주의 심판을 대신 받게 하신 것입니다. 이것은 하나님이 죄인을 구원하시고자 취하신 조치입니다. 인자 이외에는 구원의 다른 길이 없다는 것을 보이시는 것입니다. "모세가 광야에서 뱀을 든 것 같이 인자도 들려야 하리니" 지당한 말씀입니다. 그러나 우리의 인식이나 경험의 논리로 본다면 거듭나지 않고는 인식할 수도 경험할 수도 없는 지식입니다. 내가 믿고 의지한 결과가 아니라 하나님이 찾아 오셔서 나를 살리시고 고치신 결과 구원을 붙들게 된 것입니다.

● ● ● ● ● ● ● ● ●

"내가 복음을 부끄러워하지 아니하노니 이 복음은 모든 믿는 자에게 구원을 주시는 하나님의 능력이 됨이라" (롬 1:16 상반절) – 이것이 믿는 자의 자랑입니다. 이 구원의 기적과 영광을 놓치지 맙시다.

하나님의 사랑(1)

"하나님이 세상을 이처럼 사랑하사 독생자를 주셨으니 이는 저를 믿는 자마다
멸망치 않고 영생을 얻게 하려 하심이니라"

"하나님이 세상을 이처럼 사랑하사 독생자를 주셨으니 이는 저를 믿는 자마다 멸망치 않고 영생을 얻게 하려 하심이라" - 예수 믿는 사람뿐만 아니라 웬만한 사람들은 다 알고 있는 말씀입니다. 언제 들어도 힘이 되고 위로가 되는 약속의 말씀입니다.

우리의 선입견 중에 하나는 하나님이 우리를 사랑하신 결과 구원의 방법으로 독생자를 십자가에 못박으셨다는 생각입니다. 십자가를 하나님의 사랑을 전시하는 효과물로 보고 우리가 그 하나님의 사랑을 보답해야 되는 열심으로 믿자, 그를 섬기자는 선입견을 가지고 있습니다.

우리가 오해하고 있는 말 중에 하나님의 사랑이라는 개념입니다. 일

반적으로 사랑을 이야기 할 때 두 사람이 함께 만들어 가는 가장 아름답고 고상한 문화적 작품이라고 여깁니다. 사랑이란 혼자서 할 수 없고 상대방이 있어야 합니다. 또 서로와 서로에게 호감을 갖는 어떤 반응이 있어야 성립됩니다. 사랑은 쌍방이 서로 의사가 소통되는 경우에 만나서 이루어 가는 행복의 열매라고 생각합니다.

그러나 성경에서 나타난 하나님의 사랑을 이해하려면 언제나 누가 사랑했느냐로 연결하지 않으면 안 됩니다. 하나님이 사랑하셨다는 것을 놓치면 성경의 내용 전체를 오해할 수 있습니다. 하나님이 누구신가? "태초에 하나님이 천지를 창조하시니라" (창 1:1) —창조주십니다. 창조주 하나님이 나를 사랑하셨습니다. 사랑의 주체자가 창조주 하나님이십니다. 그가 나를 사랑하셨습니다. 내가 누구냐? 죄밖에 모르는 진노의 대상입니다. 의사소통이 불가능한 관계, 서로의 협력이나 동의가 불가능한 사이입니다. 그 대상이 죽어 마땅한 죄인입니다. 그러므로 하나님의 사랑 안에는 이루시고자 하는 어떤 계획과 동시에 강력한 의지가 내포된 간섭이 동반되는 사랑임을 한시라도 놓쳐서는 안 됩니다.

요한복음 3장 16절에서 표현된 하나님의 사랑은 어떤 내용입니까? 사랑하겠다고 하는 뜻을 누가 계획하셨고 누가 주도하시는가에 초점을 맞추지 않으면 복음의 복음 됨을 놓치고 맙니다. 복음의 아름다움과 감동이 숨겨져 있는 곳은 언제나 하나님의 사랑입니다. 하나님이 사랑 하셨는데 이처럼 하셨다 했습니다. 어떻게 하셨습니까? 독생자를 주시기까지 하셨습니다.

그것은 마치 모세가 광야에서 뱀을 든 것과 같은 모습으로 보내셨다는 말입니다. 독생자를 보내셨다는 말은 저주와 형벌의 심판을 받아 처참하게 죽어 넘어진 모습이요 죄값으로 달리신 비참한 진노 아래 있는 모습입니다. 하나님은 이처럼 우리를 사랑하사 독생자를 보내셨습니다. 우리를 구원하시기 위해서입니다.

그렇다면 구원이란 우리에게 하나님의 보여주신 사랑에 감동받아 선택을 유도하는 전시효과의 용도가 아닙니다. 이것은 구원을 반드시 이루시겠다는 의지요 집념의 표시인 것입니다.

　오늘 우리의 신앙이 흔들리는 불안이 어디에 있습니까? 하나님이 독생자를 주시기까지 사랑하셨다고 하는 그 깊은 곳에 나를 향하여 갖고 계시는 사랑의 완성을 이루고자 하시는 하나님의 변치 않는 뜻과 의지가 있다는 것을 잊고 있기 때문입니다. 우리는 늘 하나님의 사랑에 합하여 내가 사랑의 완성을 이루는 일에 하나님과 동일하게 협력해야 되는 것으로 오해하고 있어서 불안합니다. 그래서 나의 불충과 게으름 때문에 배은망덕한 입장에서 하나님의 진노를 받을까 두려워하고 있습니다.

　하나님의 사랑은 부부의 관계와 같습니다. 하나님이 우리의 신랑이며 우리는 그의 신부입니다. 남편의 지위에 따라 신부의 위치가 결정됩니다. 하나님은 우리의 남편이시요 우리는 그의 신부로서 존재하는 것이 우리의 신분이며 위치입니다.

　우리가 누구입니까? 하나님으로부터 사랑을 입고 있는 신부입니다. 비록 오늘 우리가 허물어지고 실패하더라도 천지를 지으신 하나님이 우리를 사랑하시는 것만은 변함이 없으십니다. 혹 우리가 잘못을 저질러 하나님 앞에서 면목이 없는 입장에 있다 할지라도 창조주 하나님이 사랑하기 시작하신 것을 포기하시지 않습니다.

　우리를 죄와 사망의 심판에서 구원하시기 위하여 독생자를 십자가에 못 박으신 것도 우리를 사랑하신 나머지 함께 영원히 살 천국에 데려가시기 위함일 진데 설혹 우리가 잘못하여 죄를 짓는 실수가 있어도 다시 세상으로 내 쫓으시겠습니까? 우리에게 약속하신 천국은 하나님이 취소하지 않으십니다.

　날파리가 하루에 몇 리를 날겠습니까? KTX를 타는 날에는 서울 부산을 하루에도 서너 번을 왕복할 수 있습니다. 파리가 기차의 힘으로 저토록 멀리 날아갈 수 있듯이 우리는 하나님의 사랑이라는 신비로운 힘에 의하여 천국에 도착할 수 있습니다. 이토록 하나님의 사랑은 오늘 신앙인들의 삶의 에너지원이며 흔들릴 수 없는 든든함의 근거입니다. 하나님의 사랑에 대한 묘사 중 우리의 신앙을 든든하게 해주는 말씀입니다.

> "그런즉 이 일에 대하여 우리가 무슨 말을 하리요 만일 하나님이 우리를 위하시면 누가 우리를 대적하리요 자기 아들을 아끼지 아니하시고 우리 모든 사람을 위하여 내어주신 이가 어찌 그 아들과 함께 모든 것을 우리에게 은사로 주지 아니하시겠느뇨" (롬 8 : 31, 32).

하나님의 사랑이 얼마나 크고 놀라운가 하면 독생자를 아끼지 아니하시고 우리를 위하여 내어주셨다고 합니다. 독생자를 십자가에 버리실지라도 우리를 품에 안으시겠다는 것입니다. 하나님의 사랑이 얼마나 기가 막힙니까?

> "누가 우리를 그리스도의 사랑에서 끊으리요 환난이나 곤고나 핍박이나 기근이나 적신이나 위험이나 칼이랴" (롬 8 : 35).

하나님이 우리를 이렇게 사랑하시는 한 완성을 이룰 수밖에 없습니다. 우리는 그 사랑 앞에 굴복하는 위치에 서게 됩니다.

하나님의 사랑은 펼쳐 보이신 전시물이 아닙니다. 그 사랑을 이루기까지 쉬지 않는 집념이며 완성할 때까지 책임을 지는 의지와 열정입니다. 구원은 하나님이 시작하셔서 하나님이 완성하십니다. 그것을 무엇으로 설명하느냐 하면 사랑입니다. 하나님이 이처럼 사랑하셨기 때문에 우리는 하나님의 간섭에서 벗어날 수가 없습니다. 하나님의 손안에 있는 인생이므로 우리는 감격과 눈물로 외쳐야 합니다. 우리의 실수와 허물에도 불구하고 용서와 긍휼과 인자가 풍성하신 하나님으로 인하여 돌이켜 온전함에 이르게 됩니다. 용서가 한없이 받아들여지는 자리에서 우리는 하나님이 사랑하시는 대상임을 놓쳐서는 안 됩니다.

아브라함은 하나님이 나타나심으로 인해 하나님을 믿는 사람으로 인생을 살지 않으면 안 되는 하나님의 간섭 아래 놓이게 되었습니다. 믿음으로 살아가면서부터 그는 복의 근원이었습니다. 하란 땅을 떠나 가나안 땅에 도착했을 때에 그 땅이 기근에 시달리고 있었습니다. 아브라함이 하나님을 믿고 온 땅이라면 약속하신 대로 그 땅에 머물러 있어야 할 것이지만 그는 자연스럽게 양떼를 먹일 푸른 초장과 넉넉한 물이 있는 곳을 향하여 발걸음을 옮겨갑니다. 가다가 애굽까지 갈 무렵 문득 떠오르는 생각이 있었습니다. 아내가 너무 예쁘다는 것입니다. 아내의 아름다운 것이 자신에게 화근이 될 수 있다는 생각으로 아내를 누이로 속입니다. 아니나 다를까 아내 사라가 너무나 아름다운지라 애굽의 바로 왕에게 바쳐지게 됩니다. 그 대가로 막대한 재물을 얻어냅니다. 아브라함의 하나님을 향한 신앙이 완전히 밑바닥까지 간 셈이 되었습니다.

아브라함은 하나님을 망각하고 자기 정욕과 이기가 이끄는 대로 아내를 누이라 속이기도 하고 바로 왕으로부터 거대한 재물을 얻어내는 불의함 중에 있었지만 하나님은 아브라함과의 약속을 지키고 계셨던 것입니다. 사라를 취하려던 애굽의 바로 왕이 그 밤에 하나님께로부터 혼쭐이 나고 초라한 유목민 아브라함 앞에서 어쩔 줄을 몰라 하는 연약함을 보이게 됩니다.

아브라함이 거기서 하나님의 은혜를 배우게 됩니다. 하나님의 사랑을 경험하게 됩니다. 하나님의 사랑을 체험한 후 조카 롯과 헤어지기를 결심하게 됩니다. 75세의 고령 아브라함에게 있어 청년 롯은 유일한 힘이요 방패였습니다. 더구나 남의 나라 땅이요 힘이 지배하던 때입니다. 그러나 아브라함은 하나님의 사랑으로 인하여 이제는 하나님만을 의지

하겠다고 나선 것입니다. 하나님이 함께 하시고 하나님이 사랑하신 다면 어디든지 좋다는 것입니다. 갈 곳이 정해져 있지 않아도 두렵지 않다는 것입니다.

"아브라함이 롯에게 이르되 우리는 한 골육이라 나나 너나 내 목자나 네 목자나 서로 다투게 말자 네 앞에 온 땅이 있지 아니하냐 나를 떠나라 네가 좌하면 나는 우하고 네가 우하면 나는 좌하리라" (창 13 : 8, 9).

● ● ● ● ● ● ● ● ● ●

신앙은 하나님이 지금도 나를 사랑하신다는 것을 근거로 나의 삶을 승리로 외치는 것입니다.

> "하나님이 세상을 이처럼 사랑하사 독생자를 주셨으니 이는 저를 믿는 자마다
> 멸망치 않고 영생을 얻게 하려 하심이니라 하나님이 그 아들을 세상에 보내신 것은 세상을
> 심판하려 하심이 아니요 저로 말미암아 세상이 구원을 받게 하려 하심이라"

요한복음 3장은 니고데모와 예수님의 대화를 중심으로 기독교 신앙의 핵심인 영생과 중생이라는 주제를 서술하고 있습니다. 영생을 얻기 위해서는 거듭나야 합니다. 거듭나지 않고는 영생을 얻을 수가 없습니다. 이러한 일들은 다 하늘의 일로서 하늘로부터 온 자가 아니면 말할 수 있는 자가 없습니다.

예수님은 니고데모에게 결론을 내려주셨습니다. 14절과 15절, "모세가 광야에서 뱀을 든 것 같이 인자도 들려야 하리니 이는 저를 믿는 자마다 영생을 얻게 하려 하심이니라" 결국 하늘에서 온 인자가 저주와 형벌의 심판을 받고 난 후에야 중생도 영생도 그를 믿는 모든 자에게 선물

로 주어진 다는 것을 설명하는 내용입니다.

그리고 16절, "하나님이 세상을 이처럼 사랑하사 독생자를 주셨으니 이는 저를 믿는 자마다 멸망치 않고 영생을 얻게 하려 하심이라"로 이어지면서 모세가 든 광야의 놋뱀처럼 인자도 들려야 함을 무엇으로 연결하고 있느냐 하는 하나님의 사랑으로 설명하고 있습니다.

바로 앞 절에서 "인자도 들려야 한다"는 말씀은 복음의 핵심적인 역사요 필연성이며 하늘의 일로서 신비에 속한 것입니다. 예수님이 니고데모에게 이처럼 분명하고도 단호하게 말씀하신 것 곧 "들려야 한다"는 사실은 6절에서 복음 전체를 사랑이란 개념으로 천명하고 있다는 것은 우리로 더욱 감동을 불러일으키고 있는 대목이 아닐 수 없습니다. 우리는 이미 본문에서 하나님이 세상을 사랑하셨다는 것을 중심으로 사랑의 개념에 대하여 논하고 은혜를 나누었습니다. 그렇다면 하나님의 사랑은 얼마나 크고 놀라운가를 살펴봄으로써 우리의 받은 은혜가 얼마나 큰가 하는 것을 파악할 필요가 있습니다.

하나님이 사랑하시는 데 있어 그 대상이 누구냐 하는 것이 사랑의 크기와 비례한다고 할 수 있습니다. "하나님이 이 세상을 사랑하셨다"에서 이 세상은 전 인류를 망라하는 인간입니다. 하나님께 반역하여 죽어 마땅한 죄인들입니다. 하나님 편에서 보면 당장이라도 지옥의 불 못에 던져도 아깝지 아니할 만큼 배역자들입니다. 그런데 이를 하나님이 사랑하셨다고 합니다.

다음으로 생각해야 할 것은 사랑의 강도입니다. 하나님이 사랑하신다 해도 사랑을 느끼고 알아볼 만한 인격체이어야 가능합니다. 사랑은 서로의 반응과 의사소통이 있을 때 성립되는 법입니다. 그런데 사랑하고자 하는 자가 죽어 있습니다. 썩어 냄새나는 나사로의 시체와 같습니다. 아골 골짜기에 이리저리 흩어져 있는 마른 뼈들과 같은 존재들입니다. 하나님이 지금 시체와 같이 썩고 악취를 풍기는 죄인을 살려 내시겠다는 것입니다. 무엇으로 살려 내신다는 것 입니까? 바로 사랑의 힘으로 이루시겠다는 것입니다.

우리로서는 상상에도 없는 일을 행하시겠다고 합니다. 그 사랑의 크기와 강도가 어떠냐 하면 "독생자를 주셨다"고 합니다. 우리는 독생자라는 이름을 다시 상기시킬 필요가 있습니다. 요한은 일찍이 요한복음 1장 14절에서 "말씀이 육신이 되어 우리 가운데 거하시매 우리가 그 영광을 보니 아버지의 독생자의 영광이요 은혜와 진리가 충만하더라"고 묘사한 적이 있습니다.

독생자는 하나님 아버지가 갖고 계시는 영광과 동일한 영광을 지니고 있었습니다. 그 영광 중에는 은혜와 진리가 흘러넘치고 있었습니다. 사랑과 긍휼과 인자가 영원토록 샘솟듯 하고 있습니다. 육신을 입고 죄인들이 사는 곳에 오셔서 무엇을 행하고 계십니까? 반역한 자들, 아버지의 영광을 짓밟고 원수의 편으로 가버린 죄인들을 구원하시기 위하여 몸부림치고 있습니다. 도저히 공존이 불가능한 두 개체 사이에서는 언제나 반목과 긴장이 흐르고 있습니다.

인자는 조롱과 멸시와 오해를 한 몸에 지니시면서 죄인과 함께 살며 함께 삶의 고통을 나누고 계십니다. 그 모습은 빛이 어두움 가운데 와서 함께 어울리는 것과 같습니다. 그러나 어두움이 그 자리를 지킬 수 없어 빛에 항거하며 거세하려 합니다. 그럼에도 불구하고 하나님의 사랑하심 때문에 독생자는 저주와 형벌과 사망의 심판을 감내하시면서 마지막 십자가에 대속물로 못 박히시는 일에 기꺼이 몸을 드렸습니다.

모세가 광야에서 뱀을 든 것 같이 인자도 들려야 하는 필연적인 요구 앞에 독생자는 모든 영광을 버리고 벌레와 같은 죄인이 사는 마을로 들어오신 것입니다. 의사소통이 안 되는 귀머거리요 벙어리가 된 자들에게 하나님의 사랑을 전하고 있습니다.

요한은 그 독생자의 모습에서 은혜와 진리를 보고 경이로움을 감추지 못하고 있습니다. 하늘에 있던 자가 아니면 이러한 사랑을 할 수가 없습니다. 하나님의 품속에 있던 자가 아니면 나타낼 수가 없습니다. 오직 독생자만이 하늘의 일을 선포할 수 있습니다. 'For thus' – 이와 같은 방법으로 하나님이 세상을 사랑하셨습니다. 독생자를 보내시는 방법이 너무나 놀랍고 황홀한 모습입니다.

요한은 말씀이 육신이 되어 우리 가운데 오신 독생자의 영광에서 은혜와 진리를 본 자로서 또 한번 그의 감탄을 기술하고 있습니다. "하나님이 세상을 이처럼 사랑하사 독생자를 주셨으니 이는 저를 믿는 자마다 멸망치 않고 영생을 얻게 하려 하심이라" – 인간은 어느 누구라도 생각할 수 없는 사랑입니다. 하나님만이 마음에 품을 수 있고 그의 품속에 있는 아들만이 이 사랑을 증거할 수 있습니다. 하나님이 어떻게 죄 많고 어리석고 부패한 세상을 사랑할 수 있는가? 어떻게 이 반역의 세상을 가슴에 포용할 수 있을까? 그 분만이 이 죄와 어리석음과 무지함까지도 다 품으실 수가 있었습니다. 다 포괄하여 사랑하신 것입니다. 그래서 그 독생자의 품에서 은혜와 진리가 넘쳐흐르고 있었습니다.

우리는 원수를 사랑하지 못합니다. 원수는 우리를 배신하고 우롱하는 존재입니다. 마치 유대의 산헤드린 당국자들이 예수를 우롱하고 제거하려는 것과 같습니다. 이와 같은 원수를 향하여 사랑을 증거 한다는 것은 이미 우리의 이해를 넘어서는 능력이며 권능입니다.

하나님이 세상에 대하여 가지시는 사랑은 과거로부터 오늘까지 계속되어 온 것임과 동시에 그 시작한 사랑은 이미 완성이나 다름없는 시제를 사용하고 있습니다. 아가페의 사랑은 영구불변한 성격이며 영원까지 소급해 올라가 지금 베들레헴에 나심으로 절정을 이루고 있습니다.

하나님은 모든 세상과 그 사람들을 총망라할 인류 전체를 사랑하시는 데 있어 완전하십니다. 죄를 지었다 하여 미워하신 것이 아닙니다. 반역하여 죄의 편에서 하나님의 뜻을 거역한다고 하여 미워하는 것이 아닙니다. 모든 것을 초월하여 그리고 모든 것을 포괄하여 사랑하십니다. 이 지구와 역사 그리고 인간은 지금도 하나님께 있어서는 사랑의 대상입니다. 비록 마귀에게 빠져 하나님의 영광과 뜻을 거역하고 상처 내고 깨뜨려 버렸다 하여도 지구와 역사 그리고 인간은 여전히 하나님의 영광을 회복할 장소요 그 장본인들입니다.

이제 누구든지 저를 믿으면 멸망치 않고 영생을 얻습니다. 예수님이 이 세상에 온 것은 세상을 심판하려는 것이 아니라 구원하러 오셨습니다. 이 세상과 어느 누구든지 입니다. 독생자를 믿으면 영생을 얻습니다. 그 사랑의 크기와 강도가 헤아릴 수가 없습니다.

특히 주목을 끄는 점은 16절에서 구문상 대목이 바뀌고 있다는 점입니다. 15절까지 니고데모가 예수님께 찾아와서부터 전개되어 온 대화의 내용입니다. 그런데 16절까지 새로운 단락으로 시작되는 것은 주목을 끄는 곳입니다. 15, 16 두 절 사이를 이어주는 접속사가 없습니다.

갑작스럽게 대화가 끊어진 상태입니다. 예수님이 니고데모에게 인자도 들려야 하리니 그럴 때에야 믿는 자들에게 영생이 선물로 주어지기 때문이라는 것을 설명해 주고 이를 감동적으로 필사하고 있던 요한이 16절에서 잠시 자신의 감동을 삽입한 것으로 보입니다. 물론 예수님과 니고데모와의 대화이지만 요한의 감동이 가미된 작품입니다.

요한복음 3장 16절 이하 21절은 요한의 작품입니다. 특히 요한만이 사용하였던 독특한 단어 '독생자' 라는 말이 이를 입증해 줍니다. 요컨대 요한복음 1장 14절에서 "말씀이 육신이 되어 우리 가운데 거하신 인자를 아버지의 독생자"로 묘사한 것은 요한만이 바라본 하나님의 영광이었습니다. 그 안에 영원무궁토록 보존되고 있는 은혜와 진리의 충만함을 보고 가슴 벅차 오름을 억누를 수가 없었습니다. 하나님의 사랑이 어찌 크고 놀라운지 요한으로서는 할 말이 더 이상 없었습니다. 아버지의 품속에 있는 독생자만이 증명할 수 있는 사랑입니다. 독생자 아들을 이 세상에 주셨습니다. 그 선물이 너무나 큽니다. 한없이 놀라운 사랑입니다. 마틴 루터(Luther, M.)는 이렇게 말했습니다. "예수 그리스도는 참 하나님이시요 영원 전부터 계신 아버지의 독생자이시다."

하나님은 그를 죽음과 저주의 땅에게 내어주셨습니다. 단순히 육신의 몸을 입게 하여 보내셨다는 것이 아닙니다. 그 효험은 제한적입니다. 누구든지 그를 믿는 자마다 멸망치 않고 영생을 얻습니다. "멸망하지 않고"는 영생을 갖는다는 뜻입니다. 영생을 가지지 않으면 멸망하는 것입니다. 멸망한다는 말은 구원의 반대편이요 심판의 대상입니다

독생자를 보내신 것은 세상이 멸망치 않고 구원을 받게 하려는 데에 목적이 있습니다. 하나님은 세상이 멸망 받는 것을 원치 아니하십니다. 하나님은 독생자를 보내실 때 그 목적은 구원에 있습니다. 세상을 심판하기 위해서는 아들을 보내실 필요가 없으십니다. 육신의 몸을 입고 이 땅에 오신 것 자체가 우리로 구원함에 이르게 하시려는 사랑이었습니다. 하나님의 목적은 세상을 심판하는 데 있지 아니하고 세상을 구원하시는 데 있음을 잊지 마시기 바랍니다. 구원을 위해서 당하신 그리스도의 고난 속에서 은혜와 진리가 넘쳐흐르고 있습니다.

● ● ● ● ● ● ● ● ● ●

오늘 예수 안에서 사는 믿는 자 모두에게는 이토록 사랑하셔서 이루어 놓으신 구원인 만큼 어떤 경우에라도 은혜와 사랑 그리고 진리가 충만한 상태입니다. 예수 안에서 받는 환난은 재앙이 아니라 구원을 완성케 하시려는 간섭이요 사랑으로 가까이 계시는 기회입니다.

심판 아래 있는 자

(요 3:18-21)

> "저를 믿는 자는 심판을 받지 아니하는 것이요 믿지 아니하는 자는
> 하나님의 독생자의 이름을 믿지 아니하므로 벌써 심판을 받은 것이니라
> 그 정죄는 이것이니 곧 빛이 세상에 왔으되 사람들이 자기 행위가 악하므로 빛보다 어두움을
> 더 사랑한 것이니라 악을 행하는 자마다 빛을 미워하여 빛으로 오지
> 아니하나니 이는 그 행위가 드러날까 함이요 진리를 좇는 자는 빛으로 오나니
> 이는 그 행위가 하나님 안에서 행한 것임을 나타내려 함이라 하시니라"

요한복음 3장 16절과 17절은 구원하시려는 하나님의 사랑에 대하여 진술한 내용입니다.

"하나님이 세상을 이처럼 사랑하사 독생자를 주셨으니 이는 저를 믿는 자마다 멸망치 않고 영생을 얻게 하려 하심이니라 하나님이 그 아들을 세상에 보내신 것은 세상을 심판하려 하심이 아니요 저로 말미암아 세상이 구원을 받게 하려 하심이라"(요 3 : 16, 17).

하나님이 세상을 이처럼 사랑하사 독생자를 주신 것은 세상 사람이

멸망하는 것을 원치 않으시고 모두 구원받기를 바라셔서 취한 조치입니다. 그렇다면 우리의 머리 속에 떠오르는 생각 중에는 당연히 이런 의문점이 생겨날 것입니다. 그런데도 불구하고 믿지 않는 자는 어떻게 되느냐는 것입니다.

> "저를 믿는 자는 심판을 받지 아니하는 것이요 믿지 아니하는 자는 하나님의 독생자의 이름을 믿지 아니하므로 벌써 심판을 받은 것이니라"(요 3 : 18).

믿지 아니하는 자는 벌써 심판을 받았다고 합니다. 왜냐하면 독생자의 이름을 믿지 않았기 때문입니다. 믿지 아니하는 자란 복음을 들었던 못 들었던 간에 과거로부터 지금까지 믿지 않는 모든 사람들입니다. 다시 말하면 자연으로 출생한 상태 그대로 사는 사람들입니다. 자연인입니다.

"벌써 심판을 받은 것이라" – 양심이나 율법에 의하여 하나님의 심판 아래 있다는 것입니다. 우리가 여기서 결코 짚고 넘어가야 할 중대한 문제는 하나님의 심판에는 누구나 차별이 없다는 것입니다. 이것을 다른 말로 표현하면 구원에 있어서 하나님은 사람을 외모로 취하지 아니하신다는 것입니다.

구원에 있어서 어느 민족이 더 유리하거나 또 인종별로 어느 인종이 더 불리하거나 하는 차별이 없습니다. 이스라엘은 하나님으로부터 선택받은 민족이기는 하지만 선택의 목적이 이스라엘만을 구원하기 위함은 아닙니다. 이스라엘 민족은 하나님의 구원을 설명하고 증거하는 데 등용되는 표본에 불과합니다.

하나님은 이스라엘의 역사를 가지고 전 인류를 대상으로 하나님의 구원하시는 공의와 사랑을 전달하는 것을 내용으로 역사를 펼쳐 보이신 것입니다. 이스라엘 백성이 구원을 다 받았으리라는 생각 때문에 우리는 하나님께서 불공평성을 가지신다고 불평하고 있습니다. 그러나 오히려 이스라엘은 하나님을 설명하는 증거물로서 잘못한 경우에 하나님의 진노 아래서 언제나 고통의 역사를 감내해야 되는 입장에서 살았습니다. 하나님의 율법을 알고 맡았다는 이유 때문에 더 많은 경우 주변 나라들로부터 곤욕을 치르는 역사를 맛보아야 했습니다.

이스라엘의 실수는 하나님이 맡기신 율법을 단지 이방인과 구별하는 증표로 알고 그 율법의 법도와 규모를 자랑거리로 하여 소위 선민사상이라는 것을 만들어 버린 데에 있습니다. 율법을 받았으면 율법대로 실천하여 구원을 얻는 데에 열심을 쏟아야 하는데 행치도 않으면서 율법을 가지고 있는 백성이라는 선별 의식으로 구원의 표시로만 삼고 있었습니다. 예를 들면 아브라함의 경우도 아브라함 개인에 국한된 내용이 아니라 아브라함을 통하여 모든 민족이 함께 복을 받게 하려는 데에 목적이 있었습니다.

"내가 너로 큰 민족을 이루고 네게 복을 주어 네 이름을 창대케 하리니 너는 복의 근원이 될지라 너를 축복하는 자에게는 내가 복을 내리고 너를 저주하는 자에게는 내가 저주하리니 땅의 모든 족속이 너를 인하여 복을 얻을 것이니라 하신지라" (창 12 : 2, 3).

아브라함은 다른 사람과 구별하여 아브라함 자신만을 위한 복을 약속받은 것이 아니라 하나님은 그에게 복을 주어 다른 모든 민족이 함께 복을 받게 하려는 것입니다. 아브라함은 복의 근원입니다. 복을 중개하는 자입니다.

유대인에게 하나님의 율법을 맡기신 것은 다른 민족도 함께 구원함에 이르게 하려는 목적이 있었습니다. 유대인은 이 원래의 뜻을 망각하고 율법으로 선민의식에 사로잡히고 말았습니다. 그래서 결과는 유대인도 아무리 율법을 받았다 할지라도 이 율법으로 예수 그리스도를 믿지 않았기 때문에 결국 죄인일 수밖에 없다는 것이 성경의 지적입니다. 유대인들에게는 법이 있어서 죄가 무엇인지를 알았다는 것입니다. 법이 있으므로 죄가 성립되는 자들입니다. 우리의 행위를 재어 볼 척도가 있다면 무엇이 잘못인지를 분별할 수 있는 셈인데 유대인에게는 그 율법이 곧 척도라는 측면에서 유대인의 행위는 모든 경우 죄로 가고 있다는 얘깁니다. 그렇다면 율법이 없었던 민족은 어떻게 죄인일 수 있는가 하는 것이 의문점입니다.

> "(율법 없는 이방인이 본성으로 율법의 일을 행할 때는 이 사람은 율법이 없어도 자기가 자기에게 율법이 되나니 이런 이들은 그 양심이 증거가 되어… 그 마음에 새긴 율법의 행위를 나타내느니라)" (롬 2 : 14, 15).

마음에 새긴 양심의 법이 모든 행위를 판단한다는 것입니다.

우리는 누구나 다 태어나면서부터 죽음을 향하여 살고 있습니다. 병리학적으로 보면 누구나 다 병을 가지고 있습니다. 다만 임상적으로 아프다는 감각이 없을 뿐이지 누구나 일정한 수준의 병을 앓고 있습니다. 생각해야 할 것은 아프지 않다 해서 병이 없느냐는 것입니다. 단지 모를 뿐이지 병은 진행 중에 있다는 것이 사실입니다. 하나님의 법이 없는 자에게는 행위가 죄로 인식되지 않을 뿐이지 사실은 하나님 앞에서 죄를 짓고 있습니다. 하나님이 안 계시면 죄도 없는 셈이 되는데 하나님을 안 믿는다고 죄도 없어지느는 것은 아닙니다.

하나님이 없다고 하면 남는 것은 인간이 만들어 놓은 사회법과 도덕법밖에는 없습니다. 도덕과 사회 앞에서 깨끗하면 어느 정도 양심의 평안을 누리게 됩니다. 그러나 어디까지나 도덕과 사회적인 각도에서 보는 경우지 그것으로 죄인이냐 아니냐를 구분하는 척도일 수는 없습니다.

성경은 모든 인류가 다 하나님 앞에서 죄인이라는 것을 가장 굵직한 진리로 선포하고 있습니다. 아무리 도덕과 윤리, 사회, 국가적으로 한 점의 부끄러움이 없다 해도 하나님 앞에서는 당연히 죽어 마땅한 죄인이라는 데에 인간 문제의 심각성이 있습니다.

"기록한바 의인은 없나니 하나도 없고 깨닫는 자도 없고 하나님을 찾는 자도 없고 다 치우쳐 한가지로 무익하게 되고 선을 행하는 자는 없나니 하나도 없도다" (롬 3 : 10 - 12).

18절, "믿지 아니하는 자는 하나님의 독생자의 이름을 믿지 아니하므로 벌써 심판을 받은 것이라" – 예수를 구주로 믿지 아니하는 상태는 어떤 경우라도 심판을 모면할 수 없습니다. 독생자의 이름 곧 예수 그리스도를 거부한다는 것은 자신의 의와 공로만을 최상의 값으로 간직하겠다는 것인 데 인간 자신의 진심이나 양심이 무엇에 대한 것입니까? 이미 깨어지고 산산조각이 난 양심입니다. 그것은 마치 거미줄처럼 금이 간 거울에 비춰지는 얼굴과도 같습니다. 죄성으로 일그러진 양심은 우리에게 오히려 두려움과 불안을 가중시키고 있습니다. 평안과 기쁨을 보장해 주어야 할 양심이 인간의 행위를 두려움과 두근거림 그리고 한없는 불안의 심연에 빠져들게 합니다.

소련의 문호 '도스토에프스키' 의 작품 중 『죄와 벌』에 나오는 주인공 '라스코르니코프' 는 대학생으로서 아주 끔찍한 죄를 저지릅니다. '라스코르니코프' 는 젊고 할 일이 많았습니다. 그러나 그는 무척이나 가난하고 어려운 처지에서 돈이 필요했습니다. 드디어 늙은 전당포 주인을 살해합니다. 젊은 대학생의 논리로 한다면 늙은 전당포 주인은 별 쓸모 없는 존재요 살해한다 해도 크게 문제될 만한 인물로서는 가치가 없다고 생각합니다. 그리고 그를 죽인 다음 얻은 돈으로 이상적이고도 풍요로운 생을 살 수 있을 것이라는 확신을 갖게 됩니다. 그럼에도 불구하고 소설 속에서 '라스코르니코프'의 행위에 대해 냉혹한 판단이 주어집니다. 그 살인죄 다음에 형벌이 따르게 됩니다. 그 순간부터 그의 일생은 정죄의 고통에 허덕이게 됩니다.

　성경적으로 인간은 누구나 다 하나님께로부터 정죄의 심판에 처하게 된 것입니다. 사람이 자기의 길을 의로 혹은 불의로 선택할 수 있다는 생각을 버려야 합니다. 사람이 기쁨과 복락을 선택하여 누릴 수 있다는 착각을 버려야 합니다. 성경에 따르면 인간은 이미 갈 길이 정해져 있습니다. 이미 자기 위치가 결정된 것입니다. 이사야가 기록한 바와 같습니다.

> "우리는 다 양 같아서 그릇 행하여 각기 제 길로 갔거늘 여호와께서는 우리 무리의 죄악을 그에게 담당시키셨도다" (사 53 : 6).
>
> "기록된바 의인은 없나니 하나도 없으며" (롬 3 : 10 상반절).

바울은 인간의 정죄된 비참을 설파하였습니다.

● ● ● ● ● ● ● ● ●

　우리는 다 제 갈 길로 간 자들이었습니다. 이미 죄를 저질렀습니다. 벌써 하나님께로부터 심판을 받은 것입니다. 지금도 계속되는 심판의 상태에서 그 생의 끝에 지옥의 심판이 기다리고 있습니다. 그러나 꿈에라도 잊지 말아야 할 은혜로운 말씀, "저를 믿는 자는 심판을 받지 아니하는 것이요" 아멘.

(요 3:22-30)

> "이 후에 예수께서 제자들과 유대땅으로 가서 거기 함께 유하시며
> 세례를 주시더라 요한도 살렘 가까운 애논에서 세례를 주니 거기 물들이
> 많음이라 사람들이 와서 세례를 받더라 요한이 아직 옥에 갇히지 아니하였더라
> 이에 요한의 제자 중에서 한 유대인으로 더불어 결례에 대하여 변론이 되었더니
> 저희가 요한에게 와서 가로되 랍비여 선생님과 함께 요단강 저편에 있던 자
> 곧 선생님이 증거하시던 자가 세례를 주매 사람이 다 그에게로 가더이다 요한이 대답하여
> 가로되 만일 하늘에서 주신바 아니면 사람이 아무것도 받을 수 없느니라
> 나의 말한바 나는 그리스도가 아니요 그의 앞에 보내심을 받은 자라고 한 것을
> 증거할 자는 너희니라 신부를 취하는 자는 신랑이나 서서 신랑의 음성을 듣는
> 친구가 크게 기뻐하나니 나는 이러한 기쁨이 충만하였노라 그는 흥하여야 하겠고
> 나는 쇠하여야 하리라 하니라"

세례요한의 사역에 관한 마지막 기록입니다. 이미 살펴 본 대로 세례
요한은 이사야의 예언대로 예수님보다 6개월 앞서 보내심을 받은 '광
야의 소리'로 살던 선지자였습니다. 구약의 마지막 선지자로서 예수님
의 길을 예비하는 전령사와 같은 인물 이였습니다.

세례요한의 설교는 당시 유대땅을 뒤엎는 충격과 권세가 있었습니
다. 마태는 "예루살렘과 온 유대와 요단강 사방에서 다 그에게 나아왔
다"(마 3:5)고 기록하고 있으며 누가는 많은 무리들이 세례요한의 말을
듣고자 모여 왔다고 했습니다. 각 계층의 사람들을 포괄하여 광야에서
외치는 소리를 듣고자 모여들었습니다. 요한은 예루살렘에서 파송된

공식적인 인사들을 만나 자신의 신분을 밝힐 정도로 사람들의 관심을 끌고 있었습니다.

요한이 아직 옥에 갇히지 않았고 그의 사역은 계속 진행되고 있었습니다. 그 때에 예수님을 둘러싸고 있던 무리의 수가 점점 많아지면서 세례요한을 따르던 수많은 군중들이 그의 곁을 떠나고 있었습니다. 요한의 제자들이 근심에 쌓여 던진 질문이 그대 상황을 짐작케 해줍니다.

"랍비여 선생님과 함께 요단강 저편에 있던 자 곧 선생님이 증거하시던 자가 세례를 주매 사람이 다 그에게로 가더이다"(요 3 : 26).

제자들의 속셈은 이렇습니다. 지금 당신의 인기가 떨어지고 있습니다. 우리는 어떻게 할까요? 어떻게 달리하실 방법이 없을까요? 라는 것입니다. 이에 대한 요한의 대답에서 우리 신앙의 부끄러움을 감출 수 없는 무한한 감동을 받게 됩니다.

27절 "만일 하늘에서 주신바 아니면 사람이 아무것도 받을 수 없느니라" – 세례요한은 언제나 하나님의 주권을 인정하고 있습니다. 무리들이 자신을 떠나는 이유가 자신의 잘못이나 불의함 때문이 아닌 이상 그리스도 예수에게로 몰려가는 것을 시기하거나 질투하지 않았습니다. 하나님의 주권으로 이루신 일로 이해하고 있었습니다. 그리스도를 좇고 있는 추종자들이 비록 자신의 선택으로 한 것이었다 할지라도 하나님이 허락하심으로 이루어진 것임을 믿고 있었습니다.

우리는 개인과 개인사이, 계층과 계층사이, 교회와 교회 사이에서 일어나는 온갖 질투와 시기심에 대하여 참을 수 없는 싸움을 예사로 행하고 있습니다. 이름 있고 평판이 좋은 교회는 어떤 교회입니까? 우리는 교회의 명성이나 담임 목사의 이름을 자랑하면서 얼마나 교만하여 스스로 높다 자처하고 있는지 생각해 보아야 합니다.

우리가 낮게 평가할 만한 교회가 어떤 교회입니까? 지금 예수께서 많은 무리들에 둘러싸여 공생애의 사역을 시작하고 계시는 데 세례요한은 상대적으로 무리의 수에서나 인기에 있어서 초라해 지고 있는 처지였습니다. 그렇다고 하여 세례요한이 사역을 체념하거나 자책하지 않았습니다. 계속 말씀을 전하였고 세례를 주고 있었습니다. 이루어지는 모든 결과 속에는, 그것이 인간들의 안목에서 볼 때 웅장하던지 혹은 초라하던지 간에 그 결과들 속에는 하나님의 역사하시는 손길이 있음을 인정했습니다. 성공하고 있는 다른 이에 대하여 자존심으로 대하지 않았습니다.

"만일 하늘에서 주신바 아니면 사람이 아무것도 받을 수 없느니라" – 하나님께서 행하심으로 성취되는 사건으로 이해하고 감사하는 고백입니다. 예수님이 기적과 권능을 많이 베풀어주신 회개치 아니하는 모습을 보시고 탄식하시면서 내리신 결론도 그렇습니다.

"천지의 주재자이신 아버지여 이것을 지혜롭고 슬기있는 자들에게는 숨기시고 어린아이들에게는 나타내심을 감사하나이다 옳소이다 이렇게 된 것이 아버지의 뜻이니이다" (마 11 : 25, 26).

"시몬 베드로가 대답하여 가로되 주는 그리스도시오 살아 계신 하나님의 아들이시니이다" (마 16 : 16).

"예수께서 대답하여 가라사대 바요나 시몬아 네가 복이 있도다 이를 네게 알게 한 이는 혈육이 아니요 하늘에 계신 내 아버지시니라" (마 16 : 17).

"두아디라 성의 자주 장사로서 하나님을 공경하는 루디아라 하는 한 여자가 들었는데 주께서 그 마음을 열어 바울의 말을 청종하게 하신지라" (행 16:14).

"누가 너를 구별하였느뇨 네게 있는 것 중에 받지 아니한 것이 무엇이뇨 네가 받았은즉 어찌하여 받지 아니한 것 같이 자랑하느뇨 (고전 4 : 7).

모든 것이 하나님께로부터 이루어지는 사실이라는 것을 아는 영적 통찰력을 갖춘다면 우리는 신앙생활에서 투기하고 다투며 수근거리며 당 짓는 육체의 헛수고로부터 자유로워 질 수 있습니다.

세례요한은 자기의 정체성에 대한 인식이 뚜렷했습니다.

> "나의 말한바 나는 그리스도가 아니요 그의 앞에 보내심을 받은 자라고
> 한 것을 증거할 자는 너희니라"(요 3 : 28).

세례요한은 그리스도의 선구자요 그의 길을 예비하는 전령사일 뿐입니다. 유대인들은 요한을 부추겨 싸움을 걸려고 했습니다. 세례요한은 자신의 신분과 주어진 사명에 대하여 분명히 밝혔습니다. 예수 그리스도가 없으면 자신의 존재와 사명도 의미가 없다는 것을 천명한 것입니다. 예수에게 종속된 자임을 자랑스럽게 전하고 있었습니다.

그는 자기의 사명이 무엇인지를 아는 자입니다.

> "신부를 취하는 자는 신랑이나 서서 신랑의 음성을 듣는 친구가 크게 기
> 뻐하나니 나는 이러한 기쁨이 충만하였노라" (요 3 : 29).

세례요한의 눈은 그의 뒤를 따라 올 예수 그리스도에게 고정되어 있었습니다. 요한 자신은 마치 결혼식에 있어 신랑의 친구라는 데에 만족을 갖습니다. "신랑의 음성을 듣는 친구가 크게 기뻐하나니" 신랑에게 들러리를 서주는 기쁨으로 행복합니다.

요한은 신랑의 가장 가까운 친구로서 신랑의 음성 듣는 것으로 최고의 기쁨을 갖습니다. 신랑의 음성은 결혼 당사자로서 신랑이 말하는 모든 음성 속에는 무한한 기쁨과 행복이 깃들여져 있습니다. 신랑 예수의 기쁨을 보고 듣는 것으로 요한의 행복이 큽니다.

"그러므로 나의 기쁨이 충만하였노라" – 완료시제로서 요한의 기쁨

속에 계속 머물고 있다는 것입니다. 세례요한의 소원은 최고의 절정에서 기쁨을 누리고 있습니다. 모든 무리들이 자기를 떠나 예수 그리스도께로 가는 현상에서 하나님의 거룩하신 뜻이 이루어지고 있는 것에 억제할 수 없는 감동을 설파하고 있습니다. 우리와 같이 부질없는 시기와 질투 섞인 경쟁을 시도하지 않았습니다.

30절, "그는 흥해야 하고 나는 쇠하여야 하리라" – 요한의 겸손은 그리스도의 선구자답습니다. 자기 십자가를 지는 모습입니다. 예수 그리스도의 영광을 위하여 자신이 해야 할 일은 쇠해지는 것임을 아는 선지자입니다.

그는 흥해야 합니다. 필연성입니다. 예수님의 사역은 이제 막 시작되었습니다. 계속 자라나야 합니다. 제자의 수도 불어나야 하고 그를 쫓는 무리의 수도 증가해야 합니다. 육신을 입고 인간 앞에 오신 예수 그리스도의 사역을 통하여 하나님이 진리와 생명의 말씀이 증거되는 표적이 날마다 증폭되어 가야 합니다.

오늘 우리의 현상은 어떠합니까? 우리가 지불하고 있는 희생, 봉사, 섬김, 사랑의 활동을 통하여 예수 그리스도가 흥하고 있는가? 혹 우리가 쌓아올린 신앙활동의 공적을 통해 내가 칭찬을 받고 상을 받고 직급이 높아지려는 유혹에 넘어지고 있지 않는지 생각해야 합니다.

우리는 착한 행실을 통하여 세상에 빛을 비추어야 하는 삶을 강요받고 있습니다. 우리의 신앙이 세상 사람들 보기에 칭찬 받을 만한 윤리적, 도덕적 빛을 가지고 있다 하여도 우리의 마음과 관심의 초점은 하나님께 맞추어져 있어야 함을 명심해서 들어야 합니다. 세상 보기에 떳떳해지기 위한 빛이 되기 위하여 싸움하면 그 공로에 대하여 내가 주인이 될 수밖에 없음을 따갑게 들어야 합니다. 하나님의 영광과 기쁘심을 위하여 사랑하고 봉사하고 섬기는 자세가 요청됩니다.

성경의 원리는 예수 그리스도의 흥함은 십자가를 짐으로써 가능한 일임을 역설합니다. 우리의 사랑, 희생, 섬김의 아름다운 가치 때문에 한 영혼이 회개하고 돌아올 것이 라는 생각은 일체 버려야 합니다. 우리의 고상한 지식, 높은 지위, 사업의 형통, 출세가 사람들로 변화 받아 하나님께로 돌아오게 하는 동기나 가치일 것이라는 생각도 버려야 합니다.

기독교 신앙에서 왜곡되고 잘못된 현상 중에 하나는 하나님의 영광이나 기쁘심을 위하여 내가 출세하고 높아지고 형통해야 된다는 도식을 그려놓고 있다는 것입니다. 우리의 희생, 봉사, 섬김은 당연한 사명입니다. 마땅히 행할 본분이요 하나님의 뜻이기 때문에 성실하게 충성할 뿐입니다. 그것으로 무엇을 기대하지 않는 자세가 필요합니다.

● ● ● ● ● ● ● ● ● ●

"아무든지 나를 따라 오려거든 자기를 부인하고 자기 십자가를 지고 나를 좇을 것이니라"(마 16:24).

우리의 어떠한 사랑도 희생도 십자가를 대신하면 무서운 타락이 따라 옵니다. "그는 흥해야 하고 나는 쇠해야 하리라" 아멘.

세례요한의 마지막 증언 (2)

> "위로부터 오시는 이는 만물 위에 계시고 땅에서 난 이는 땅에 속하여
> 땅에 속한 것을 말하느니라 하늘로서 오시는 이는 만물 위에 계시나니
> 그가 그 보고 들은 것을 증거하되 그의 증거를 받는 이가 없도다
> 그의 증거를 받는 이는 하나님을 참되시다 하여 인쳤느니라
> 하나님이 보내신 이는 하나님의 말씀을 하나니 이는 하나님이 성령을 한량없이
> 주심이니라 아버지께서 아들을 사랑하사 만물을 다 그 손에 주셨으니
> 아들을 믿는 자는 영생이 있고 아들을 순종치 아니하는 자는 영생을 보지 못하고
> 도리어 하나님의 진노가 그 위에 머물러 있느니라"

세례요한의 마지막 증언이 계속되고 있습니다. 그는 예수님의 영광을 증거하면서 자신과 비교하여 몇 가지 대조적인 사실을 진술하고 있습니다.

먼저 28절에서 나는 그리스도가 아니라 그의 앞에 보내심을 받은 자라 하였습니다. 세례요한 자신은 그리스도의 전령사일 뿐이라고 모든 사람의 기대와 의혹을 일축시키고 있습니다. 이에 29절에서 그 자신을 신랑의 친구로 비교하면서 그리스도의 사역을 위한 보조자로서 갖는 기쁨을 전하고 있습니다. 그리고 그는 흥해야 할 분이고 자신은 쇠해야 할 자임을 증명하면서 자신을 해야 할 사명에 대한 고백적 단락을 분명

히 하고 있습니다.

그리고 오늘 본문에서는 예수님과 자신과의 차별에 대하여 결정적인 증언을 전해주고 있습니다. 본문 31절 말씀입니다.

"위로부터 오시는 이는 만물 위에 계시고 땅에서 난 이는 땅에 속하여 땅에 속한 것을 말하느니라 하늘로서 오시는 이는 만물 위에 계시나니"(요 3 : 31).

예수님은 위로부터 오신 분이십니다. 만물 위에 계신 분이십니다. 하늘에서 오신 자입니다. 요한은 땅에서 난자요 땅에 것을 아는 자라고 진술하면서 그리스도와 자신을 근본적으로 비교될 수 없는 분이심을 확정짓고 있습니다. 예수님은 하늘에 계셨던 자요 하늘에 것을 직접 보고 듣고 친히 만물을 만드신 자로서 자신은 예수님으로부터 지음 받은 피조물에 불과하다는 것으로 모든 결론을 내리고 있습니다.

세례요한의 증거는 기독교 신앙의 진수를 설파하고 있다는 데에 놀라움을 일깨워 줍니다. 성경은 하늘에 계신 창조주 하나님에 관한 이야기를 하고 있는 데 우리는 땅에 있는 것만을 아는 지식으로 이해하는 입장이기 때문에 성경의 내용을 알아듣는다는 것이 불가능하다는 것입니다. 복음서의 내용은 하나님의 자신을 알리려고 육신의 몸을 입고 오셔서 우리와 같은 모양으로 살면서 증거하였지만 결국 인간 편에서는 받아들여지지 않는 벽이 있더란 것이고 하나님께서는 이 의사소통의 장벽을 깨뜨리기 위해서 독생자를 십자가에 오르게 하셨고 그를 인간의 죄와 무지함을 대속하는 속죄물로서 죽게 하셨다는 이야기가 복음서의 내용입니다.

요한복음의 핵심은 생명, 영생의 관한 것입니다. 그런데 이를 아무리 설명해도 알아듣지 못한다는 것을 증명 해주고 있는 독특한 복음서가 요한복음입니다. 그래서 저자 요한은 초두에서부터 예수님의 오심과 행적에 대하여 세상이 반응하고 있는 현상을 이렇게 표현하고 있습니다. "빛이 어두움 가운데 왔으되 어두움이 깨닫지 못하더라"(요 1:5)는 것입니다. 지금 세례요한의 마지막 증언도 동일한 내용으로 진술하고 있습니다. 본문 32절 말씀입니다. "그가 그 보고들은 것을 증거하되 그의 증거를 받는 이가 없도다."

예수님은 하나님과 함께 계셨던 하나님 자신이셨습니다. 직접 모든 만물을 만드신 창조주이시며 하늘에서 일어난 모든 것을 보고 듣고 계셨던 분이십니다. 그 하늘의 일들에 대하여 완전하신 분이 육체를 입고 이 땅에 오셔서 하늘에 관한 것을 증거하고 있습니다. 우리와 같은 모양을 가지고 같은 말을 쓰고 같은 삶의 형식을 가지고 전하는 데 그 내용이 하늘에 관한 것들이고 이를 듣는 이는 세상만을 알고 있는 자들이라는 데서 서로 맞부딪칠 수밖에 없는 충돌이 있었습니다.

우리는 하늘에 관한 지식을 받아들이기에는 너무나 가혹한 장애물인 이성이란 것을 가지고 있습니다. 이성이란 것은 말이 안 되는 것을 순응할 수 없는 폐쇄성을 갖습니다. 이 세상의 것을 이야기하여도 납득이 안 되면 마음을 닫아버리는 폐쇄회로와 같은 존재가 이성을 가진 인간입니다. 그런데 어찌 하늘에 관한 이야기를 알아들을 수 있을까요? 불가능합니다.

우리는 여기서 하나의 우화를 생각해 낼 수 있습니다. 갈릴레오가 교황청의 준엄한 재판정에서 지구는 둥글다 그리고 돈다고 했다가 사형을 당할 뻔 했었습니다. 지구는 둥글다, 돈다란 주장을 취소하지 아니하면 사형에 처한다는 위협에 그만 취소하고 나왔습니다. 풀려 나왔지요. 법정을 나온 갈릴레오가 한숨을 쉬고 남긴 말이 우리의 마음을 새삼스럽게 합니다. 내가 돌지 않는다 하여 안도는 것이 아니고 그래도 지구는 지금도 돌고 있으니까 내가 바보 같은 자들에게 죽을 이유가 없다는 것입니다.

우리는 땅의 것만 보고 듣던 자들이었는데 어떻게 하나님을 믿게 되었을까요? 이것보다 신비로운 일이 없습니다. 내가 믿기로 해서 이치로 따져보고 맞는다고 해서 믿는다고 생각한다면 이것은 큰 오해입니다.

니고데모와의 대화를 등장시키면서 성경에서 우리에게 전하고 싶은 내용이 무엇입니까? "성령으로 거듭나지 아니하면" 입니다. 우리의 의지로는 절대로 안 된다는 것입니다. "이는 혈통으로나 육정으로나 사람의 뜻으로 나지 아니하고 오직 하나님께로서 난 자들이니라"(요 1:13)고 이미 증거한 바가 있습니다.

33절 말씀입니다. "그의 증거를 받은 이는 하나님을 참되시다 하여 인쳤느니라" – 예수님의 증거를 이해하고 영접하는 이가 있다고 합니다. 영접하는 사람들은 하나님이 참되시다 하는 것을 최고의 진리로 뿌리 내리고 있다는 것입니다. 하나님만이 진리요, 의요, 선이란 것을 인정하는 사람들입니다. 동시에 하나님 이외에 다른 것은 거짓이요 위선이요 그릇된 것임을 아는 사람들이란 것입니다.

신자와 불신자의 차이가 무엇입니까? 성경에서 회개란 단어로 이를 구분하고 있음은 놀라운 사실입니다. 회개란 말은 일차적으로 "다시 생각한다"는 뜻입니다. 다시 말하면 지금 다시 생각하여 뉘우칠 기회를 찾는다는 것이 회개란 단어입니다.

이를 잘 설명하고 있는 비유 중에 마태복음 21장의 말씀입니다. 두 아들이 있었는데 아버지가 맏아들에게 포도원에 가 일하라고 했더니 맏아들은 "예"하고 실제로 가지 않았습니다. 그런데 둘째 아들에게도 포도원에 가서 일하라고 했는데 둘째아들은 "가기 싫소이다" 하고서는 뉘우치고 갔다했습니다. 이들 중에 누가 아버지의 뜻대로 하였느냐 하는 것입니다. 성경의 물음입니다. 나중에 뉘우친다는 말이 회개입니다. 나중에 뉘우치고 돌아간 둘째 아들이 정당하다는 결론을 내리고 아버지의 뜻을 따라 비록 늦었지만 포도원에 가서 일을 했습니다.

다시 생각한다는 것은 마음을 바꾼다는 것으로 연결지을 수 있습니다. 나의 생각과 고집을 꺾고 아버지의 뜻을 따르는 것입니다. 오늘 예수 믿는 신자란 예수님의 하나님 되심을 알고 그 하나님 말씀을 진리로 하여 나의 생각과 고집을 꺾는 사람들입니다. 내가 생각하고 활동했던 것들이 다 틀렸고 하나님의 옳다고 생각하고 행동하는 사람들입니다. 그러나 불신자는 자기 생각을 바꿀 수 없는 사람들입니다.

> "육에 속한 사람은 하나님의 성령의 일을 받지 아니하나니 저희에게는 미련하게 보임이요 또 깨닫지도 못하나니 이런 일은 영적으로라야 분변함이 있느니라"(고전 2:14).

육에 속한 사람은 성령의 일을 받지 아니합니다. 하나님의 일을 이해하지 못한다는 뜻이 아닙니다. 고의적으로, 적극적으로 거부한다는 뜻입니다. 왜일까요? 하나님의 일이 미련해 보이기 때문입니다. 일반적으로 세상 사람들이 교회를 볼 때 느끼는 감정은 어떻습니까? 거기는 똑똑한 사람은 가지 않는 것으로 느낍니다. 교회는 별 볼일 없는 사람이나 할 일이 없는 사람이나 바보 같은 사람들이 모이는 곳으로 생각합니다. 연약한 여자들이 가는 곳으로 느끼고 있습니다.

우리의 본성은 우리가 직접 확인하고 난 후에야 진위를 가려내려는 성품이 있습니다. 내가 꼭 뚜껑을 열고 찍어봐야 만이 고추장, 된장을 가리는 자들입니다. 불신자들이 하나님에 대하여 속이 안 풀리는 이유는 천국이니 지옥이니 하는 것을 어떻게 눈으로 보았느냐 하는 것입니다.

어떻게 확인하느냐? 그 증거가 무엇이냐? 단 한번도 경험할 수 없었다는 것입니다. 선악과는 왜 만들었느냐? 창조 이전에 하나님은 무엇을 하였느냐? 왜 우리 조상들에게는 복음이 전파되지 않았는가? 왜 믿는데 이 모양이냐? 이러한 것에 대하여 전혀 경험한 바가 없었고 눈에 보이는 바가 없었다는 것입니다.

하나님에 대해서도 내 생각에 맞아야지 맞지 않으면 적대감을 갖습니다. 마음도 열지 않습니다.

> "다만 네 고집과 회개치 아니한 마음을 따라 진노의 날 곧 하나님의 의로우신 판단이 나타나는 그날에 임할 진노를 네게 쌓는도다"(롬 2:5).

이는 두려운 말씀입니다. 고집이란 굳어진 마음입니다. 진흙을 햇빛 아래 두면 딱딱하게 굳어 버립니다. 인간은 무엇이 진리인지 생명인지 관심이 없습니다. 진리가 증거되면 오히려 그와 같이 자기 마음을 굳게 닫아버립니다. 예수님이 오시자 그에 행하신 행적으로 인간과 자신의 더러움과 거짓됨이 드러났습니다. 그러자 마음을 열고 회개하는 것이 아니고 예수님을 역사의 무대 밖으로 몰아냈습니다.

오늘 우리는 수많은 오해와 조소와 경멸에도 불구하고 하나님이 옳다고 주장하는 사람들입니다. 내 소원이나 내 뜻대로 이루어지는 일이 아니더라도 성경 말씀에 비추어 하나님 뜻이라면 모든 것을 하나님께 맡기고 의지하며 살아갑니다. 내 소원대로 응답이 없다 할지라도 그래도 여전히 그분은 나의 창조주시요, 구속자요, 나를 영화롭게 하실 생사화복의 주권자이심을 고백하는 것만은 절대로 놓치지 않습니다. 이것이 오늘 우리의 신분이며 우리 삶이 갖고 있는 의로운 큰 힘입니다.

● ● ● ● ● ● ● ● ● ●

오늘도 그리스도 안에서 영광의 하나님과 더불어 하나님은 참되시다, 그 분만이 옳으시다 라는 이러한 신앙고백 속에서 우리의 행한 발자취마다 하나님께로부터 인정받는 걸음이 되시길 바랍니다.

제 4장
사랑의 열정과 완성,
예수 그리스도

(요 4:1-8)

"예수의 제자를 삼고 세례를 주는 것이 요한 보다 많다 하는 말을 바리새인들이
들은 줄을 주께서 아신지라 (예수께서 친히 세례를 주신 것이 아니요
제자들이 준 것이라) 유대를 떠나사 다시 갈릴리로 가실쌔 사마리아로 통행하여야
하겠는지라 사마리아에 있는 수가라 하는 동네에 이르시니
야곱이 그 아들 요셉에게 준 땅이 가깝고 거기 또 야곱의 우물이 있더라
예수께서 행로에 곤하여 우물 곁에 그대로 앉으시니 때가 제 육시쯤 되었더라
사마리아 여자 하나가 물을 길러 왔으매 예수께서 물을 좀 달라 하시니
이는 제자들이 먹을 것을 사러 동네에 들어 갔음이러라"

요한복음 4장에 들어오면 사마리아 여인을 만나게 됩니다. 성경이 사마리아 여인을 등장시켜 놓고 설명하고자 하는 것은 구원의 경륜經綸이 무엇인가 하는 것입니다. 도저히 희망이 없는 자라도 구원에 있어서는 차별이 없다는 것의 증거를 보이는 대목입니다. 그녀는 유대사회에서 가장 비천하고 처절한 신분으로 사는 인생이요 종교적으로 소외된 자입니다. 남편이 다섯이 있었고 지금 살고 있는 사람도 정혼한 사이가 아닙니다. 밑바닥 인생입니다. 그가 사마리아 여인입니다.

역사는 구원을 중심으로 흘러갑니다. 자연법칙을 따라 흐르지 않습니다. 하나님께서 자연 안에 생명과 힘을 주시고 자연의 법칙을 간섭하

지 아니하시면 자연 법칙도 돌아가지 않습니다. 자연만이 역사의 원리가 아닙니다. 초자연이 개입되어 있습니다. 지진이 터지고 폭풍이 불고 홍수가 범람합니다. 별들이 서로 충돌합니다. 지구의 자전이 멈추기도 하고 죽었던 자가 살아나기도 하며 오병이어의 기적이 일어나기도 합니다.

자연도 초자연도 모두가 다 하나님이 목적하신 바 그 뜻을 좇아 특별한 경륜과 함께 흘러갑니다. 구원을 중심으로입니다. 모든 물이 구비 구비 흘러서 이리 부딪치고 저리 모여서 물이 예외 없이 높은 곳에서 낮은 곳으로 모여 바다로 흘러가듯이 역사의 모든 사건이, 그 내용이 악이든 선이든 간에 합쳐져서 하나님의 뜻을 이루는 경륜을 따라 흘러가고 있습니다. 미래에 약속된 새 하늘과 새 땅이 예비된 그곳을 향하여 지금도 역사는 줄기차게 흘러가고 있습니다.

기독교 신앙은 이 거대하게 흐르는 역사를 누가 잡고 있느냐, 그 목적이 어디 있느냐를 아는 것입니다. 역사의 주제는 구원입니다. 구원을 중심으로 전쟁과 재난과 기근과 질병의 문제를 하나님께서 장중에 잡으시고 오늘도 그의 뜻을 따라 역사를 운행하십니다. 이것이 성경의 줄거리입니다. 이 거대한 세계와 역사와 문화의 변천 과정을 통하여 한 영혼이 죄와 형벌에서부터 구원을 받습니다. 오늘도 역사는 비참한 현실 속에서 때로는 고난과 환난을, 때로는 전쟁과 기근을 체험 할 수밖에 없습니다만 그 속에서 한 영혼이 구원함에 이르고 있습니다.

역사는 영혼구원이 주제이며 우리가 풀어야 할 문제입니다. 하나님이 친히 요구하셔서 아들 예수 그리스도는 아버지의 뜻을 좇아 대속물로 그 몸을 십자가에 던지셨습니다. 그 십자가의 사랑의 얘기가 곧 구원입니다. 십자가는 구원하시고자 하는 하나님의 강력한 의지의 표현입니다. 반드시 이루시고야 말겠다고 하는 구원에 대한 하나님의 열정입니다.

구원하심에 있어서 하나님은 그토록 능치 못할 일이 없으신 분이십니다. 십자가에 아들을 오르게 하셨다면 인류를 구원하는 데 있어서 필요한 모든 것은 거기에 동원 될 수밖에 없습니다. 이제 우리의 생각을 하나님의 구원 계획과 그 이루시는 비밀한 경륜에 초점을 맞추어야 합니다. 내 인생도 우리 가정도 우리 사회도 조국도 전 세계도 구원 하나를 놓고 싸우시는 하나님의 비밀한 경륜을 중심으로 생각하는 지혜가 있어야 합니다.

우리는 비록 작고 미미하지만 오늘 나를 향하신 하나님의 경륜을 볼 때에 무척이나 감격스럽습니다. 이 엄청난 우주와 그 웅장하고 복잡 미묘한 대역사 속에 나를 향하신 하나님의 영광스러운 구속의 대드라마가 지금도 진행되고 있습니다. 구원의 경륜 아래에 내가 있고 구원의 경륜 속에서 내 인생이 흘러가고 있습니다.

우리는 여기서 성경의 역사 중에 구원의 비밀을 극적으로 감동케 하는 장면을 알고 있습니다. 바로 모세의 일대기입니다.

모세를 통하여 이스라엘을 애굽의 종살이로부터 구원하시는 하나님의 경륜을 보면 역사의 내면에 흐르고 있는 하나님의 비밀한 섭리에 감동과 경이를 금할 수가 없습니다. 바로 왕이 이스라엘 백성들에게 내리는 고역이 극심하고 이스라엘 백성들의 번성이 겁이 나서 히브리 민족에게서 난 남자아이들을 누구라도 다 죽이라고 엄명이 내려질 때에 모세가 태어납니다.

모세의 부모가 나무상자를 만들어서 역청과 나무진을 발라서 아이를 담아 나일강 갈대숲에 숨겨 둡니다. 바로의 딸이 시녀들과 함께 강가에 목욕하러 나옵니다. 당시에 궁중에는 훌륭한 목욕탕이 있었습니다. 그런데 나일 강까지 와서 갈대숲 사이에 어린 모세가 담겨진 상자를 발견하게 됩니다. 이 시간과 공간을 누가 주관합니까? 우연입니까?

상자 안의 아이가 히브리인의 아이인 줄 알고 공주의 마음이 긍휼로 불탔다고 했습니다. 죽이라고 엄명이 내려졌는데 공주이지만 들키면 자신도 죽을지도 모르는 위기의 순간입니다. 그러나 긍휼로 불타오르는 가슴을 억제할 수가 없어서 자기의 양자로 삼으려고 마음먹게 됩니다. 누가 이 마음을 정합니까?

그 때에 모세의 누이가 숨어서 보다가 달려가서 내가 히브리인 유모를 불러다가 당신의 이 아이를 젖 먹이게 할까요? 공주 정도가, 특히 바로의 딸이 유모 하나를 못 구하겠습니까? 성령께서 공주의 마음을 움직여서 모세의 누이의 청을 받아 드려 결정케 합니다.

"이 아이를 데려다가 나를 위하여 젖 먹이게 하라 내가 삯을 주리라"(출 2:9) - 모세는 이렇게 하여 어릴 때부터 어머니 십보라의 품에서 하나님의 말씀을 따라 자라날 수가 있었습니다.

그는 40년 동안 애굽의 왕자로서 문물을 익히고 권세 있는 자리에서 영광을 누리게 됩니다. 출애굽의 대역사를 이끌 민족의 지도자를 비밀리에 하나님이 보호하시고 기르시고 계셨던 것입니다.

이 구원의 비밀한 경륜 속에 지금도 역사는 온갖 사건과 함께 오늘 나의 하루도 흘러가고 있음을 기억하는 순간, 우리의 삶이 그럭저럭 한 평생일 수가 없음을 깨우치게 됩니다.

수가라는 동네에 우물이 있었습니다. 사마리아 땅에 있는 동네의 이름입니다. 유대인에게 있어서는 더러운 땅이라고 고개를 돌리지도 않는 곳입니다. 거기에 예수님께서 오셨습니다. 수가에는 야곱의 우물이 있는 곳입니다. 야곱이 칼과 활로 아모리 족속으로부터 빼앗은 우물입니다. 창세기 33장 19절에 야곱이 돈을 주고 샀다고 표현합니다. 돈을 주고 산 우물, 그리고 원수의 손에 들어간 것을 칼과 활로 빼앗은 곳, 거기에 야곱이 우물이 있었습니다. 그곳에 예수님이 오셨습니다. 어떤 생각이 듭니까? 오늘 우리가 모인 장소가 야곱의 우물이 있는 곳입니다. 피로 값 주고 사신 교회를 연상케 하는 장소가 아닐 수 없습니다.

야곱이 돈을 주고 샀고 칼과 활로 지킨 우물이 있습니다. 후손들이 거저 쓰고 있는 우물곁에 예수님께서 오셨습니다.

예수님이 예루살렘에 들르신 후 다시 갈릴리 지방으로 돌아가는 길에 이곳에 들리셨습니다. 우연히 들린 것이 아니라 본문 3, 4절에 보면 우리가 알지 못하는 비밀이 있음을 추측할 수가 있습니다.

"유대를 떠나 다시 갈릴리로 가실쌔 사마리아를 통행하여야 하겠는 지라" - 여기 통행해야겠다는 표현이 있습니다. 유대를 떠나서 갈릴리로 가는 도중에 일부러 사마리아땅 수가라는 동네를 들릴 목적이 있었습니다.

"유대를 떠나사 갈릴리로 가실 쌔" - 여기서 동원되는 '떠나사' 라는 단어에 관심을 기울이십시다. 이는 장소이동이 아닙니다. 이 곳에서 저 곳으로 떠난다는 이야기가 아닙니다. 여기 떠난다는 말은 '버린다' 는 것입니다. 유대 땅을 버리고 사마리아 땅으로 가셨다는 것입니다. 유대 땅을 버리고 사마리아 땅을 선택했다는 뜻입니다. 유대 땅이 예수 그리스도를 영접하지 아니하니까 예수님께서 그 땅을 버리실 수밖에 없었습니다.

사마리아는 유대인에 있어서 원수보다 못한 곳입니다. 더럽다고 생각하면서 그곳 사람을 개같이 여겼습니다. 그런데 유대인으로서 예수님은 사마리아 땅에 들어가고 계십니다. 버려진 곳, 외면당한 곳, 유대인으로서는 도저히 그 곳을 향하여 고개를 들지 않는 곳, 천박한 곳, 그곳에 지금 복음이 들어가고 있습니다. 우리는 여기서 예수님이 친히 하신 말씀을 가슴에 떠올릴 수밖에 없습니다.

"또 그 집에 들어가면서 평안하기를 빌라 그 집이 이에 합당하면 너희 빈 평안이 거기 임할 것이요 만일 합당치 아니하면 그 평안이 너희에게 돌아올 것이니라 누구든지 너희를 영접도 아니하고 너희 말을 듣지도 아니하거든 그 집이나 성에서 나가 너희 발의 먼지를 떨어 버리라" (마 10 : 12 - 14).

복음을 영접지 아니하거든 너희들이 빌어 준 평강이 너희에게로 돌려질 것이니 그 땅에 묻은 먼지를 발로부터 떨어 버리라. 무엇입니까? 심판을 선포하라는 것입니다. "발에 먼지를 떨어 버리라" – 복음전도자로서 내가 여기 왔다가 갔다고 하는 표적을 남기라는 것입니다. 복음을 전하다가 받는 조롱과 괄시에 대하여 하나님이 기록으로 보존하시겠다는 위로의 말씀입니다. 이 당하는 괄시와 조롱에 대하여 너의 빌 평안이 너희에게로 돌아갈 것이라는 축복을 선포하셨다는 것을 잊지 말아야 할 것입니다.

애굽의 바로 왕 앞에 모세가 지팡이를 던져 뱀이 되게 하고 뱀이 지팡이가 되게 하는 표적을 가지고 갔습니다. 만약에 하나님의 백성을 놓아주라는 말을 바로가 듣지 않거든 나일 강 하수에 물을 쏟아 부어라, 피가 될 것이니라. 무슨 뜻입니까? 말을 듣지 않거든 심판을 선포하라는 뜻입니다. 하나님이 바로에게 모세를 보내실 때에 주신 권세였습니다. 예수님이 제자들에게 주신 권세와 같습니다. 예수님도 그를 영접지 아니한 유대 땅을 버리고 사마리아로 가셨습니다. 복음의 소중함을 증명해 주는 모습이 아닐 수 없습니다.

● ● ● ● ● ● ● ● ● ●

복음을 가진 자로서 오늘 우리의 증거의 소중함을 하나님이 이토록 보존해 주시고 지켜주신다는 사실 앞에 구원과 함께 살아가는 삶과 동시에 신앙의 분발이 있어야 할 것입니다.

(요 4:6-8)

> "거기 또 야곱의 우물이 있더라 예수께서 행로에 곤하여 우물 곁에 그대로 앉으시니
> 때가 제 육시쯤 되었더라 사마리아 여자 하나가 물을 길러 왔으매
> 예수께서 물을 좀 달라 하시니 이는 제자들이 먹을 것을 사러 동네에 들어 갔음이러라"

"거기에 또 야곱의 우물이 있더라 예수께서 행로에 곤하여 우물 곁에 그대로 앉으시니" – 예수님은 무슨 일 때문인지 힘을 다해 가시더니 우물이 있는 수가라는 동네에 와서 그대로 곤하여 앉으셨습니다. 그의 걸음이 몹시도 피곤했습니다. 숨 가쁘게 달려온 길이었습니다. 우물가에 앉으셨더니 정오쯤 되어 한 여인이 물동이를 이고 물을 길러 옵니다.

예수님은 그 동네에서 가장 불쌍하고 비참하게 사는 한 여인을 만나러 오신 것입니다. 기진맥진할 정도로 정오의 시간을 맞추어 오신 것입니다. 한편 사마리아 여인은 예수님을 만날 계획이 전혀 없었습니다. 오직 물동이에 물을 길러 오는 생각뿐, 다른 생각이 전혀 없었습니다.

구원은 이토록 하나님이 찾아오심으로 시작됩니다. 믿음의 조상 아브라함의 경우도 그는 처음부터 하나님을 믿고 있던 사람이 아니라 우상을 섬기던 중에 하나님이 영광 중에 나타나심으로 구원의 인생을 살게 되었습니다.

지금 사마리아 여자도 마찬가지입니다. 그녀는 남편이 다섯이나 있었고 지금 있는 남편도 정혼한 남편이 아닙니다. 그러니까 이 여인은 생존을 위해 남자가 필요했던 처지에서 부끄러움 때문에 남에게 선뜻 나설 수 없는 신분이었습니다. 그녀는 매우 피곤한 삶을 절망 가운데 그럭저럭 하루하루 이 남자와 또 저 남자와 더불어 사는 비참한 인생이었습니다. 아무런 기대에 소망도 없이 일상적으로 남의 낯을 피하여 정오에 물을 기르기 위해 우물까지 온 것입니다. 관습에 의하면 남자가 물을 길러 오는 것이 정상인데 지금 여인이 물 길러 온 것 자체가 불행한 상황입니다.

사마리아 여인은 방황하는 죄인들을 대변하여 등장된 인물입니다. 오늘 우리 모두 사마리아 여인과 같습니다. 인간이 무엇이며 영혼이 무엇이며 죄가 무엇이며 죄의 결과 사망이 무엇인지, 우리는 아무것도 모른 채 사는 존재였습니다. 주어진 인생을 하루하루 오직 물질에 몸을 던지며 세상이 요구하는 모든 것에 내 정욕을 불태우면서 살아가는 인생들이었습니다.

"생자필멸生者必滅이라" 석가가 한 말입니다. 사람은 한번 태어나면 반드시 죽는다는 것입니다. "던져진 존재"는 니체(Nietzsche, F.W.)가 한 말입니다. "죽음에 이르는 병을 가진 자"는 야스퍼스(Jaspers, K.)가 하는 얘기입니다. 그런 줄 알고 살라는 겁니다. 그래서 도를 닦는 것 아닙니까? 이 정도의 결론을 가지고 너무 고민하지 말고 이해하고 덮어두고 살아가라는 것입니다. 이해한다는 것이 무엇입니까? 묻어 둔다는 것입니다. 분석하고 파헤쳐보니 별다른 것이 없다는 것입니다.

이제는 서로의 문제를 묻어두고 그 절망과 고독을 감수하고 서로 해로하고 살자는 것이 구도의 길입니다. 이해하자, 묻어두자 해결책이 없다는 것입니다. 그 절망과 고독을 이해하고 통과하면 마음이 태평양 같이 넓어지고 대범해지고 관대해져서 죽음마저도 아름답게 보이게 됩니다. 이것을 하자고 빌고 비는 것입니다. 세상의 학문은 해결책이 없을 때 진가가 납니다. 계속적인 회의와 의심 그리고 질문을 남길 때에 학문은 학문다워 집니다. 이것이 철학의 결론입니다.

이방 종교는 다 철학의 구도 아래 있는 형태를 취하고 있습니다, 해결이 없습니다. 궁극적인 답을 낼 수가 없습니다. 무한대의 회의와 갈등의 길을 걸어갈 때에 학자답습니다. 새로운 가설을 내어놓고 오늘의 결론을 지어야 합니다. 과거는 언제나 가설을 전재해 놓고 오늘의 결론을 발표하는 것입니다. 내가 연구한 것이 진리라면 이는 과학자답지 않습니다. 새로운 가설을 구상할 만큼 회의와 갈등의 문제를 내어 놓아야만 연구에 대한 진가가 나오게 되는 법입니다. 이렇게 인간은 이해와 납득의 주장으로 살아가는 것을 원리로 합니다.

그러나 하나님은 인간의 문제를 해결하는 궁극적인 해답을 가지고 이 땅에 오셨습니다. 이제 이해하려는 존재와 믿음을 주시고자 하는 존재와의 사이에서 싸움이 벌어졌습니다.

예수님께서 걸어오신 걸음을 주께서 친히 말씀하시기를 "내가 이 땅에 화평을 주러 온 것이 아니라 검을 주러 왔노라"(마 10:34) 하셨습니다. 싸움을 하러 오신 예수 그리스도를 자증自證해 주셨습니다. 오직 세상만 알고 이성으로 이해와 납득을 가지고 살아 왔던 사람들에게 믿음으로 생명의 구주되심을 증거하러 오셨습니다.

이제 싸움이 벌어졌습니다. 주권에 관한 싸움입니다. 하나님이 시작하신 싸움입니다. 이 영적 싸움에서 주께서 십자가를 통하여 승리를 선포하셨습니다. "보라, 내가 세상을 이기었노라," "다 이루었다" 하셨습니다. 우리 기독교는 물리적인 힘으로 승리하는 것이 아니라 십자가의 능력으로 승리를 선포합니다.

우리를 구원하시려는 피어린 집념을 가지시고 하나님의 사랑 앞에 항복하게 하는 역사가 성경의 내용입니다. 하나님이 구원하시려는 사랑의 이야기를 예정이라고도 하고 불가항력적 은혜라고도 표현합니다. 하나님이 하시고 자 하면 이를 저항 할 수가 없습니다. 우리의 인생을 우리의 의견대로 버려두지 아니하시고 우리를 간섭하셔서 우리로 천국 길을 가도록 인도하신 분이 하나님이십니다.

예수님이 여인에게 "물을 좀 달라"고 말을 건네셨습니다. 지금 목이 말라 피곤한 중에 있습니다. 주님이 걸어오신 물을 좀 달라 한 이 말씀에 사마리아 여인의 영혼을 일깨워 주는 도전적인 내용이 있었다는 것은 참으로 놀랍습니다. "물을 좀 달라" 하고 시작된 대화가 얼마 후에 그녀가 감추었던 자신의 부끄러운 모습을 폭로하는 자리에까지 가게 된 것입니다. 이 말씀이 그녀가 감추었던 남편 다섯을 고백하게 했고 지금 있는 남편도 정혼한 사이가 아닌 것과 자신의 절망적인 존재임을 노출시키는 말씀으로 역사했습니다.

예수님이 찾아오심으로 그녀는 드디어 절망적인 인생임을 인식하게 되었습니다. 복음전도입니다. 복음은 상대방이 처한 자리가 죄의 자리이며 고독이며 그리고 고아가 된 것 같이 버려진 자임을 알게 하는 것으로부터 시작됩니다. 인간의 죄인임을 인식하는 것이 복음의 시작입니다.

하나님은 죄를 범한 인간을 에덴의 낙원으로부터 쫓아내시고 형벌을 가하셨습니다. 죄를 지었기 때문에 형벌을 가하셨습니다. 그러나 동시에 하나님은 인간을 외면하시지 않으시고 상처받은 인간에게 찾아가셔서 얼굴을 맞대시고 공포에 떨고 있는 인간을 위로하시면서 다시 교제를 회복하시고자 사랑을 베풀어 주셨습니다. 죄를 벌하심과 동시에 곧바로 외로움과 두려움에 쌓여 있는 인간을 염려하시면서 사랑하신 분이 역시 하나님이십니다. 수치와 부끄러움으로 면목이 없어 모든 사람을 피하고 싶은 그 자리에 찾아 오셔서 인간의 수치를 폭로하면서 위로하시고 격려하십니다. 힘을 주십니다. 그러므로 하나님이 하나님과의 관계를 스스로 고정된 인간이 자신을 감추려고 고안해 낸 가면들을 벗기시고 그 부끄러움을 폭로하시는 하나님이심을 아는 것이 은혜의 자리입니다. 그러면서도 하나님은 그를 생명의 길로 인도하셨습니다. "회개하라 천국이 가까웠느니라"(마 4:17) 그렇게 죄인 됨을 폭로하시면서 천국을 소개하십니다.

이렇게 태초에 범죄한 인간들을 구원하시려는 탐색은 지금도 계속되고 있습니다. 그 찾으시는 절정이 십자가입니다. 죄로 말미암아 사망의 음침한 벽에 갇힌 우리를 찾아오시는 하나님의 모습은 많은 사람들을 감동케 합니다. 숨을 몰아쉬면서 피곤에 지쳐 목말라 하시면서 우물가에 정오에 오시더니 거기에 한 여인이 물동이를 이고 때를 맞추어 오더라는 이야기입니다.

한 영혼을 구원하시기 위하여 예수님은 이토록 부지런히 주의 경륜에 따라 시간에 맞추어서 찾아 오셨습니다. 해결되지 않는 수많은 인간 문제를 접어두고 그럭저럭 허망한 가운데 살던 우리에게 홀연히 나타나신 하나님이 오늘 수가 성 우물가에 찾아오신 예수님이십니다. 여기에 내가 사는 곳까지 주님은 말할 수 없는 고통과 아픔을 겪으시면서 나에게도 찾아 오셨습니다. 여러분에게도 찾아 오셨습니다.

참으로 힘든 전쟁을 치르셨습니다. 구유에 태어나시고 목수의 가난한 집안에서 살림을 꾸려나가는 장자의 삶을 사셨습니다. 모든 선을 베푸신 후에 돌아오는 것은 멸시와 조롱 밖에 없었습니다. 뺨을 주먹으로 맞으시고 채찍에 맞으시고 끝내 십자가에 달리셨습니다. 그렇게 싸우시면서 마침내 나와 여러분의 죽어 있는 영혼 앞에 찾아 오셨습니다.

예수 믿는 사람은 하나님의 부르심에 힘입어 하나님의 간섭이 있는 곳에서 삽니다. 예수님이 찾아오심으로 언제나 우리의 존재를 확인시키십니다. "네가 누구냐" 하는 것입니다. 오늘 네가 누구냐? 여러분의 자신은 누구입니까? 하나님의 질문 앞에 언제나 서셔야 합니다. 이 곳에 올 때마다 여러분은 누구인가? 말씀 앞에 설 때마다 말씀을 들을 때마다 내 삶의 가치가 무엇이며 지금 어디로 가고 있는가? 이 하나님의 질문을 받아야 합니다. 그곳이 교회입니다. 야곱의 우물가에 한 여인이 받은 질문도 "네가 누구냐?" 였습니다.

교회는 말썽도 없고 부끄러움도 없고 언제나 하늘나라와 같은 기쁨과 즐거움만 있는 곳이 아닙니다. 여기는 완전한 사람들이 와서 거룩하고 의로운 일들만 행사하는 곳이 아닙니다. 여기 교회란 이름으로 만난 우리의 관계와 사역 속에는 우리의 연약과 무능 그리고 우리가 저질러 놓은 부끄러움 때문에 서로 번민하고 괴로워하는 장소입니다. 내가 누구냐, 어떻게 살아왔느냐, 소망이 무엇이냐, 여러분이 교회에 나와 앉아 있으면 이 질문을 피할 길이 없습니다. 나 자신이 더러운 존재요 본질상 진노의 자녀였고 허망한 중에 살았던 자임을 깨닫는 장소입니다. 그 가슴을 아프게 하는 지적이 있어서 언제나 회개가 요구되는 장소가 교회입니다.

우리는 모두 수가라 하는 동네에 물 길러 온 비참한 운명의 여인을 찾아오신 주님을 만나는 곳, 주님이 친히 피로 값주고 사신 교회라는 동리에 와 있습니다. 십자가에서 피와 물과 살을 값으로 대속하사 빼앗으신 은혜의 우물곁에 초대되어 있습니다. 여기서 주님은 우리가 만들어 놓은 위선의 방편들을 벗기시고 폭로하시면서 동시에 영생수를 마시고 충족한 안식을 누리기를 바라십니다.

교회 활동은 모두 '내가 이 정도 밖에 안 되는구나', '지난주에 결심이 또 무너졌구나,' 이토록 나의 부끄러움과 무능함을 깨우치는 아픔과 함께 진행됩니다. 그래서 내가 맡은 직분 속에 또 여러 가지 활동을 하면서 실패도 해보고, 일이 잘 안 돼서 속상해 하는 일도 경험해 보고, 억

울한 소리도 들어보고, 울어도 보아야 합니다. 남의 소리 듣기 싫어서 아예 뒷전에 물러나 있으면 더 큰 죄를 범하는 격이 됩니다. 아무 일도 하지 않으면 아무 일도 일어나지 않는 법입니다.

하나님이 능력이 없으셔서 우리가 필요해서 우리를 부르시는 것이 아닙니다. 우리를 부르심은 우리가 누구인가를 확인시키고 우리의 잘못을 고치시고 이를 바로 정립해서 하나님의 말씀으로 충만케 채워서 하나님의 사람으로 풍성하게 살게 하시고자 하는 목적을 가지고 우리 모두를 교회란 이름이 있는 곳에 초대해 주셨습니다.

교회 오시면 뒤로 물러나 계시지 마십시오. 구경꾼으로 왔다 갔다 하지 마십시오. 교회 일에 기꺼이 참여하십시오. 할 일이 산더미 같습니다. 가만히 앉아 있을 틈이 없습니다. 직분과 기관과 부서 활동, 거기에 성도라는 이름까지 주셨습니다. 일을 게을리 하지 마십시오.

이 일이 끝나면 다음 단계의 일로 또 진행시키십니다. 일생을 통하여 하나님의 일을 놓고 끙끙거리며 아파하며 고통 받아야 자리가 교회입니다. 하나님의 형상을 이루기까지 우물곁에 찾아오신 예수 그리스도의 탐방은 오늘 우리에게도 계속된다는 사실을 잊지 마십시오.

여기 오면 당연히 우리 영혼 문제를 놓고 심각하게 뒤돌아보고 나의 세상일로 더러워진 것을 성령의 검, 곧 하나님 말씀으로 찔러 쪼개어진 나머지 하나님께 토설吐說하는 회개가 따라야 합니다. 그래서 예배를 드리고 나면 하나님 말씀대로 살아야 되겠다는 결심이 일어나야 합니다. 이 결심이 집으로 돌아가는 길에 사라질지라도 말씀을 듣는 순간만이라도 마음에 다짐하는 결심이 주어지는 고백들이 예배 중에 일어나야 합니다.

이것이 수가 성 우물가에 여인이 감당해야 할 회개의 자리입니다.

이제 우리도 하나님의 명령 아래 살기로 결심합시다. 생명의 말씀 앞에 충성하는 자세가 필요합니다. 그래서 "울며 씨를 뿌리러 나가는 자는 정녕 기쁨으로 그 단을 가지고 돌아오리로다"(시 126:6) 라고 약속해

주셨습니다. 교회 오셔서 뿌리는 눈물의 씨앗이 돋아나서 축복의 열매
로 증거될 때에야 교회의 교회다움이 나타나는 것입니다.

● ● ● ● ● ● ● ● ●

　우리 모두 우물가에 찾아오신 그리스도를 날마다 만나고 만날 때마
다 나의 신분에 대한 각성과 함께 교회의 아름다움과 소중함을 더욱 높
이는 분발이 있어야 할 것입니다.

야곱보다 더 크신 이

(요 4:9-15)

> "사마리아 여자가 가로되 당신은 유대인으로서 어찌하여 사마리아 여자 나에게 물을 달라
> 하나이까 하니 이는 유대인이 사마리아인과 상종치 아니함이러라
> 예수께서 대답하여 가라사대 네가 만일 하나님의 선물과 또 네게 물 좀 달라 하는
> 이가 누구인줄 알았더면 네가 그에게 구하였을 것이요 그가 생수를 네게 주었으리라
> 여자가 가로되 주여 물 길을 그릇도 없고 이 우물은 깊은데 어디서 이 생수를 얻겠삽나이까
> 우리 조상 야곱이 이 우물을 우리에게 주었고 또 여기서 자기와 자기 아들들과 짐승이
> 다 먹었으니 당신이 야곱보다 더 크니이까 예수께서 대답하여 가라사대 이 물을 먹는 자마다
> 다시 목마르려니와 내가 주는 물을 먹는 자는 영원히 목마르지 아니하리니 나의 주는 물은
> 그 속에서 영생하도록 솟아나는 샘물이 되리라 여자가 가로되
> 주여 이런 물을 내게 주사 목마르지도 않고 또 여기 물 길러 오지도 않게 하옵소서"

사마리아 여인과 예수님의 대화 속에서 구원의 은혜가 얼마나 놀라운가를 다시 한번 일깨워 주고 있습니다.

사마리아 여인에게 있어서 예수님은 유대인일 뿐입니다. 사마리아 사람으로서는 유대인을 볼 때마다 적개심을 품고 있었던 원수에 지나지 않습니다. "당신은 유대인으로서 어찌하여 사마리아 여자 나에게 물을 달라 하나이까?" 이 여인의 반응 속에서 예수 그리스도를 유대인으로 부르는 것을 보면 "물을 좀 달라"고 하는 부탁이 자기를 조롱하는 말로 들렸을 것임이 틀림없었습니다.

평소에 유대인들로부터 경멸과 괄시를 받고 있던 입장에서 유대인이

물을 좀 달라고 말을 건네 온 것을 상당한 거부감을 가지고 대화를 피하
려고 했을 것으로 보이는 내용입니다.

9절, "당신은 유대인으로서 어찌하여 사마리아 여자 나에게 물을 달
라 하나이까" 사마리아 여자가 예수님께 보인 반응입니다. 여기서 저항
감이 밑바탕에 흐르고 있는 어조로 느껴집니다. 이와 같이 대화가 단절
되려는 상황에서 예수님은 인간으로서는 도저히 상상에도 없던 생수의
이야기를 꺼내십니다.

지금 목말라 물을 마셔야 할 장본인은 정작 예수님 자신이십니다. 그
런데 10절, "네가 만일 하나님의 선물과 또 네게 물좀 달라 하는 이가
누구인줄 알았더면 네가 그에게 구하였을 것이요 그가 생수를 네게 주
었으리라" 고 말씀하셨습니다.

"생수를 네게 주었을 것이라" 이 말씀이 그 여자의 호기심을 자극하
고 있었습니다. 여인에게 있어서 생수는 당장 해결해야 할 최대의 인간
문제입니다. 그런데 단서가 붙습니다. 내가 말하는 자가 누구인 줄 알았
다면 입니다. 생수와 관련된 자, 지금 자신과 말씀하고 있는 자는 보통
사람이 아니라는 것입니다. 이 때까지 그 여자가 만나 본 보통 사람과는
그 부류가 틀림없이 다릅니다. 그렇다고 제사장이나 서기관이나 선생
은 아닙니다. 그는 생수를 주실 분이시요, 하나님의 선물을 가지고 오신
분이십니다. 그는 특별한 존재임은 틀림이 없습니다. 이러한 호기심을
불러일으킴과 동시에 점차적으로 여자의 영안이 열려지고 있었다는 것
을 주목해야 합니다.

만일 네가 알았다면, 그러나 지금은 모르고 있다는 것입니다. 주님은
여인의 무지함을 지적하셨습니다. 그래서 아직은 생수를 주실 수가 없
으십니다.

"네가 알았다면 주었으리라" 아직은 주지 않으셨습니다. 하지만 예수
님은 여인에게 있어서 생수를 주실 분이시며 생수의 선물을 가지신 하

나님으로서 계속 그 여자 앞에 존재하실 것입니다. 생수를 가지고 말입니다.

예수님이 주시고자 하는 생수는 생명입니다. 니고데모에게 말씀하셨던바 중생의 생명입니다. 거듭남의 생명입니다. 영원히 목마르지 아니하는 영생수입니다. 구원을 위하여 행하신 하나님의 사랑을 알고 영원토록 그 하나님과 함께 살아가는 삶 자체입니다.

이 생수는 하나님이 주시는 선물로서 인간이 구할 수가 없습니다. 하나님이 주실 때에 받아 마실 수 있는 물입니다. 우리가 마시는 물은 육체의 생명과 관련하여 없어서는 안 될 생수입니다.

우리가 마시는 물은 쉽게 구할 수가 있습니다. 그러나 여기 야곱의 우물 안에 물이 넉넉히 있다 할지라도 그것을 떠서 주지 아니하는 한, 예수님의 목마른 상태는 그대로 남아 있습니다. 그렇듯이 사마리아 여인도 예수님이 비록 구원의 영생수를 주실 분이실지라도 아직 그녀가 이를 깨닫지 못하고 거부하고 있는 한, 그 여자는 여전히 이러한 영생수를 받아 마실 수가 없습니다.

우린 주님이 한 영혼을 구원하시는 데 있어서 취하신 행동 하나하나에 큰 감동을 받고 있습니다. 주님이 영원히 목마르지 아니하는 생수를 주실 것입니다. 여인의 무지함과 저항심에도 불구하고 예수님은 그 여인의 마음을 열고 구원의 생수를 마시게 하실 분이십니다. 이토록 구원의 의지가 강렬하십니다. 하나님이 영원 전에 계획하신 한 영혼을 구원하는 데 있어서 하나님은 그의 사랑도 긍휼도 오래 참으심도 아낌없이 동원하여 이에 쏟아 부으시는 열정을 품고 계십니다.

"만일 내가 누구인 줄 알았다면 그에게 구했을 것이요 그가 생수를 주었으리라" – 예수님은 자신의 메시아 되심을 알지 못하는 인간의 저항에도 불구하고 끝까지 인내하시면서 그에게 구하도록 간섭하고 계십니다. 생수를 주실 것을 또 약속해 주셨습니다.

　주님은 계속 따져 묻는 여인의 무지함과 어리석음을 질책하지 아니하시고 그녀의 모든 편견과 고집을 극복하고 계셨습니다. 주님의 구주 되심을 깨우치는 일에 인내하시면서 한 인간의 고집을 꺾고 주님의 말씀 앞에 설복시키고 계시는 장면입니다.

　믿음은 우리 자신의 것을 얻고자 시도하는 적극성이나 열심히 아닙니다. 믿음은 하나님의 은혜로우시고 사랑이 넘치는 손길에 감동 받아 하나님 앞에 엎드리는 항복의 상태입니다. 하나님의 사랑에 녹아 나서 나의 고집을 꺾고 그 하나님의 사랑 앞에 나도 하나님을 사랑한다고 두 손들고 엎드리는 상태, 그래서 하나님께로부터 설복 당하는 결과, 내가 믿는다고 나서는 것입니다. 나의 의지나 결심으로가 아니라 하나님의 은혜로우신 사랑의 섭리에 의해서 하나님을 사랑한다고 고백하는 것이 믿음입니다.

　11절 말씀 "여자가 가로되 주여, 물 길을 그릇도 없고 이 물은 깊은데 어디서 이 생수를 얻겠삽나이까?" – 사마리아 여자의 질문에서 우리는 그 여인의 상태를 몇 가지로 요약해 볼 수가 있습니다. 첫째로 그녀는 아직까지 예수님을 구주로 알지 못하고 있다는 것이고 두 번째는 그의 관심은 주님의 뜻과는 전혀 달리 물질적인 것에 관심을 기울이고 있다는 것입니다. 그리고 생수의 진의를 전혀 알지 못하고 있다는 것입니다.

　"주여 물 길을 그릇도 없고…" – 여인의 주님에 대한 무지함이 완벽함을 드러내는 반응입니다. 여자의 관심은 샘물과 두레박이었습니다. 하나님의 선물로서 영생수와는 거리가 멉니다. 영혼에 관련된 문제에는 관심이 없습니다. 당장 물 길러 오는 번거로움과 고통을 면해보고 싶은 물욕에 사로잡혀 있습니다.

　"주여, 물을 길을 그릇도 없습니다"고 하는 넋두리에서 우리는 정확히 죄인의 초상화를 보게 됩니다. 빛이 왔으되 어두움이 이를 깨닫지 못하는 현상입니다. 우리는 이 대목에서 사람들이 일방적으로 예수를 구주로 영접할 수 없었던 이유를 발견하게 됩니다. 그것은 사람들이 갖는 관심이 전적으로 물질에 있기 때문이란 것입니다. 사마리아 여인의 마음속에는 육체와 관련된 생수와 이를 구하기 위한 편리한 수단들과 또 자신이 감당해야 할 삶의 의무 같은 무거운 짐으로 가득 차 있습니다. 이것을 어떻게 풀어낼까 이것을 어떻게 해결할까 거기에 전념하고 있었고 운명적으로 그 문제에 자기 자신을 바치는 일에 성실하고 있었습니다.

인간은 이토록 태어나면서부터 생득적인 자기 실존을 가지고 살아갑니다. 의식주의 기본적인 문제를 해결하기 위하여 온 생애를 헌신하며 바치며 성실하는 데에 인색치 아니합니다. 기본적인 생존권을 위하여 쟁탈하고자 하는 생존경쟁의 굴레 속에서 인간은 수많은 노력을 경주하면서 살아남기 위한 지혜와 지식을 습득하는 일에 게으르지 않습니다.

여기에서 절망하는 자가 드디어 윤리적인 실존으로 나아갑니다. 좀 더 선하고 아름답게 숭고하게 살고 싶은 생각을 드디어 품게 됩니다. 내면에 건전한 정신세계, 거기에 의미가 있고 가치가 있고 보람으로 각색하여 아름다운 삶을 추구하게 됩니다. 그러나 이러한 정신적이고도 윤리적인 실존에서 절망을 느끼는 자가 드디어 종교적인 실존으로 발전합니다. 이는 키에르케고르(Kierkegaard, S.)의 말입니다.

세상과 물질만을 전부로 알고 있는 한, 인간은 하나님을 찾아 나설 수가 없습니다. 주님이 약속하신 생수가 무엇을 의미하는지 이를 주시고자 그녀 앞에서 말을 건네 온 자가 누구인지 사마리아 여인으로서는 도저히 알 도리가 없습니다.

이 세상에는 하나님을 아는 길을 방해하는 것들로 즐비해 있습니다. 하나님 나라로 가는 길에 도움이 되는 일이 거의 없고 모든 경우 방해물들만 있습니다. 우리의 영안을 가리는 수많은 일들이 곧 세상사 전반에 걸쳐 있습니다. 경제활동을 통한 나의 치부, 나의 명예, 쾌락과 흥미진

진한 온갖 재미있는 일들, 가정의 범사와 그 의무감들, 우리가 충실하고 있는 직업이나 사업이나 생업이나 무엇이나 간에 우리의 영적인 일에 방해물들입니다.

마태복음 13장 22절에 보면 하나님의 말씀을 막는 것 중에 우리를 놀라게 하는 것은 "세상의 염려와 재리의 유혹"이라고 지적하였습니다. 세상의 일에 붙잡혀 고민하다 보면 하나님의 말씀을 붙들 기회를 잃게 되고 그 세상의 문제에 매달려 염려하고 근심하다 보면 하나님을 위하여 일할 기회를 놓치게 된다는 뜻에서 말씀을 막는 요인 중에 가장 놀라게 하는 것은 세상의 염려입니다. 생존경쟁의 굴레 속에서 우리가 서 있는 곳이 합법적인 자리일지라도 우리의 영성을 고갈케 하고 하나님의 나라와 그 의를 추구하는 데에 있어서 방해물이 된다는 것은 믿는 사람으로서 언제나 각성해야 할 부분임을 지나쳐서는 안 됩니다.

사마리아 여자의 영안은 여전히 닫혀져 있었고 그녀의 반박은 계속되고 있었습니다.

"주여 물을 길을 그릇도 없고 이 물은 깊은데 어디서 이 생수를 얻을 수 있사옵나이까?" 그리고 계속하여 의문을 제기합니다.

> "우리 조상 야곱이 이 우물을 우리에게 주었고 또 여기서 자기와 자기의
> 아들들과 짐승이 다 먹었으니 당신은 야곱보다 더 크니이까" (요 4 : 12).

사마리아 여인에게 있어서 예수님이 가지신 생수가 야곱의 우물에서 나는 것보다 더 좋은 물이라면 분명 그녀 앞에 있는 사람은 야곱보다 더 크신 분임이 틀림이 없습니다. 그러나 그녀에게 비친 예수님은 피곤에 지쳐 있고 목이 말라 허덕이고 있는 중이며 먼지로 뒤덮여 있는 초라한 나그네일 뿐, 저들의 옛 조상 야곱보다 더 크고 훌륭한 자로는 보이지 않습니다. 아니 그렇게 믿을 수가 없었습니다.

저들의 조상 야곱은 이 우물에서 나는 샘물로 그 아들들과 가축들을

실컷 먹이고도 남을 만큼 풍족한 생애를 누리게 했습니다. 다른 곳에서는 이 우물보다 더 좋은 물을 맛보지 못하였습니다. 여인에게 있어서 저의 조상 야곱이 제일 크고 훌륭한 족장입니다. 이 우물을 판 야곱보다 더 크다면 당신의 말을 믿겠다는 뜻입니다. "당신은 야곱보다 크니이까?"

이토록 주님이 약속하신 생수에 대한 여인의 반응이 전혀 엇갈리고 있는 답답한 상황입니다. 그러나 주님은 한 발자국씩 그녀의 영안이 밝아지도록 인도하고 계셨습니다.

"예수께서 대답하여 가라사대 이 물을 먹는 자마다 다시 목마르려니와 내가 주는 물을 먹는 자는 영원히 목마르지 아니 하리니 나의 주는 물은 그 속에서 영생하도록 솟아나는 샘물이 되리라" - 사마리아 여인의 생각으로는 야곱의 우물이 깊고 물을 기르기에는 힘이 들 뿐 아니라 지금 그 앞에 서 있는 예수님은 물을 길을 두레박도 밧줄도 없는 입장에서 어떻게 물을 주겠다는 것이냐는 것입니다. 당신이 야곱보다 크다면 모르겠거니와 지금 보니 우리 족장 야곱보다 크지 않게 보인다는 것입니다. 어떻게 당신이 나에게 목마르지 아니하는 생수를 주겠다는 말이냐 하는 것입니다. 믿을만한 근거가 없다고 반박하는 내용입니다.

"당신이 야곱보다 크니이까?" 그래도 주님은 단념하지 않으셨습니다. 이토록 죄로 무지함에 빠져있는 한 영혼을 구원하기 위하여 드디어 자신의 정체를 밝히기 시작합니다.

● ● ● ● ● ● ● ● ●

예수님이 영혼구원을 위하여 쏟으신 열정을 엿보면서 오늘 우리가 받은 구원도 이 무지한 여인과 같은 나에게 찾아오신 예수께서 쏟아 놓으신 끈질긴 사랑의 열정 때문에 이루어진 결과임을 생각하는 순간, 우리는 마땅히 주님께 영광을 돌려 드려야 할 것입니다.

생수

> "예수께서 대답하여 가라사대 이 물을 먹는 자마다 다시 목마르려니와
> 내가 주는 물을 먹는 자는 영원히 목마르지 아니하리니
> 나의 주는 물은 그 속에서 영생하도록 솟아나는 샘물이 되리라
> 여자가 가로되 주여 이런 물을 내게 주사 목마르지도 않고
> 또 여기 물 길러 오지도 않게 하옵소서"

죄란 하나님에 대하여 아무것도 모르는 상태입니다. 곧 무지함입니다. "네가 만일 내게 말한 자가 누구인 줄 알았다면 네가 그에게 구하였을 것이요 그가 생수를 네게 주었으리라" 사마리아 여자는 주님께 구할 만큼 그 앞에 있는 이가 누구인지 몰랐다는 것입니다. 몰랐기 때문에 구할 이유가 없었습니다. 그러나 그 여자를 설득하시는 예수님의 모습에서 영혼구원을 놓고 싸우시는 하나님의 사랑을 만나게 됩니다.

예수님은 영적으로 눈을 감고 있는 자에게 마침내 자신의 정체를 밝히기 시작합니다.

　　"예수께서 대답하여 가라사대 이 물을 먹는 자마다 다시 목마르려니와
　　내가 주는 물을 먹는 자는 영원히 목마르지 아니하리니 나의 주는 물은 그
　　속에서 영생하도록 솟아나는 샘물이 되리라"(요 4 : 13, 14).

예수님의 생수에 대한 말씀을 듣고 사마리아 여자가 내린 결론은 이
것입니다. 야곱은 이 물을 파서 아들들과 짐승들을 넉넉히 먹게 하였는
데 "당신은 야곱보다 크니이까?" 여자의 입장에서는 야곱에 비하면 그
녀 앞에 서 있는 예수님은 초라한 길손에 불과합니다. 그러나 다음 예수
님의 말씀에서 여자의 편견을 깨뜨리는 도전적인 장면을 엿볼 수가 있
습니다.

"이 물을 마시는 자마다 다시 목마르려니와" – 야곱의 우물에서 나는
물은 마시고 나면 한참 후에 또 마셔야 되는 물입니다. 오늘 이토록 힘
들어 길어 가면 내일 또 길어 와야 되는 물입니다. 야곱의 샘물로는 거
듭되는 육체의 목마름을 해갈하기에 너무나 번거롭고 피곤할 뿐입니
다. 아무리 마셔도 다시 갈해지는 목마름을 막을 길이 없습니다.

"이 물을 마시는 자마다 다시 목마르려니와" – 예수님은 여자에게 야
곱의 샘물로는 도저히 해갈해질 수 없는 인생의 근원적인 문제 곧 영혼
의 갈증이 있음을 문제로 꺼내시는 장면입니다. 육체가 요구하는 끝없
는 갈증을 가리켜 탐심이라고 합니다. 인간은 자신의 내면에서 끊임없
이 솟구쳐 오르는 정욕과 자존심을 억제할 능력이 없습니다. 이를 만족
시킬 수 있는 길이 이 세상에는 없습니다.

사람들은 누구나 예외 없이 탐심의 노예들입니다. 그래서 삶이 피곤
하고 고통스럽습니다. 물질로 명예로 권력으로 탐심을 해갈하고자 온
갖 싸움을 치르지만 결코 사람을 평안케 하거나 행복케 하거나 기쁨 속
에 살게 할 수는 없습니다. 삶을 든든하게 지켜주는 길이 이 세상에는
아무 데도 없습니다. 목표를 성취하고 나면 또 다시 밀려오는 불안과 절
망을 피할 길이 없습니다.

이토록 거대한 힘으로 몰려오는 근원적인 불안과 두려움 그리고 고독과 절망의 문제를 무엇으로 극복할 수 있겠습니까? 이방 종교의 형태는 모든 인간 속에서 일어나는 탐심이나 자존심을 억제하는 방법으로 금욕이나 극기나 자기 학대의 길을 내용으로 하고 있습니다. 아무리 해탈하고 성불이 된다 해도 여전히 인간 상황 아래서 맴돌 뿐 절망과 고독은 그대로 남아 있는 셈입니다. 왜 이런 일이 일어납니까? 성경은 죄, 하나님 앞에서 지은 죄 때문이라고 지적합니다.

예수님이 사마리아 여자에게 하신 말씀은 결정적으로 인간이 안고 있는 문제에 대한 해답으로 주신 말씀입니다.

"내가 주는 물을 먹는 자는 영원히 목마르지 아니하리니 나의 주는 물은 그 속에서 영생하도록 솟아나는 샘물이 되리라" – 우리는 여기서 생수에 관련된 신학적인 주제를 살펴볼 필요가 있습니다. 예수님과 사마리아 여인과의 대화에서 중심이 되는 주제는 영생입니다. 니고데모에게 전하신 말씀의 내용도 영생이었습니다.

"하나님이 세상을 이처럼 사랑하사 독생자를 주셨으니 이는 저를 믿는 자마다 멸망치 않고 영생을 얻게 하려 하심이니라" (요 3 : 16).

요한은 이미 1장에서 말씀하신 예수 그리스도를 소개하시면서 이 말씀이 육신이 되어 우리 가운데 거하신다고 증거한 바가 있습니다. 그렇게 성육신 하신 말씀을 고도의 상징으로서 빛과 생명으로 설명하면서 이와 반대되는 세력을 어두움과 죽음으로 묘사한 바가 있습니다. 사마리아 여인과의 대화에서 등용되고 있는 단어 '생수' 도 상징어 중의 하나입니다. 이는 요한복음 7장 37절 이하에 기록된 말씀 가운데 있는 것과 동일한 단어입니다.

"누구든지 목마르거든 내게로 와서 마시라 나를 믿는 자는 성경에 이름
과 같이 그 배에서 생수의 강이 흘러 나리라 하시니"(요 7 : 37, 38).

생수의 강과 같은 개념이 생수입니다. 예수님은 일상생활에서 쉽게
접할 수 있고 보편적으로 알려져 있는 현실감이 있는 소재들을 사용하
심으로써 듣는 이로 하여금 쉽게 의미를 깨닫도록 해 주셨습니다. 자연
속에서 영적인 의미와 지혜를 가미함으로써 함축성 있는 진리를 적절
하게 표현하셨습니다.

본문 4장에서 동원되는 생수에 대한 영적 의미도 상징과 비유의 차원
에서 살펴보아야 할 신학적인 주제입니다. 생수는 사마리아 여인이 물
을 길러 온 야곱의 우물을 중심으로 진행되는 대화 중에서 사용되는 단
어입니다. 일반적으로 마시는 물을 가리킵니다. 샘에서 길어 올린 마시
는 물입니다. 육체의 목이 갈할 때 갈증을 해소해 주는 역할을 합니다.

이와 같이 영혼의 갈증이라는 문제를 일으키시고 샘물이 육체의 목
마름을 해갈하듯이 영혼의 갈증 역시 해갈해 주는 샘물이 필요하다는
것을 역설하고 계십니다. 인간의 심령은 영혼의 양식인 생수를 마시지
못하면 목이 갈한 상태에서 갖는 것과 같은 고통을 면할 길이 없습니다.
우리가 생각해야 할 것은 우물에서 퍼 올리는 물과 영생하도록 솟아나
는 샘물과의 차이입니다.

13절과 14절, "이 물을 먹는 자마다 다시 목마르려니와 내가 주는 물
을 먹는 자는 영원히 목마르지 아니하리니 나의 주는 물은 그 속에서 영
생하도록 솟아나는 샘물이 되리라" – 참으로 아름다운 말씀입니다. 솟
아나는 샘물은 쉬지 않고 계속적으로 솟구쳐 오르는 물줄기를 이룹니
다. 그러나 우물 안에 있는 물은 고여 있는 것과 다름이 없습니다. 야곱
의 우물은 깊고 이미 야곱이 그 아들들과 가축들이 퍼서 다 마셔 버린 후
메마른 샘입니다. 물이 고인다 하더라도 바닥을 겨우 채울 정도입니다.

여인이 생각하고 있던 샘물은 이처럼 메마르고 빈곤한 상태입니다. 여인이 해결해야 할 일상생활 중 가장 힘겹고 고달픈 의무 중에 하나가 물을 길러 오는 것입니다. 예수님이 내가 주는 물은 그 속에서 영생하도록 솟아나는 샘물이 되리라 하셨을 때에 여인의 심정이 어떠했겠습니까? 말할 수 없는 호기심을 불러일으키고도 남았을 것입니다. 여인의 즉각적인 응답에서 그의 갈급함을 엿볼 수가 있습니다.

15절 말씀입니다. "여자가 가로되 주여 이런 물을 내게 주사 목마르지도 않고 또 여기 물 길러 오지 않게 하소서" – 여인이 평소에 품고 있던 소원을 그대로 말하고 있는 내용입니다. 예수님은 이러한 자연현상을 이용하여 영혼의 문제를 꺼내신 것입니다. 여기 생수라는 말은 하나님의 선물과 동일한 격으로 언급되었음은 우리의 주목을 끌만한 대목입니다.

10절 말씀입니다. "네가 만일 하나님의 선물과 또 네게 물을 좀 달라 하는 이가 누구인 줄 알았더면 네가 그에게 구하였을 것이요 그가 생수를 네게 주었으리라." 생수가 하나님의 선물임을 입증해 주는 또 다른 구절은 로마서에 있습니다.

"죄의 삯은 사망이요 하나님의 은사는 그리스도 예수 우리 주 안에 있는 영생이니라" (롬 6:23).

하나님의 선물은 예수 그리스도 안에 있는 영생입니다. 또 영생은 거듭난 자만이 소유할 수 있는 것으로 하나님이 주시지 아니하시면 인간 편에서는 받을 수가 없습니다. 또 이 성령은 하나님이 주시는 선물로 표현되어 있습니다.

"베드로가 가로되 너희가 회개하여 각각 예수 그리스도의 이름으로 세례를 받고 죄 사함을 얻으라 그리하면 성령을 선물로 받으리니" (행 2:38).

또 본문의 생수와 관련이 깊은 말씀 중에 이사야서는 이렇게 표현하고 있습니다.

"너희가 기쁨으로 구원의 우물들에서 물을 길으리로다" (사 12 : 3).

생수는 구원을 가져다주는 물이며 주시는 자는 하나님 자신입니다. 다시 말하면 생수의 근원이 하나님이십니다. 하나님은 언제나 생수의 근원으로서 하늘의 생수의 원천지를 충만하게 채우고 계십니다. 하늘은 언제나 충만하고 흘러넘칩니다. 아무리 쏟아 붓고 또 쏟아 부어 이 땅을 충만하게 한다 하실 지라도 하늘은 여전히 충만하고 또 충만한 상태에 있습니다. 일곱 뿔과 일곱 눈으로 상징되는 충만한 성령이 하늘의 원천지를 이루고 있습니다. 하늘은 빈곤치 않습니다. 충만한 상태에서 생수의 근원지입니다.

요한복음 7장 38절에서 예수님이 직접 하신 말씀이 이렇습니다.

"나를 믿는 자는 성경에 이름과 같이 그 배에서 생수의 강이 흘러나리라"고 약속하셨습니다. 이 약속대로 사도행전에서 성령강림의 능력에 부딪친 사도들을 비롯하여 초대교회 성도들에게는 감당할 수 없는 기쁨과 행복이 흘러넘치는 상태에서 복음증인의 사명을 감당하였습니다. 비록 현실은 핍박이요 환난 속에서 매를 맞으며 옥에 갇혀 헐벗고 추위에 떨며 고통 속에서 저들의 처한 자리가 참으로 비참함 일지라도 그 영혼으로부터 솟아오르는 감격의 기쁨과 행복의 찬송을 감당할 수가 없었습니다.

바울의 생에는 십자가의 고난을 연상케 하는 고통의 삶을 살면서 그 것도 로마의 죄수로 옥에 갇혀 내일이면 단두대에 목이 잘려 나갈지도 모르는 절박한 상황 속에서도 그는 성도들에게 "기뻐하라, 기뻐하라, 내가 다시 말하노니 기뻐하라"고 기쁨을 권면하였습니다.

스데반 집사는 원수가 던지는 돌팔매질에 맞아 죽어 가는 가장 처참한 자리서 그 얼굴이 천사와 같이 되어 화평과 사랑을 전달하였습니다. 원수에게라도 예수 믿는 자의 행복과 기쁨 그리고 소망이 무엇인가를 전하고 싶은 일념으로 고통 중에 죽어 가는 자리에서 쏟아 놓은 기도가 무엇이었습니까? "주여, 저들의 죄를 용서 하옵소서" 였습니다. 전혀 다른 세계를 사는 자의 모습이었습니다. 생수가 배에서 강같이 흘러내리는 모습입니다. 영생하도록 솟아나는 샘물을 마신 자의 환희와 기쁨의 모습이 아닐 수가 없습니다.

생수의 특징은 영속성입니다. 이 세상이 주는 물은 마시고 나면 또 마셔야 되는 단회적인 효험뿐입니다. 계속 일어나는 육체의 목마름을 해결할 방법이 없습니다. 인간은 본질적으로 죽음의 심판 아래 있다는 것을 무엇으로 증명할 수 있습니까? 인간의 육체가 갖는 것으로는 우리의 생애를 줄기차게 감동케 하거나 기쁘게 하거나 만족케 하거나 든든하게 할 수가 없습니다. 하루 세끼 밥을 먹어야 지탱하고 하루 6시간 이상의 일정한 수면을 취해야만 생체리듬이 유지됩니다. 그것만으로 삶을 힘있게 하거나 행복하게 할 수가 없습니다. 거기에 또 의미와 보람이 채색되어야 합니다.

그런데 그 가치들이 다 절대적이지 못합니다. 어제의 가치가 오늘엔 소용이 없습니다. 어제의 진리가 오늘은 불의로 전락하고 맙니다. 모두가 상대적입니다. 동양에선 통하는데 서양에선 안 통합니다. 아무리 취하고 누린다 할지라도 이 세상의 가치로는 인생의 본질적인 행복을 보장받을 수가 없습니다. 모두 하나님 앞에서 지은 죄의 결과로 빚어진 비참함이며 절망의 심연입니다. 그 원인을 성경은 죄, 죄 때문이라고 지적합니다. 죄의 문제를 풀지 않는 한 영원한 행복이나 만족이나 기쁨이 없습니다.

목마름을 해갈하지 않고는 인간에게는 영원한 행복이 없습니다. 아모스는 이런 말씀을 합니다.

"양식이 없어 주림이 아니며 물이 없어 갈함이 아니요 여호와의 말씀을 듣지 못한 기갈이라" (암 8 : 11 하반절).

인간이 느끼는 갈증 가운데 근원적인 기갈은 여호와의 입에서 나오는 말씀입니다. 영적 기갈이 근원적인 인간문제입니다. 하나님은 무엇을 먹을까 무엇을 마실까 무엇을 입을까 염려하는 인간에게 영원토록 솟아나는 샘물을 주시리라고 약속하시면서 초청하십니다. 영원토록 목마르지 아니하는 생수에 대하여 시편의 노래는 무척이나 풍요롭습니다.

"복 있는 사람은 악인의 꾀를 좇지 아니하며 죄인의 길에 서지 아니하며 오만한 자의 자리에 앉지 아니하고 오직 여호와의 율법을 즐거워하여 그 율법을 주야로 묵상하는 자로다 저는 시냇가에 심은 나무가 시절을 좇아 과실을 맺으며 그 잎사귀가 마르지 아니함 같으니 그 행사가 다 형통하리로다" (시 1 : 1 - 3).

• • • • • • • • •

영원히 목마르지 아니하는 생수는 하나님만이 주실 수 있는 것으로 우리에게 값없이 주시는 선물입니다. 값을 헤아릴 수 없어 은혜의 선물이라 하였을까요? 이 놀라운 만족과 기쁨 그리고 희락과 평강은 오늘 예수 그리스도를 통해 마땅히 우리가 누려야 할 분복임을 놓치지 마시기 바랍니다.

(요 4:9)

"사마리아 여자가 가로되 당신은 유대인으로서 어찌하여 사마리아 여자 나에게 물을 달라
하나이까 하니 이는 유대인이 사마리아인과 상종치 아니함이러라"

예수께서 한 영혼에게 찾아 오셔서 어떻게 구원을 이루시는가? 구원이 전적으로 하나님의 은혜로 이루어진 것임을 설명하는 장면으로 그 대표적인 내용이 사마리아 여인에 관한 이야기입니다.

그 이전에 우리가 기억해야 할 것은 니고데모라는 사람과 예수님과의 대화를 떠올릴 필요가 있습니다. 니고데모는 유대관원입니다. 당시로 말하면 부족할 것이 없는 신분입니다. 학식으로나 덕망으로나 종교심이나 삶의 경건성이나 어느 모로 보나 인간으로서 완벽한 자입니다. 그가 영생을 얻으려고 주님께 왔습니다. 주님이 그에게 하신 말씀 "사람이 거듭나지 아니하면 하늘나라에 들어갈 수 없느니라" 였습니다. 성

경이 무엇을 이야기하고 싶습니까?

아무리 완전한 인간이라도 거듭나지 아니하면 구원에 있어서는 소망이 없다는 것입니다. 인간의 상황이 어떤 조건이라도 구원을 이루는 데 있어서는 아무런 소용가치가 없다는 것입니다. 그 대표적인 사건이 니고데모의 이야기입니다.

그 다음에 성경은 이어서 사마리아 여인을 등장시킵니다. 그녀는 유대사회에서 가장 처절하고 불쌍한 인생입니다. 신분적으로나 종교적으로 비천한 자입니다. 남편이 다섯이나 있고 지금 사는 남편도 정혼한 사이가 아닙니다. 그 정도로 처절한 인생입니다. 니고데모와 비교하면 아주 불행하고 비천한 인생입니다. 사마리아 여인의 이야기를 전하면서 우리에게 하고 싶은 이야기가 무엇입니까?

도저히 세상으로 볼 때 희망이 없는 인간일지라도 구원에 있어서 만은 소망이 있다는 것입니다. 구원은 오직 하나님의 은혜로 이루어진 것으로 전적으로 하나님의 주권에 속하는 역사임을 강하게 증거로 제시해 준 인물이 사마리아 여인에 관한 이야기입니다.

예수께서 오셔서 여인에게 물을 좀 달라 하셨더니 여인의 반응은 무척이나 퉁명스럽습니다. "당신은 유대인으로서 어찌하여 사마리아인에게 물을 달라 하나이까?" 이런 반응을 보입니다. 주님의 요구에 보여주는 사마리아 여인의 반응은 상당한 이유가 있습니다. 성경은 그 다음절에 "유대인과 사마리아 여인이 서로 상종치 아니함이러라"는 설명을 삽입하면서 예수님과 여인의 사이를 대립시켜 놓고 있습니다. 사마리아 여인으로서는 유대인인 예수의 물을 좀 달라 하는 청을 도저히 받아들일 수가 없는 것이었습니다. "어찌하여 유대인인 당신이 나에게 물을 달라 하나이까?" 저항이 섞인 반응입니다. 당연한 저항입니다.

"서로 상종치 아니함이러라"에서 우리는 대화의 어려움을 짐작할 수 있습니다. 사마리아 사람도 이스라엘 족속입니다. 유대사람도 이스라엘 족속입니다. 그런데 다른 어느 민족보다도 서로 만나면 사나운 원수 사이가 되었습니다. 사마리아 사람은 이스라엘 열두 지파 중에 열 지파가 뭉쳐 갈라져 나가 사마리아를 수도로 해서 북방 이스라엘 나라를 건설했습니다. 그리고 그 나라를 보존하기 위하여 여호와 하나님을 버리고 주변 국가들과 동맹을 맺어 혼합 종교를 만든 집단이었습니다.

유대인들 보기에는 갈라져 나간 사마리아 사람들은 반역자들의 집단입니다. 여호와 하나님께 배역한 집단입니다. 상종치 않는 정도가 아니라 붙잡기만 하면 노예로 삼고 죄인으로 취급했던 대상입니다. 같은 민족이면서도 신앙의 엇갈림 때문에 원수 사이로 지냈던 사이입니다.

그런데 지금 유대인으로서 예수님이 사마리아인에게 말을 건네옵니다. "물을 좀 달라"는 것입니다. 당시 상식으로는 도저히 있을 수 없는 일입니다. 예수님의 질문에 "어찌하여 당신이 나에게 물을 달라 하나이까?" 라는 반응은 다시 말하면 '어찌하여 나에게 말을 건네옵니까?' 는 의구심입니다. 여인에게는 유대인으로서 예수를 이해할 수가 없었습니다. 앞에 찾아온 예수님이 유대인으로 밖에는 보이지 않았습니다. 이럴 수 있습니까? 유대인인 당신이 어찌하여 사마리아인인 나에게 물을 좀 달라 하나이까?

그 여인은 해묵은 관념에 잡혀 있었습니다. 그렇게 원수 사이로 지냈던 두 집단간의 악습에 잡혀 있었습니다. 깨어지지 않는 자기 자신의 자존심과 고집이 밑바탕에 흐르고 있었습니다.

우리도 하나님에 대하여 마음이 닫혀 있는 상태에서 인간적인 편견으로 하나님을 섬기고 있을 수도 있습니다. 합리적인 사고와 우리의 전통적인 관습에 사로 잡혀 하나님의 은혜의 말씀에 대하여 마음을 닫아 버리는 습성들이었습니다. 마음을 열지를 않습니다.

신앙의 넘어짐은 대개 두 가지로 대별됩니다. 교만과 절망입니다. 믿다가 중단하는 사람들을 보면 대개 자기 자신에 대한 절망 때문입니다.

기도도 큰 변화가 없고 상당히 깊이 믿었는데도 아직도 자신은 세상적
이고 계속 교회에 나오면 부끄럽고 더욱 답답한 심령을 호소하게 됩니
다. 그래서 내린 결론이 이렇습니다. '어느 정도 정리하고 다시 오자.
세상 줄 끊을 것 끊고 정리 할 것 정리해서 더 이상 부끄럽지 않은 정도
가 되면 다시 시작하자' 그래서 세상으로 돌아가는 사람들이 꽤 있습니
다. 자존심에 걸리는 한 매우 참기 어렵기 때문에 자기 합리화의 고집을
보입니다. 우리는 떳떳해지고 싶은 심리를 벗어날 수가 없습니다. 예수
를 믿어도 떳떳하게 믿고 싶기 때문에 하나님의 은혜의 말씀을 거부합
니다. 그래서 다시 떳떳해 지고 싶어서 세상으로 돌아갑니다.

우리는 우리 스스로가 잘못을 인정하기가 어렵습니다. '나는 무능하
다.' '나는 고아와 같은 인간이다.', '나는 미련하다.', '나는 실수투성
이' 이다, 이 말을 못합니다. 실수를 해 놓고도 자기를 변명합니다. 차라
리 지옥에 가는 것이 낫지 자존심에 상처를 주고 싶지 않습니다. 결백을
주장한다는 구실로 목숨까지도 버립니다.

이토록 우리는 우리에게 찾아오시는 하나님의 은혜를 받아들이기 힘
든 존재입니다. '나는 죄인입니다.' '나를 지옥 가지 않게 하옵소서,'
'나는 악한 자입니다.' '게으른 종입니다,' '다시 이런 일 안 하겠습니
다' 는 고백을 못합니다. 이렇게 아쉽고 배고픈 이야기를 못하는 자존심
의 존재입니다.

이는 신앙의 적입니다. 여러분 신앙을 한번 돌이켜 보십시오. 구걸
하는 식의 신앙생활은 안 하겠다는 것입니다. 신앙생활을 해도 아주
멋있게, 떳떳하게, 보란 듯이 하고 싶다는 심리를 가지고 교회생활을
합니다.

지금 예수님이 자기 눈앞에 오셔서 물을 좀 달라 하십니다. 그런데
어째서, 왜, 유대인인 당신이 내게 말을 건네옵니까? 사마리아 여인은
이렇게 해묵은 민족적인 감정, 자기 속에 도사리고 있는 자존심과 고집
에 붙잡혀 있었습니다. 이제 주께서 설득시키십니다.

"네가 만일 하나님의 선물과 네게 물좀 달라 하는 이가 누구인 줄 알았더
면 네가 그에게 구하였을 것이요 그가 생수를 네게 주었으리라"(요 4:10).

주님의 설명을 다시 풀이하면 이렇습니다. 내가 누구 인줄 아느냐?
영생을 주러 온 메시아라는 것입니다. 이스라엘 백성이면 누구든지 고
대하고 대망하던 메시아가 오지 않았느냐? 내게 구하라, 그러면 영생을
주리라. 이제 너의 상식, 너의 이론, 너의 사고방식대로 묻지 말라. 그대
로 믿고 그대로 받아라. 내가 주는 영생의 물을 마셔라. 구원의 은혜를
받아라. 주께서 요구하시는 내용입니다. 이렇게 자존심의 존재이고, 해
묵은 전통에 잡혀 있는 한 고집스러운 인간을 설득하시는 장면입니다.

오늘 우리 현대인들의 맹점이 이해와 납득이 안 되는 것은 다 부정해
버리는 타성입니다. 기독교 안에서도 자유주의 신학이란 것이 있습니
다. 예수 그리스도에 관한 행적을 모두 논리적으로 이해하려고 합니다.
논리적으로 증명이 안 되면 모두가 사실이 아니라고 주장합니다. 그래
서 의구심을 없애기 위해서 적당히 사회 과학과 타협해 버립니다. 저들
은 부활을 믿지 않습니다. 그러나 부활이 없으면 기독교가 성립이 안 됩
니다. 그래서 부활을 사실로 설명하기 위해서 절충하는 수밖에 없습니
다. 저들은 드디어 이런 결론에 이릅니다. 예수님이 죽은 것이 아니라
기절했다가 서늘한 그늘 밑에 갔다 놓았더니 다시 살아났다고 합니다.
그들의 주장입니다. 믿기 쉬운 이야기입니다. 혹은 실제로 산 것이 아니
라 비슷한 사람을 보았다. 예수의 부활을 너무 기대하고 너무 사모하다
보니 아마 환상을 보았을 것이다. 이렇게 절충식으로 부활을 설명합니
다. 자유주의 신학자들의 이야기입니다. 그래서 기독교도 다른 이방 종
교와 다를 것이 없으며 다 구도의 길을 가는 것 아니냐, 기독교 이외에
도 똑같은 진리와 구원이 있다고 주장하는 신학자들도 있습니다.
그러나 신앙은 우리의 논리와 이해를 뛰어 넘는 영역입니다. 우리의

이해력으로는 잡을 수 없는 초월의 영역입니다. 이성으로 포착이 불가능한 하나님에 관한 이야기입니다. 초월했다는 것은 비과학적이라는 이야기가 아닙니다. 과학의 영역을 뛰어 넘었다는 것입니다. 과학으로는 다 설명할 수가 없다는 것이지, 비과학적이라는 것이 아닙니다.

오늘도 우리가 알지 못하는 일이 수없이 일어나고 있습니다. 우리가 경험하지 않고 과학적으로 증명되지 않는 신비에 쌓인 일들이 지구상에 얼마나 많이 일어나고 있습니까? 영생을 어떻게 과학적으로 설명합니까? 생명과 생체 에너지를 어떻게 과학으로 증명합니까? 물질을 누가 움직입니까? 힘의 처음 방향을 누가 조종합니까? 증명이 안 된다고 사실이 아닙니까?

예수를 논리적으로 설명이 안 되어서 못 믿습니까? 우리의 신앙이 다만 과학적이냐 논리적이냐에 관한 싸움입니까? 여기에는 비과학적이고 비논리적인 사람들이 모여 있습니까? 다만, 성령으로 거듭나지 아니하면 믿을 수 없을 뿐, 틀렸다고 한다면 오히려 그것이 비과학적인 사고입니다. 성령으로 거듭난 자가 이 곳에 옵니다. 교회는 비과학적인 비천하고 무식한 사람들이 모이는 곳이 아닙니다.

인간의 죄인 됨에 있어서 가장 굵직한 문제가 하나님 앞에서 은혜 구하기를 거부하는 것입니다. 자존심이 도사리고 있는 그것이 문제입니다. 우리는 신앙의 깊은 수준에 와 있음에도 불구하고 우리를 끈질기게 붙잡고 있는 문제는 우리의 신앙을 논리화하려는 데에 있습니다. 신앙을 우리의 논리와 우리의 스타일대로 믿고 싶어합니다. 우리의 방식대로 하나님을 섬기고 싶어합니다. 하나님을 뜯어 고쳐서라도 내 편리한 대로 섬기고 싶어합니다. 그래서 예배도 노래하는 방식도 성경 해석 방식도 자꾸 고치려고 합니다. 마음에 맞는 하나님을 만들어 놓고 섬기기 시작했습니다.

저는 가끔 이런 분을 만납니다. 목사님 저는 교회 나가기가 부끄럽습니다. 가면 졸기만 합니다. 미안하지만 목사님 말씀이 무슨 뜻인지 모르겠고 귀에 들리지를 않습니다. 이와 같은 반응는 주로 모태신앙이거나 오래 믿어 온 사람들에게 나타날 수 있는 현상입니다.

그러나 교회에 나와 앉아 있다는 게 무엇입니까? 지금 여기 나와서 졸고 있는 데도 불구하고 어디에 와 있습니까? 교회에서 가장 거룩하고 엄숙하게 드리는 예배의 자리입니다. 인간의 속성으로는 얽매이기 싫은 가장 나쁜 곳입니다. 자존심을 꺾어야 되는 하나님의 가장 권위있는 보좌 앞에 나와 있습니다. 재미가 있어도 올까 말까 한데 그렇게 나 자신을 부끄럽게 생각하면서도 안 빠지고 나옵니다. 이보다 더 큰 확신이 어디 있습니까?

여기서 사마리아 여인의 편견과 고집을 꺾으시면서 요구하시는 주님의 음성을 들어야 합니다. 있는 그대로, 사실 그대로 너를 고백하라, 그리고 영생을 구하라, 영생을 가진 자가 네 앞에 와 있고 지금 너의 삶을 다스리고 있지 않느냐? 네 갈급함 그대로 네 인생의 목마름 그대로 네 자신을 아는 자 앞에서 구하라, 이제 그리하면 영원히 목마르지 아니하는 영생을 주시리라. 우리 모두 이 근원적인 행복이 준비된 곳에 초대되어 있습니다.

여기에 오셔서 여러분의 목마름이 무엇에 대한 것이며 여러분의 배고픔이 무엇에 대한 것입니까? 여기 오셔서도 세상을 구하고 세상의 나의 행복을 구하러 나오셨습니까?

여러분의 심령 깊은 곳에서 일어나는 영혼의 공허함, 갈급함, 목마름, 갈증이 무엇에 대한 것입니까? 하나님만이 채워 주실 때에 만족케 될 하늘나라의 비밀에 관한 것이 아니겠습니까? 도대체 하나님은 어떤 분이시며 하늘나라는 어떻게 생겼으며 그 나라가 주는 행복이 무엇인가를 알고 싶은 것입니다.

그 하늘에 관한 비밀을 내 영혼에 채우고 싶은 갈망과 열정과 함께 오늘도 주의 이름을 부릅니다. 하나님의 언약하신 말씀을 붙들고 간구하는 자마다 성령을 주시지 않겠느냐라고 하셨습니다.

구하라

(요 4:10-19)

"예수께서 대답하여 가라사대 네가 만일 하나님의 선물과
또 네게 물좀 달라 하는 이가 누구인줄 알았더면 네가 그에게 구하였을 것이요 그가 생수를
네게 주었으리라 여자가 가로되 주여 물 길을 그릇도 없고 이 우물은 깊은데 어디서
이 생수를 얻겠삽나이까 우리 조상 야곱이 이 우물을 우리에게 주었고 또 여기서 자기와
자기 아들들과 짐승이 다 먹었으니 당신이 야곱보다 더 크니이까 예수께서 대답하여
가라사대 이 물을 먹는 자마다 다시 목마르려니와 내가 주는 물을 먹는 자는 영원히
목마르지 아니하리니 나의 주는 물은 그 속에서 영생하도록 솟아나는 샘물이 되리라 여자가
가로되 주여 이런 물을 내게 주사 목마르지도 않고 또 여기 물 길러 오지도 않게 하옵소서
가라사대 가서 네 남편을 불러 오라 여자가 대답하여 가로되 나는 남편이 없나이다 예수께서
가라사대 네가 남편이 없다 하는 말이 옳도다 네가 남편 다섯이 있었으나 지금 있는 자는
네 남편이 아니니 네 말이 참되도다 여자가 가로되 주여 내가 보니 선지자로소이다"

우리가 구원을 언제 받았는지 우리는 잘 모릅니다. 우리의 지적 동의
나 감정의 항복이나 의지의 결단으로가 아닙니다. 우리가 느끼고 경험
하는 구원은 이차적인 것입니다.

사실과 경험과의 차이를 이해하셔야 합니다. 우리의 구원은 사실로
는 만세 전에 예정하신 뜻을 좇아 때가 이르매 우리를 이 땅에 태어나게
하시고 태어난 자연인 그대로 두지 아니하시고 성령을 보내셔서 우리
의 심령을 중생케 하사 그의 말씀을 듣게 하시므로 믿음이라는 감각을
가지게 되어 믿는 것이며 그래서 교회에 나오는 것입니다. 내가 지금 예
수를 믿기까지 수많은 갈등과 번민과 함께 나의 의지를 하나님의 뜻에

굳히게 된 것은 나의 경험에 불과한 것입니다. 사실은 나의 구원은 영원 전에 하나님의 뜻 안에서 이미 결정된 것으로 이제 나타난 것입니다. 성령께서 내 영혼을 거듭나게 해 주셔서 드디어 말씀을 듣게 되었고 들음으로 믿음이 출발하게 된 것입니다.

우리가 지금 황인종입니다. 내가 황인종이라는 사실을 언제 알게 됩니까? 날 때부터 나는 황인종이라고 알고 났습니까? 미국에 가보니 백인이 있고 흑인이 있어서 그들을 볼 때 나는 동양인이구나 하는 것을 알게 된다는 것입니다. 이것은 훨씬 뒤에서야 깨닫게 되는 경험입니다. 이렇게 사실과 경험이 다릅니다.

우리는 어느 누구도 우리의 의견대로 살아가는 사람이 아무도 없습니다. 전혀 엉뚱한 곳에서 서로 만나 친구 되고 가정을 이루고 직장을 이루어 함께 어울려 살아갑니다. 내 계획대로가 아닙니다. 전혀 다른 힘에 의해서 이끌려 온 자리에서 오늘을 삽니다. 이 수많은 삶의 경험들을 통하여 드디어 내가 누구인가를 발견하게 됩니다. 장례식에 갈 때마다 느끼는 것은 '나도 언젠가는 저렇게 죽겠구나' 하는 것입니다. '나도 결국 죽는구나' 하는 것을 알 때에 드디어 인생에 있어서 철이 들고 성숙하게 되는 것 아니겠습니까? 이 인생의 철이 들기 시작하면서, 내 인생의 걸음걸음마다 신중해 지는 법입니다.

삶의 고난이라고 하는 파도가 빚어내고 깎아 내고 해서 만들어진 사람, 그것을 우리는 인격이라 합니다. 그래서 사람은 인격적이어야 합니다. 인격은 타고난 성질, 그것을 말하지 않습니다. 그것은 'personality' 라고 합니다. '인격-character' 라고 하는 것은 삶의 수많은 경험속에서 삶의 고난, 환난과 비바람의 파도에 부딪혀서 빚어지고 깎여져서 만들어진 새로운 인간, 그것을 우리는 인격이라고 합니다.

어릴 때부터 예수 믿는 사람은 감정이 조용한 편입니다. 신앙생활이 습관이 되어서 열정적이기 보다는 찬양이나 기도를 할때도 조용히 합니다. 그러나 중간에 믿게 된 사람은 조금은 더 열정적인 모습을 가집니다. 찬양을 하더라도 가슴을 치거나 손뼉을 치기도 하며 기도를 해도 큰 소리로 하기도 합니다. 날마다 뜨거운 감격의 눈물을 흘립니다. 그래서 모태신앙인 사람은 이런 이야기를 하기도 합니다. '나는 가짜인가 보다. 나도 저렇게 한번 경험을 해보았으면…' 그래서 기도원에 가서 소나무 하나 붙들고 방언 한번 하려 해도 잘 되지 않는 것 같습니다. 오히려 중간에 믿게 된 사람은 방언이나 은사를 더 받은 것처럼 느낄 때도 있습니다.

그러나 신앙에 있어서 의지는 제일 늦게 출발하는 단계임을 명심해야 합니다. 감각기관도 아니고 지성기관도 아닙니다. 지성과 감성으로 다 이루어진 것을 그 다음 생명을 걸고 이루어 가는 행동이 마지막 의지입니다. 행동으로 나타나는 것, 그것은 마지막 단계입니다. 행동으로 옮기는 것, 행동으로 나타내 보이는 것, 내가 자리하고 있는 현주소, 이곳은 나의 감성과 지성이 충돌하고 고민하고 밤을 새우고 머리를 끙끙 앓고 번민하면서 '이것이다' 하고 마지막 결정을 내려 발걸음을 옮기는 단계, 곧 의지의 자리입니다. 그것이 인격입니다.

우리가 교회 나아와 앉아 있는 상태는 이미 모든 번민과 갈등의 과정을 지나서 이제는 예수밖에 없다고 하는 결론에 도달한 후에 생명을 걸고 행동으로 옮긴 결과인 줄로 알아야 합니다. 이제는 갈까 말까가 아니라 망설이는 단계를 뛰어 넘어서 자동적으로 주일이 되면 오는 자리가 여기입니다. 아무 감각 없이 주일날이 되면 교회에 나옵니다. 누가 특별히 이끌고 나오지 않아도 스스로가 먼지 묻은 성경 털어내고 나아오는 것 아니겠습니까?

주일날만 돌아오면 교회 나가야겠다는 생각 때문에 토요일 오후부터 안절부절하기도 합니다. 기도 순서가 돌아오는 날에는 새벽기도를 나오기도 합니다. 우리는 지금 그토록 수준 높은 신앙생활을 하고 있습니다. 주일이 되면 자동적으로 교회에 나와 내가 앉아 있던 그 자리에 다른 사람이 앉아 있으면 쫓아내어서라도 그 자리에 앉으려고 하기도 합니다. 그 자리가 천국으로 가는 나의 은혜의 장소라고 생각하기 때문입니다.

문제는 나와서 졸고 있다는 데에 있습니다. 교회에 나오는 것과 나와서 조는 것과는 별개의 문제입니다. 라오디게아 교회는 덥지도 차지도 않는 것이 문제가 되었습니다. 이제 우리가 깨우쳐야 할 것은 배운 것만큼 깨우쳐서 삶으로 나타내는 것입니다. 말씀이 이미 나의 영혼의 양식으로 가득합니다. 이토록 넘치는 말씀을 어떻게 불타게 하느냐? 하는 문제를 안고 부르짖어야 합니다. 천국을 가기는 가는데 날마다 졸면서 어떻게 갑니까?

사도바울처럼 "관제와 같이 부음이 되었도다. 내 몸에 붙은 기름 한 점마저도 주를 위하여 태웠노라. 땀과 물을 다 쏟았노라, 피를 흘렸노라 그리고 내 앞에 면류관이 예비되었도다." 이런 고백을 남기고 가야 되지 않겠습니까? 훌륭한 병사는 빛나는 계급장에 있지 않고 적군과 싸워 피로 얼룩진 군복이 말해 줍니다. 하늘나라에서는 그리스도의 영광을 위하여 흘린 핏자국과 땀방울로 베어든 삶이 있는가에 따라 상급을 결정합니다.

우리는 어떻게 믿게 되었는지 모릅니다. 하나님이 왜 내게 찾아오셨는지 우리에게는 대답이 없습니다. 어떻게, 왜인지 모르지만, 그러나 단 한 가지 아는 것은 주께서 내게 오셔서 내 영혼의 눈을 뜨게 하셔서 안 보이던 하늘나라가 내 영혼으로 보이고 안 들리던 하나님의 말씀이 이제는 이해가 되고 들려오는 감미로움과 행복과 충격을 감당할 길이 없습니다. 교회 올 때마다 큰 은혜 속에 잠기는 것은 아니지만 그래도 여기 나올 때 기쁘고 돌아 갈 때 평안을 얻습니다. 졸아도 여기 오셔서 졸 때에 행복하고 아무리 졸아도 TV 앞에서 졸면 한 주일이 괴로움 가운데 지나가게 됩니다.

하나님이 내 기도와 소원에 응답해 주시지 아니하시고 한 마디 주의 음성을 듣지 못한다 할지라도 그래도 그분은 여전히 나의 하나님이십니다. 여전히 나의 구속주시요, 나의 심판주 되심을 고백하는 일에는 인색하지 아니합니다. 그 하나님을 나의 아버지라 부르는 기도의 첫마디에 모든 인생의 문제가 풀어지는 위로와 용기가 용솟음쳐 오름을 억누를 수가 없습니다.

만일 하나님이 내게 사랑의 눈길을 주지 아니하시고 내게 찾아오시지 아니하셨더라면, 지금 나는 어떻게 되었을까? 하나님의 아들 예수 그리스도 나의 주님이 나를 위하여 십자가를 지시지 아니하시고 성령께서 보내심을 입지 아니하셨더라면 오늘 나는 세상에 던져진 자연인으로서 어떻게 살아가고 있었을까?

하나님의 아들이 내 생명과 내 존귀한 인생을 하나님의 영광을 위하여 살게 하시고자 대속물로 몸을 버리셨습니다. 왜일까요? 하나님의 사랑 때문입니다. 성부 하나님의 나를 향하신 사랑 때문에 아들은 기꺼이 대속물이 되셨습니다. 우리 주변에 그 많은 사람들 얼마나 찬란한 사람들이 있습니까? 나보다 다 잘났고 부와 세력이 있는 데 여기 나 같은 비천한 죄인에게 무엇이 답답하셔서 이 더럽고 냄새나는 내가 사는 이 곳까지 영광과 존귀를 다 버리고 찾아 오셨을까요?

사마리아 여인을 등장시켜 놓고 오늘 우리의 구원이 얼마나 은혜인가를 설명하는 내용입니다. 사마리아 여인과 같은 나에게 예수께서 오셔서 꺾여지지 않는 자존심과 자신의 악습에 잡혀 있는 아집을 설득하셨습니다. 예수 그리스도는 "내가 누군 줄 아느냐? 영원히 목마르지 않는 영생을 주리라. 내가 너희들이 고대하던 메시아가 아니더냐?" 설복하셔서 드디어 여인으로 하여금 구원의 감격에 이르도록 인도해 주셨습니다. 오늘 우리도 예수 그리스도 앞에 있으며 그 주님의 동일한 열정과 간섭으로 하나님을 나의 구주로 영접케 된 것임을 한시라도 잊어서는 안 됩니다.

아프리카 노예 사냥꾼이요 노예 상선의 선장으로 지내던 희대의 악명 높은 그가 예수를 구주로 영접하고 목사가 되어 모든 기독교인들의 심금을 울리는 분의 이름을 기억합니다. 그 이름이 존 뉴튼(Newton, J.) 입니다. 구원의 은혜를 감격스럽게 찬양케 하는 존 뉴튼 목사의 신앙고백을 들으십시오.

> "나 같은 죄인 살리신 주 은혜 놀라와 잃었던 생명 찾았고 광명을 얻었네. 큰 죄악에서 건지신 주 은혜 고마워 나 처음 믿은 그 시간 귀하고 귀하다. 이제껏 내가 산 것도 주님의 은혜라 도 나를 장차 본향에 인도해 주시리. 거기서 우리 영원히 주님의 은혜로 해처럼 밝게 살면서 주 찬양하리라" (찬송가 405장, 「나 같은 죄인 살리신」)

우리는 모든 자기 유익과 자존심, 그리고 정직성과 떳떳함을 가지고 예수를 믿고 싶어합니다. 그러나 결국 예수님은 우리를 하나님 앞에 세우시고 우리가 얼마나 큰 죄인인가를 알게 하시고 이를 통하여 내가 받은 구원이 얼마나 은혜이며 눈물겨운 가를 설명해 주십니다.

그 질문이 네 남편을 불러오라는 것입니다. 여인이 덮어두고 싶었던 이야기를 꺼내시면서 주님은 그녀의 죄인 됨을 스스로 고백하도록 닫혀 있는 마음을 열기 시작하셨습니다. 16절, "네 남편을 불러오라" 이미 남편을 다섯이나 가졌고 지금 사는 남편도 정혼한 사이가 아닌 여인에게 "네 남편을 불러오라" 하셨습니다. 진리와 은혜가 문을 여는 순간입니다. 닫혔던 여인의 마음을 여는 순간입니다.

"네 남편을 불러오라" "주여 나는 남편이 없나이다" – 그녀가 감추고 있던, 아무에게도 얘기하고 싶지 않았던 자기 자신만이 간직했던 비밀을 주님 앞에 자복하는 순간입니다.

기독교 신앙은 나 자신이 죄인이라는 사실을 마음속 깊이 확인하면서부터 시작됩니다. 예수님이 여인의 죄인 됨을 확인시키시는 방법으로 무엇을 요구하셨습니까? "네 남편을 불러오라"는 것입니다. 예수님은 여인이 스스로 감추고 싶었던 가장 고통스러운 이야기를 꺼내신 것입니다. 이미 알고 계셨던 비밀을 노출시키신 것입니다.

17절, "나는 남편이 없나이다" – 예수께서 가라사대 "네가 남편이 없다하는 말이 옳도다" 18절, "네가 남편이 다섯이 있었으나 지금 있는 남편은 네 남편이 아니니 네 말이 참되도다" – 예수님의 지적에 여인의 심령에 진리의 빛이 밝아오기 시작했습니다.

19절, "주여 내가 보니 당신은 선지자로소이다" – 여인은 마침내 예수님 앞에 감동스럽게 항복하였습니다. 어둡고 쓸쓸한 날들을 아무런 의미 없이 살아가던 한 영혼이 메시아를 깨닫는 순간 그 인생의 감동을 억제할 수 없었습니다.

그 앞에 서 있는 자는 더 이상 유대인이 아니었습니다. 지체 높은 자가 아니며 교양 있고 높은 지위에 있는 자 정도가 아닙니다. 영원히 목마르지 아니하는 영생을 가지고 오신 메시아임을 고백하게 되었습니다. 하늘에서 오신 자, 하나님의 입에서 나오는 말씀이십니다. 그 여인의 심령이 감사와 기쁨과 영광으로 흘러 넘쳤습니다.

"내가 보니 당신은 선지자로소이다" 여인은 "내가 보나이다" 하고 감탄하고 있습니다. 빛이 들어와서 그녀의 죄인 됨을 보게 되었습니다. 그녀의 더럽고 고아 됨을 보았습니다. 그리고 하나님을 하나님으로 알게 되었습니다.

오늘 우리가 예수 믿고 교회의 자리에 나오게 된 것은 하나님의 끊임없는 간섭과 열심으로 이루어진 결과입니다. 이와 같은 하나님의 은혜로우신 간섭과 보살핌은 우리의 생애가 끝나는 날까지 계속될 것입니다. 이보다 더 큰 행복이 없습니다.

이제 더 이상 머뭇거릴 필요가 없습니다. 여기 교회에 나와 있는 한 우리 모두 특별한 은혜의 손길로 인도되어 온 자임을 믿으시기를 바랍니다. 영원히 목마르지 아니하는 영생의 말씀이 한없이 베풀어지는 풍

성한 은혜만을 구하는 자리입니다. 우리의 떳떳함이나 정직함이나 우
리의 윤리나 도덕성을 고백하는 곳이 아닙니다.

● ● ● ● ● ● ● ● ●

'주여 오늘도 너절하고 못난 모습 그대로 나왔습니다. 하나님의 은혜
가 아니면 견딜 수 없어 이토록 심령이 목말라 하고 있습니다. 내가 여
기 왜 사는지요? 이 인생의 난관이 그리고 이 번민과 고통이 왜 있습니
까?'

'주여! 영생의 말씀을 구하옵니다. 하나님의 말씀 속에 감추인 비밀
들을 알게 하옵소서.'

아버지께 예배

"우리 조상들은 이 산에서 예배하였는데 당신들의 말은 예배할 곳이 예루살렘에 있다
하더이다 예수께서 가라사대 여자여 내 말을 믿으라 이 산에서도 말고 예루살렘에서도
말고 너희가 아버지께 예배할 때가 이르리라 너희는 알지 못하는 것을 예배하고
우리는 아는 것을 예배하노니 이는 구원이 유대인에게서 남이니라
아버지께 참으로 예배하는 자들은 신령과 진정으로 예배할 때가 오나니
곧 이때라 아버지께서는 이렇게 자기에게 예배하는 자들을 찾으시느니라"

기구한 운명 가운데에서 절망적으로 살고 있던 사마리아 여인을 구원하시는 하나님의 섭리를 배우면서 오늘 예수 안에서 사는 우리 자신을 돌이켜 보고 있습니다. 그녀에게 구원이 이루어지는 과정이 매우 신비롭고 놀랍습니다.

"물을 좀 달라" 행로에 지치신 예수께서 야곱의 우물가에 물동이를 이고 온 여인에게 말씀을 건네십니다. 이 말씀을 시작으로 영원히 목마르지 않는 생명수에 관한 이야기로 이어지면서 "네 남편을 데려오라" 이 한마디에 그녀의 부끄러운 삶의 실체가 드러나게 되고 이 과정에서 드디어 그녀는 중요한 사실을 발견하게 됩니다.

19절, "내가 보니 당신은 선지자로소이다" – 여인은 그 앞에 서 있는 한 유대인 청년이 이제 더 이상 목말라 물을 청하는 길손님으로서가 아니라, 그로부터 초월자의 임재를 느끼게 됩니다. 그냥 지나치는 길손이 아니라 자신의 비밀을 알고 자신에게 영생을 주시고자 선지자의 사명으로 오신 분임을 알게 되었습니다. 주님을 선지자로 아는 순간, 하나님을 섬기는 예배 처소에 관한 궁금증이 그녀에게서 일어납니다. 선지자를 만난 사마리아 사람으로서 이 문제는 당연히 물어 보아야 할 궁금한 문제 중의 하나였습니다.

사마리아 사람들은 그림신산을 예배 처소의 중심으로 삼고 있었습니다. 사마리아 성은 북방 이스라엘의 수도입니다. 열두 지파 중에 에브라임 지파가 주동이 되어서 열 지파가 떨어져 나가고 사마리아를 수도로 북방 이스라엘이 건국되었습니다. 한편, 예루살렘을 중심으로 남방의 유다 왕국이 세워졌고 그들은 예루살렘을 예배 처소로 하여 하나님을 섬기게 되었습니다. 사마리아 사람들로서는 이 전통적인 예배 처소인 예루살렘 성전에서 예배드리는 문제가 큰 근심거리였습니다. 한때 스룹바벨 성전이 건축된 후에 사마리아 사람들이 우리도 예루살렘 성전에서 예배드리게 해 달라고 요청하였다가 유대인들로부터 거부당한 적도 있었습니다. 서럽기 짝이 없는 신세가 되었습니다.

이 예배 처소 문제에 대한 해결책으로서 사마리아 사람들은 그림신산에 성전을 세우게 됩니다. 그리고 이 그림신산과 예루살렘 성전을 놓고 예배 처소에 대한 그들의 갈등은 더욱 심화되어 갑니다. 그림신산은 모세가 축복한 곳입니다. 아브라함과 야곱이 예배처소로서 제단을 쌓았던 곳입니다. 그들은 성전 해석에 있어서도 아브라함이 이삭을 바치던 산을 그림신산으로 해석하기까지에 이르렀습니다. 예루살렘 성전보다 그림신산 예배 처소가 더 높으며 더 존귀하며 더 정통이라는 예배 처소로서의 위상을 높이려고 가진 애를 쓰게 됩니다.

이 여인도 사마리아 사람으로서 유대인 선지자를 만난 자리에서 예배 처소에 대한 궁금증을 풀어 보고자 한 것입니다.

"우리 조상들은 이산에서 예배를 드렸는데 당신들은 예루살렘에 있다 하더이다" – 우리는 전통적으로 그림신산에서 예배를 드려 왔는데 유대인 당신들은 예루살렘에서 예배를 드려야 한다고 합니다. 우리 조상 아브라함도 야곱도 여기 그림신산에서 예배를 드렸는데 당신들은 예루살렘이라고 하니 어느 쪽이 옳습니까? 어느 쪽이 정통입니까? 오늘 여인의 궁금증처럼 우리도 예배 처소에 관한 궁금증이 무척이나 큽니다. 이 질문을 현대어로 바꾸어 보면 이렇습니다.

"어느 교단이 정통입니까?" "어느 교회가 정통이며 옳습니까?"

"어느 교회의 예배가 진리이며 생명입니까?" 오늘날 우리들이 궁금히 여기고 있는 질문들이 아니겠습니까?

"여자여 내 말을 믿으라 이 산에서도 말고 예루살렘에서도 말고 너희가
아버지께 예배할 때가 이르리라 아버지께 참으로 예배하는 자들은 신령과
진정으로 예배할 때가 오나니 곧 이때라 아버지께서는 이렇게 자기에게
예배하는 자들을 찾으시느니라"(요 4 : 21, 23).

그리고 내리신 결론이 24절입니다.

"하나님은 영이시니 예배하는 자가 신령과 진정으로 예배할지니라."
(요 4 : 24).

예수님은 사마리아 여인이 갖고 있던 예배 장소에 관한 관심을 일축시키십니다. 그 대신 예배의 대상이 누구인가에 대한 이야기를 꺼내십니다.

"너희가 아버지께 예배할 때가 이르리라" – 예배의 대상은 아버지이

십니다. 하나님이 전능하신 권능의 하나님이 아닙니다. 심판주와 같은 엄격하고 공의로우신 하나님이 아니십니다. 예배의 대상이 아버지이십니다.

　예수님이 오시기 전까지 이스라엘 사람들은 율법에 얽매여 살고 있었습니다. 하나님의 율법을 지키지 못하고 살았을 때에는 형벌을 면할 수 없다는 무서움과 두려움 속에 살고 있었습니다. 하나님의 이름을 들을 때마다 율법과 공의가 생각나게 되었고 언제나 불안과 무서움에 떨고 있었습니다.

　이것은 마치 우리나라 사람들이 미신에 잡혀 하루하루의 생활을 긴장과 불안 속에 보내고 있는 것과 같습니다. 이사를 해도 손 타지 않는 날을 확인해야 합니다. 처녀 총각 궁합이 안 맞는다고 결혼을 못합니다. 뫼터 집터도 역리학에 맞춰야 합니다. 우리 민족이 조상을 숭배하는 민족이라 합니다. 종교적인 행위입니다. 그런데 왜 숭배합니까? 잘못했다가는 조상의 원혼이 찾아와서 저주와 형벌을 내릴까 하는 두려움에서 진사陳謝의 형식으로 제사를 드리고 있습니다.

　예수님이 오셔서 행하신 일은 하나님이 누구신가를 증거하고 설명하는 것이었습니다. 하나님이 우리를 얼마나 사랑하시는가 하나님이 우리를 얼마나 긍휼히 여기시는가, 그 하나님의 사랑의 높이와 깊이와 길이 그리고 넓이가 얼마 만큼인가요? 바로 십자가 만큼입니다. 예수님은 십자가에 대속물로 못 박히러 오셨습니다. 우리가 이 사랑을 측량할 수 있을까요? 이토록 사랑하신 예수께서 친히 부르신 하나님의 이름이 아버지입니다. 권위와 위엄보다는 사랑과 관용이 있고 이해가 있고 내가 깊이 알고 있는 성품이 있고 어떤 경우에라도 끊을 수 없는 혈육관계의 깊은 애정이 있는 그 부자지간의 관계성이 베어 있는 단어가 ‘아버지’입니다. ‘하나님 아버지’ 언제나 불러도 우리의 가슴이 뭉클해지는 성호입니다. 아버지입니다.

예수께서 우리를 위해 이루어 놓으신 영광의 사역을 한마디로 줄이면 하나님을 아버지로 부를 수 있도록 아바 아바의 영을 주시고 우리는 기꺼이 그리고 당당하게 하나님의 양자가 되게 하신 것을 내용으로 합니다. 우리가 하나님을 아버지라고 부를 수 있는 것, 그 이유 하나만으로도 하나님을 향하여 기도와 찬송을 멈출 수 없는 입장에 설 수밖에 없습니다. 우리가 공의의 엄위하신 심판주 하나님을 이제 사랑의 하나님 아버지라고 부를 수 있기에 기도를 놓칠 수 없습니다.

구약 시대에 그토록 무섭고 불안하게 생각하던 하나님이 이제는 예수 그리스도 안에서 우리에게 이 세상에서 가장 든든하고 가장 큰 위로와 힘이 되어 주시는 나의 아버지라고 부를 수 있다는 것은 우리가 얼마든지 누려야 할 영광이요 축복이라는 사실을 놓쳐서는 안 됩니다. 우리에게는 이제 더 이상 현실적 문제가 우리의 길을 방해하는 요인으로 작용될 수 없다는 것을 가리킵니다. 어려움이 닥쳐서 어찌 할 수 없을 때에는 아버지의 이름을 부르며 기도할 수밖에 없지만, 이처럼 어느 정도 심각한 일에 부딪쳐서야 비로소 아버지를 찾는다면 가난한 자가 되는 것입니다.

기도는 우리의 문제를 해결하는 방법 이전에 훨씬 더 크고 훨씬 더 영광스러운 축복입니다. 기도는 하나님과 나와의 관계가 맺는 신분에서 이루어지는 사랑의 이야기입니다. 응답 이전의 문제입니다. 나의 영광의 신분을 아버지라고 부르는 기도 속에서 확신하게 됩니다. 우리에게 이보다 더 큰 즐거움은 없습니다.

> "그리스도께서 한번 죄를 위하여 죽으사 의인으로서 불의한 자를 대신하셨으니 이는 우리를 하나님 앞으로 인도하려 하심이라" (벧전 3 : 18 상반절).

예수께서 이루신 십자가로 우리가 하나님께로 나아갑니다. 우리가 나아가서 하나님과 교제하게 하시고자 예수 그리스도는 십자가의 대속물로 기꺼이 자기 몸을 드리셨습니다. 우리가 하나님께 나아가 우리의 문제를 꺼내어 놓고 그에게 매어 달려도 좋을 만큼 십자가로 인하여 하나님 우리의 아버지가 되어 주셨습니다.

하나님께 나아가는 것이 무엇입니까? 어떤 사람이 밤중에 깊게 잠든 친구의 집에 찾아가는 것을 비유로 말씀하신 것과 같습니다. 밤중에 친구 집을 찾아가서 대문을 마구 두드립니다. 배가 고프니 빵을 달라 하며 곤히 잠든 친구의 집 식구들을 모두 깨워 놓습니다. 그리고 방을 달라 합니다. 이는 분명히 몰염치한 행위입니다.

이 비유를 통하여 성경이 무엇을 이야기합니까? 그래도 되는 분이 누구냐 하면 하늘에 계시는 아버지시다는 것입니다. 빵을 얻었다는 것에 강조점이 있는 것이 아니라, 밤중에 그토록 체면 불구하고 깨워도 좋다는 것이 핵심입니다. 하나님을 아무 때나 아버지라고 부르는 그 자체가 우리에게는 영광이요, 위로며, 축복이라는 비밀을 말하고 있는 것입니다. 생사화복의 주권이 하나님께 있습니다. 그 분을 우리는 아버지라고 부릅니다. 그것 자체로 우리는 감동과 긍지 그리고 용기와 의욕을 갖습니다.

우리의 신앙생활에서 일어나는 약점은 신앙을 동양적 사고방식으로 겸양지덕謙讓之德을 최고의 규범으로 삼는 데 있습니다. 겸양지덕을 신앙생활로 대체해 버립니다. 대부분의 경우 신앙생활에 있어 담대함과 적극성이 움츠려 드는 이유를 보면 교만하다고 말을 듣기 싫어서입니다. 교회를 위하여 무엇을 하고 싶어도 눈치 봐서 못하는 경우가 많습니다. 좋지 않은 이야기를 들을까봐 눈치 보기 바쁩니다. '저 사람 너무 거만해졌어' 와 같은 소리가 겁이 나서 아무 것도 못합니다. 목사와 가까워지면 시기의 대상이 되기도 합니다. 목사님을 돕고 싶어도 다른 사람들의 눈치 때문에 망설입니다. 선교를 하는 일에도 열정으로 동참하고 싶은 데 남의 눈치 보느라 못합니다.

하늘나라는 우리의 공로로 가는 길이 아니라 십자가의 은혜로 갑니다. 우리의 하나님과의 밀접한 관계는 그 조건이 우리에게 있지 않습니다. 우리의 겸양지덕에 있지 않고 우리의 잘남에 있지 않습니다.

야곱은 아비와 형을 속이고 축복을 다 받아 낸 후, 에서의 추적을 피해 벧엘 광야로 도망치고 있었습니다. 해가 지고 피곤에 지친 야곱이 돌을 베고 잠을 청하고 있을 때에 외롭고 고독한 광야 길에 하나님이 나타나셨습니다.

> "나는 여호와니 너희 조부 아브라함의 하나님이요 이삭의 하나님이라
> 너 누운 땅을 내가 너와 네 자손에게 주리니 네 자손이 땅의 티끌같이 되어
> 서 동서남북에 편만할지며 땅의 모든 족속이 너와 네 자손을 인하여 복을
> 얻으리라." (창 28 : 13, 14).

사실 야곱이 복을 받을 입장은 아닙니다. 그는 사기꾼이요 강탈자인 야곱에게 꾸중과 채찍이 내려져야 될 순간에 복을 선포하십니다. 이것이 은혜입니다. 기독교의 역설이며 신앙의 핵심입니다. 우리는 복의 근원입니다. 오직 그리스도의 흘리신 보혈의 피로 이루어진 아버지와 아들의 관계요 신분이기 때문입니다. 하나님의 사랑과 은혜 때문에 우리의 허물과 잘못에도 불구하고 영원토록 지워지지 않는 이름이 '하나님 아버지!' 입니다. 성령께서 언제나 내 안에 아바 아바의 영으로 역사하시는 아버지는 방탕한 아들을 그의 눈길에서 한 시도 떼실 수가 없으십니다.

어떤 아들이 있었습니다. 아들은 자기의 몫을 챙겼습니다. 행복의 유토피아를 그리면서 방탕의 길을 떠났습니다. 그러나 그 때부터 아버지는 아들을 한 시도 잊을 수가 없습니다. 그에게 곧 임할 고독과 외로움과 서러움의 환경, 그 속에서 울고 있을 아들의 모습이 떠올랐습니다. 굶주림, 충혈된 눈, 고통과 외로움으로 지쳐 있을 아들을 마음으로 꿰뚫

어 주시하고 있었습니다. 늘 산모퉁이를 바라보며 돌아 올 아들을 기다리고 있었습니다.

돌아온 탕자를 기다리는 아버지의 이야기에서 우리는 회개하고 돌아 올 때에 우리를 맞으시는 하늘에 계신 아버지의 뜨거운 사랑을 동시에 배웁니다. 하나님은 돌아 온 자녀를 사랑으로 품으십니다.

● ● ● ● ● ● ● ● ● ●

하나님 아버지는 예배의 대상입니다. 사랑과 인자와 자비가 한이 없으신 하나님 아버지에게 설복된 자들이 그 구원의 감격과 환희를 쏟으며 자신이 갖고 있는 최대의 가치를 드리는 자리가 예배입니다. 돌아온 탕자처럼 아버지의 관대하신 사랑에 감복하여 엎드리는 것입니다. 예배는 축제이긴 하지만 그렇다고 경솔하게 경거망동할 수 없습니다. 아버지 하나님의 보좌 앞에 나를 숙연히 고개 숙이게 하는 자리입니다.

"하나님은 영이시니 예배하는 자가 신령과 진정으로 예배할지니라"

우리는 철야기도, 수요기도, 새벽기도를 열심히 하면서도 신앙생활의 무능함과 연약함 때문에 일어나는 갈등과 회의를 해결하지 못하고 있습니다. 자신이 이대로 다니는 것이 하나님께 폐가 된다는 생각을 버릴 수 없습니다. 하나님께 영광이 되기는커녕 하나님의 이름에 먹칠을 한다는 결벽증을 가지고 신앙생활을 하기 때문에 회의와 갈등을 해결하지 못합니다.

신앙생활이 싱겁다, 어떻게 화끈해지는 방법이 없을까? 이토록 내가 확인하는 그 감동의 분량만큼 내 신앙을 평가하려고 합니다. 이것은 일종의 병입니다. 체험과 경험과 감동을 기초로 믿겠다고 하는 이 자세는 기독교 신앙에서 빨리 고쳐야 할 병입니다.

경험과 감동이 무엇입니까? 내가 하나님께 대하여 감동하는 겁니까? 아니면 하나님이 내게 개인적으로 내리신 축복과 은혜에 대하여 감동하는 겁니까? 우리는 하나님이 어떤 분이시며 나를 위하여 어떤 일을 행하셨는가 하는 객관적인 사실을 기초로 감동하기보다는 주신 축복과 결과만을 놓고 감동하고자 합니다. 그래서 제일 다루기 힘든 경우가 바로 자기 경험을 바탕으로 믿겠다는 사람들입니다. 자신의 느낌, 기도 중에 본 환상, 그것으로부터 나오는 감동을 근거로 믿고 행동하려 합니다.

경험과 체험이란 자기 한 사람의 몫입니다. 자기 몫의 체험과 감동만큼 믿다가 그 인생을 끝내면 가난해질 수밖에 없습니다. 한 사람이 한 사람의 몫을 살고 끝내는 것처럼 우준한 일이 또 없습니다.

수많은 사건 속에서 하나님의 나를 향하신 메시지를 들을 줄 아는 자가 신앙의 폭이 깊고 넓어집니다. 아브라함의 얘기 속에서 우리 자신을 발견할 줄 알아야 합니다. 내가 아들을 바치지 않았을지라도 거기서 마치 나 자신의 순종을 발견하는 것처럼 그 사건에 내린 하나님의 축복으로 감동하셔야 합니다. 꼭 내가 경험해야 되는 것이 아닙니다. 하나님께서 내 인생의 미래에 이루실 것까지를 포함해서 무엇을 하실지 아는 것입니다. 믿음 안에서 굳건히 세워야 할 교리적인 지성체계, 하나님에 대하여 가장 아름다운 논리와 감성체계를 세워야 합니다.

하나님의 말씀 속에는 엉뚱하고 희한한 일은 없습니다. 하나 더하기 하나는 둘, 이것보다도 더 확실하고 더 논리적인 이야기가 성경 속에 있습니다.

"전능하사 천지를 만드신 하나님 아버지를 내가 믿사오며" – 우리는 우리의 경험과 관계없이 참으로 엄청난 하나님의 역사를 입으로 고백합니다. 이것을 진리와 생명으로 알아 이를 바탕으로 내 운명을 맡깁니다. 이것을 역사적 사실로 알고 신뢰합니다.

사도신경을 고백할 때마다 천지를 만드신 분이 하나님이라는 것과 그 하나님을 내가 믿는다는 고백을 합니다. 그러나 그토록 전능하신 창조주를 내가 경험한 적은 없습니다. 직접 본 적이 있습니까? 체험했습니까? 손으로 만져 봤습니까? 그러나 창조주 하나님을 아버지라 부르는 이 엄연한 사실 앞에서 우리의 영혼 깊은 곳으로부터 북받쳐 오르는 감동을 억제할 수 없게 됩니다.

창조주 하나님께서 나의 아버지가 되시려고 성자 예수 그리스도를 십자가에 못 박으셨습니다. 십자가만큼이나 우리를 사랑하셨다는 것을 여러분이 믿는다면, 그토록 엄청난 하나님의 사랑이 나에게 나타나 나를 죄와 사망에서부터 구원하셨다고 참으로 믿는다면, 그것을 근거로 하여 여러분의 인생문제 때문에 더 이상 절망할 이유가 없습니다. 십자가 하나만을 보더라도 하나님의 모든 약속을 믿고도 남을 뿐만 아니라 나를 통하여 이루실 미래의 역사를 꿈으로 간직할 수가 있습니다.

신앙은 경험된 감동이 아닙니다. 기독교 신앙은 당연한 감동입니다. 주관적인 감동이 아니라 객관적인 감동입니다. 누구나 다 가져야 할 감동입니다. 비가 오나 눈이 오나 하나님의 진리의 약속 그것을 사실로 확인하고 거기에 나를 항복케 하는 운동입니다. 그렇게 한다면 역사는 형통과 축복으로 흐릅니다.

하나님의 계명을 우리의 사고의 틀, 좁은 소견으로만 받으려 하면 역사는 깨어지고 조각나며 절망의 길을 갈 수 밖에 없습니다. 주일 성수를 감동으로 지키는 사람이 없습니다. 비가 오던지 눈이 오던지 이 길은 순종과 복종으로 가야 할 길입니다. 이 길을 가지 않을 때에는 역사상에 하나님의 진노가 내려졌음을 압니다. 그 하나님의 진노가 두려울 뿐만 아니라 내게 주신 축복과 영광이 너무나 엄청나서 이 길을 포기할 수 없습니다. 나의 힘을 다해 선택한 것입니다.

이러한 사실을 기초로 하여 예배는 어떻게 드려야 합니까?

하나님께 예배드릴 때에는 신령과 진정으로 드려야 합니다. 하나님을 아버지로 알기 전에는 신령과 진정으로 예배를 드릴 줄을 몰랐습니다. 예수께서 오시기 이전에는 상징물뿐이었습니다. 눈에 보이는 제사의 형태들뿐이었습니다. 신령과 진정은 영과 진리라는 뜻입니다. 하나님은 영이시기 때문에 영으로 받으십니다.

1. 신령으로 드립니다

하나님은 영적 존재이시기 때문에 예배를 드리는 자도 영으로 드려야 합니다. 우리가 하나님을 만날 때 나의 육신을 가지고 만날 수 없습니다.

어떤 사람은 예배를 몸으로 드리려 합니다. 몸만 왔다 가기도 합니다. 찬송, 기도, 헌금, 설교 듣는 것으로 예배드렸다고 생각합니다. 영과 영이 하나 되는 순간인 데 드리는 자에게 요구되는 것은 전인격적인, 정성과 뜻을 다하여야 만이 하나님과 교제가 가능합니다. 시편 낭독이라던가 기도와 찬송, 헌금, 봉헌, 말씀을 통하여 하나님의 속성들을 체험하면서 하나님께 영광을 돌리는 것입니다.

하나님과 우리 사이에 어떤 외적 매체가 개입되면 이미 우상숭배가 됩니다. 하나님은 예배 속에서 신령한 인격체로서 우리와 만나시기를 바라십니다. 기도와 찬미 그리고 감사의 제사는 예배의 필수요건입니다.

> "이러므로 우리가 예수로 말미암아 항상 찬미의 제사를 하나님께 드리자 이는 그 이름을 증거하는 입술의 열매니라"(히 13 : 15).

2. 진정이란 진리란 뜻입니다

예배는 감상적으로나 주관적으로 드릴 수 없습니다. 하나님의 정하신 규례와 질서를 따라서 드려야 합니다. 말씀의 원리를 중심으로 드리는 것이 예배의 기본원리입니다. 하나님을 시각화하면 우상숭배가 됩니다.

예배에 있어서 시간, 장소, 장식 같은 것에 얽매이면 형식주의가 됩니다. 신령과 진정은 하나님을 더 이상 형식과 공포의 대상으로 섬기지 않는다는 뜻입니다. 이러한 차원에서 성경은 다음과 같이 권고하셨습니다.

"내 마음을 다하고 목숨을 다하고 뜻을 다하여 주 너희 하나님을 사랑하라." (마 22 : 37).

이 계명이 예배의 원리입니다. 하나님을 영화롭게 하고 그를 사랑하는 행위가 신령과 진정입니다.

구속받은 자의 성품은 그 뿌리가 신령과 진정입니다. 하나님을 높이고 그의 영광을 찬양하고 하나님을 뜨겁게 사랑하는 마음과 행동일체가 예배입니다. 이스라엘이 출애굽 이전에는 고통과 탄식의 부르짖음이 있었습니다. 그 마음속에는 언제나 누구를 향하든지 원망과 불평을 갖고 있었고 불안과 공포가 생활의 뿌리였습니다. 그러나 홍해를 갈라 놓으시고 저들로 건너게 하셨을 때에 백성들의 영혼이 외쳤습니다. 하나님을 찬양하는 대합창이 울려 퍼졌습니다.

우리가 드리는 예배는 하나님이 우리의 아버지 되심을 아는 이상, 이제는 눈으로 감각으로가 아니라 사랑의 성품으로 하나님께 나의 최고의 가치를 돌려 드려야 합니다. 홍해를 갈라놓으시고 우리로 지나게 하신 하나님이십니다. 오늘 우리를 구원이라는 주제로 살게 하시는 그 하나님의 영광의 섭리에 대하여 마음속으로부터 하나님에 대한 경외심이 일어나야 합니다.

그 사랑의 주권 앞에 항복하는 자의 감격이 북받칩니다. 거기에는 정중하고도 최고의 존경심을 드리는 기쁨과 환희가 가득한 자리입니다. 경거망동한 자리이거나 하나님 아버지를 기뻐하더라도 아버지와 대등한 입장으로 만나는 자리가 아닙니다. 그의 사랑에 대하여 항복한 자가 드디어 아버지 앞에 드리는 나의 최고의 가치를 아낌없이 드리며 경외심으로 엎드리는 자리가 예배의 자리입니다.

현대교회의 예배는 감각적이고 시각적인 면이 강합니다. 육신을 즐겁게 하는 의식이 주종을 이룹니다. 치장하는 데에 많은 관심을 기울입니다. 설교도 재미있는 이야기를 섞어야 인기가 있습니다. 우리의 경험에서 만들어진 심리적이고 사회학적인 접근을 해주면 사람들이 아주 잘 듣기 때문입니다. 우리의 이야기를 적용하면 흥미진진합니다. 조는 사람이 없습니다. 어떤 교회를 소개하는 플랜카드가 있었습니다. "우리 교회에 오십시오. 딱 한번만 오십시오. 목사님의 설교가 언제나 기쁘고 웃음을 자아냅니다." 였습니다. 그 교회에는 수천 명이 모인다 합니다. 또한 급속히 부흥하고 있다 합니다. 어떻게 우리의 심리적인 기쁨, 정신적인 스트레스 해소를 위한 이야기, 그것을 교회의 자랑으로 삼을 수 있습니까?

요즘 열린 예배라고 젊은이의 취향에 맞는 예배가 유행입니다. 청년의 문화적 감각을 중심으로 예배의 색깔을 냅니다. 인간적인 감성을 채색시킨다는 말입니다. 그것을 정식예배로 채택합니다. 왜 그렇습니까? 청년들은 어른 예배와 특성이 달라야 많이 모인다는 것이고 어른들이 이해 못하는 청년들의 감성과 분위기가 있다는 것입니다. 어른들과 함께 드리지 못하는 예배를 예배라고 정의할 수 있다면 어른예배, 유년예배, 청소년예배가 따로 있다는 말입니까? 예배의 대상이 아버지이신 이상 신령과 진정으로 예배드리는 원리는 지켜져야 합니다.

하나님을 경외하고 예배한다 하면서 우리의 심리적 기쁨이나 종교적인 정욕을 채우는 기회로 전용한다는 것은 가슴 아픈 일이 아닐 수 없습니다. 우리의 귀와 입, 코로 예배드릴 수 없습니다. 정신적인 스트레스를 해소하면서 예배 형식을 갖출 수 없습니다. 신령과 진정이어야 합니다. 왜냐하면 사랑의 관계이기 때문입니다.

영으로 나의 전인격을 다하여 구원의 은혜와 진리에 대한 감동을 가지고 하나님을 뜨겁게 사랑하는 자세로 예배를 드리는 것입니다. 공의로우신 하나님을 나의 사랑의 하나님 아버지로 부르는 경외심이 예배의 바탕이며 마땅한 근거입니다. 경외심을 근거로 하는 한, 영광과 권위로우신 존전에 엎드리는 자세가 따르는 것은 당연한 것입니다.

주님이 우리를 친구라 하셨습니다만 그렇다고 해서 우리가 주님을 친구라 부를 수는 없습니다. 우리가 주님을 친구라 부를 수 있다면 주님은 나에게 신의나 의리를 지켜주는 관계가 되어 주셔야 합니다.

전지전능하신 창조주 하나님께서 나를 향하여 '나의 친구'라고 불러 주심은 그토록 나를 사랑하사 늘 함께 있겠다는 약속이며 그분의 수준에 이르도록 이끄시겠다는 간섭의 관계임을 확인시켜 주는 표현입니다. 하나님이 우리를 사랑하사 친구로 부르셨지만 친구로 부르신 하나님의 사랑 앞에서 우리는 마땅히 경외심을 가져야 합니다.

> "예수께서 가라사대 네 마음을 다하고 목숨을 다하고 뜻을 다하여 주너의 하나님을 사랑하라 하셨으니 이것이 크고 첫째되는 계명이요 둘째는 그와 같으니 네 이웃을 네 몸과 같이 사랑하라 하셨으니 이 두 계명이 온 율법과 선지자의 강령이니라" (마 22:37-40).

하나님을 사랑하면 반드시 이웃을 사랑하라는 것입니다. 하나님을 사랑하는 것과 이웃을 사랑하라 하는 것을 나란히 연결시키고 있습니다. 우리가 이웃을 사랑하는 것은 결과적으로 하나님을 사랑하는 증거로 연결되어 있기 때문에 애써 실천에 옮겨야 하는 것입니다.

진정한 예배는 십자가에서 보이신 하나님의 사랑 앞에 항복한 자가 함께 모여 하나님의 사랑을 어떻게 표현하는가 하는 것입니다. 여기에 함께 모인 사람들이 '하나님을 진심으로 사랑하나이다' 라는 고백이 합쳐져서 하나님 앞에 엎드릴 때 비로소 신령과 진정의 예배가 되는 것입니다. 우리는 이 사랑을 완전하게 나타낼 수 없지만 이 사랑을 목표로 모여 예배를 드려야 합니다.

● ● ● ● ● ● ● ● ● ●

하나님을 아버지라고 부르는 자들이 함께 마음과 뜻과 정성과 성품을 다하여 하나님을 높이며 그를 찬양하며 그에게 감사와 헌신을 드릴 때 하나님의 영광이 예배 중에 임하게 됩니다.

참된 양식

(요 4:27-38)

> "이 때에 제자들이 돌아와서 예수께서 여자와 말씀하시는 것을 이상히 여겼으나 무엇을 구하시나이까 어찌하여 저와 말씀하시나이까 묻는 이가 없더라 여자가 물동이를 버려두고 동네에 들어가서 사람들에게 이르되 나의 행한 모든 일을 내게 말한 사람을 와 보라 이는 그리스도가 아니냐 하니 저희가 동네에서 나와 예수께로 오더라 그 사이에 제자들이 청하여 가로되 랍비여 잡수소서 가라사대 내게는 너희가 알지 못하는 먹을 양식이 있느니라 제자들이 서로 말하되 누가 잡수실 것을 갖다 드렸는가 한대 예수께서 이르시되 나의 양식은 나를 보내신 이의 뜻을 행하며 그의 일을 온전히 이루는 이것이니라 너희가 넉달이 지나야 추수할 때가 이르겠다 하지 아니하느냐 내가 너희에게 이르노니 눈을 들어 밭을 보라 희어져 추수하게 되었도다 거두는 자가 이미 삯도 받고 영생에 이르는 열매를 모으나니 이는 뿌리는 자와 거두는 자가 함께 즐거워하게 하려 함이니라 그런즉 한 사람이 심고 다른 사람이 거둔다 하는 말이 옳도다 내가 너희로 노력지 아니한 것을 거두러 보내었노니 다른 사람들은 노력하였고 너희는 그들의 노력한 것에 참예하였느니라"

예수님이 사마리아 땅 수가라 하는 동네의 우물에서 때마침 물 길러 온 한 여인을 만나셨습니다. 그 때 예수님은 거기까지 오시느라 몹시 피곤해 있었고 목이 마르고 또 배가 고프신 상태에 있었습니다. 그 허기진 모습이 안타까워 보여서 제자들이 먹을 것을 구하러 동네에 들어갈 정도였습니다. 제자들이 동네에 가서 먹을 것을 구하여 돌아오는 동안 예수님은 사마리아 여인과의 대화를 통하여 그 여인의 영혼을 구원하시는 큰 영광을 나타내고 계셨습니다.

19절, "내가 보니 당신은 선지자로소이다" – 여인은 예수님에게서 초월자의 임재를 느끼는 영감을 갖게 됩니다. 이와 동시에 그 여인이 궁금하게 생각하고 있었던 것, 예배할 처소가 어딘가에 관하여 가르쳐 주셨습니다. 제자들이 먹을 것을 구하여 돌아왔습니다. 제자들의 눈에 예수님은 몹시 피곤하여 지치신 상태였습니다. 분명히 무언가 드셔야 하는데, 그런데 먹을 것을 드리는 제자들의 권유를 거절 하셨습니다.

그리고 제자들을 당혹케 하는 말씀, "내게는 너희가 알지 못하는 나의 먹을 양식이 있느니라" "누가 잡수실 것을 갖다 드렸는가?" 제자들의 의문점이었습니다. 이러한 의아심에 대하여 예수님의 답변이 우리를 놀라게 합니다.

> "나의 양식은 나를 보내신 이의 뜻을 행하여 그의 일을 온전히 이루는
> 이것이니라"(요 4 : 34).

지금 배고픈 상태입니다. 물을 마셔야 할 갈한 상태입니다. 그럼에도 불구하고 음식을 거절하십니다. "내게는 너희가 알지 못하는 먹을 양식이 있느니라." 고 만족해하십니다. 너희들이 구해온 빵 한 조각, 물 한 모금보다 더 반갑고 더 기쁜 일이 있다는 것입니다. 한 영혼이 구원함에 이르자 주님은 배고픔도, 목이 갈함도 다 사라져 버렸습니다. 주님에게는 영혼 구원보다 더 귀하고 더 기쁘고 더 보배로운 일이 없다는 것의 반증입니다. 이것은 아버지의 뜻이요, 아버지의 뜻을 좇아 그 수고를 감당하셨던 주님께서 누리고 계시는 행복이었습니다. 예수님의 배부름, 최고의 만족이 무엇입니까? 오늘 사마리아 여인의 기사를 통하여 우리는 힌트를 얻을 수 있습니다.

요한복음 4장을 읽으면서 보통 느끼는 것은 예수님이 행로에 피곤하고 목이 말라 우물가에 쉬시다가 마침 한 여인을 만나매 거기서 복음을 전하는 것으로 이해하기가 쉽습니다. 그러나 이 사건을 면밀히 살펴보면 하나님의 뜻하신 계획이 먼저 있었고 이 뜻을 이루려는 열심과 집념

이 담긴 사건임을 발견하게 됩니다.

4장 초두에 보면 사마리아 여인이 사는 지역에 갔을 때 성경은 이렇게 기록하고 있습니다.

> "유대를 떠나사 다시 갈릴리로 가실째 사마리아로 통행하여야 하겠는지라 사마리아에 있는 수가라 하는 동네에 이르시니... 거기 또 야곱의 우물이 있더라 예수께서 행로에 곤하여 우물 곁에 그대로 앉으시니 때가 제 육시쯤 되었더라" (요 4:3-6).

예루살렘을 떠나 갈릴리로 가는 도중, 중간 지점인 사마리아 땅에 들리셨습니다. 유대인들이 평소에 원수로 개같이 여겼던 사람들이 사는 곳입니다. 여기서 "통행하여야 하겠는지라" – 사마리아를 통행하여야 할 어떤 목적이 있었다는 것입니다. 우연히 들린 것이 아니라 반드시 들리실 필요가 있었고 어떤 계획된 목적이 있어서 간 곳입니다.

"거기에 또 야곱의 우물이 있더라. 예수께서 행로에 곤하여 우물곁에 그대로 앉으신 때가 제 육시쯤 되었더라" "행로에 곤하여" 라는 말은 기운이 다하도록 노력하셨다는 뜻입니다. 예수님의 이와 같은 행적을 근거로 하여 사마리아 땅에서의 사역을 이렇게 결론짓습니다.

38절 말씀, "다른 사람은 노력하였고 너희는 그들의 노력한 것에 참예하였느니라." 이 말씀 중에 다른 사람이 노력하였다고 하는 그 '노력하였고' 와 여기 '곤하여' 라는 단어는 동일한 단어입니다. 기운이 다하도록 수고했다는 뜻입니다. 예수님은 한 영혼을 구원하시려고 사마리아 수가라는 동네 우물가에까지 계획된 뜻을 가지고 달려오셨습니다. 어떻게 오셨습니까? 힘을 다하여서, 노력을 경주해서 기진맥진할 정도로 질주해 오신 걸음이었습니다.

"앉으셨더니 제 육시쯤 되었더라" – 우연한 사건이 아닙니다. 영원 전에 이미 계획하신 시간에 맞추셨다는 뜻입니다.

"그 때 마침 한 여인이 물동이를 들고 나타났더라" – 이 때를 알고 예수님은 달려오신 것입니다.

오늘 본문 사마리아 여인을 만나 구원을 일으키시고 그리고 난 다음에 내린 결론은 "나는 너희가 알지 못하는 양식이 있느니라. 나의 양식은 나를 보내신 자의 뜻을 행하며 그의 일을 온전히 이루는 것이라" 였습니다. 어떻습니까? 예수님의 삶의 목표와 원리가 무엇입니까? 그 목표를 이루기 위하여 살아가신 삶의 스타일이 어떻습니까? 제자들이 가져온 빵보다 더 맛있고 더 배부른 그리고 더 훌륭한 양식이 그에게 있었습니다. 육체의 허기를 채우는 것보다 더 크고 놀라운 일이 이루어지고 있었습니다.

만세 전에 계획하신 일, 영원 전부터 뜻하신 일을 이루기 위하여 그토록 강한 의지로 모든 정성을 다 쏟으시면서 성취하신 일이었다는 사실을 성경은 역설하고 있습니다. 예수님이 배고픔도, 목마름도 다 잊어버릴 정도로 아버지의 뜻이 이루어지는 구원의 현장에서 그의 수고의 열매에 대해 한없이 만족하고 있었습니다.

예수님의 행적은 모두 아버지의 뜻을 이루는 열심으로 넘치고 있었습니다. 인간들로부터 받는 오해나 경멸은 문제되지 않았습니다. 오직 아버지의 뜻을 이루려는 열정으로 일하셨습니다. 그렇게 아버지의 뜻을 좇아가시다 보니 십자가에까지 오르시더라는 것입니다. 예수님은 아버지의 뜻을 하나하나 성취해 가실 때마다 무한한 행복과 만족을 누리셨습니다. 십자가상에서 "다 이루었다" 하시고 그의 행복을 온 천하에 선포하셨습니다.

요한복음 6장 38절 이하에 그의 오신 목적을 이렇게 표현합니다.

"내가 하늘로서 내려온 것은 내 뜻을 행하려 함이 아니요 나를 보내신 이의 뜻을 행하려 함이니라 나를 보내신 이의 뜻은 내게 주신 자 중에 하

나도 잃어버리지 아니하고 마지막 날에 다시 살리는 이것이니라"(요 6 :
38, 39).

아버지의 뜻은 우리를 죄와 사망으로부터 건져내는 것입니다. 마지막 날에 다시 살려내어 하나님과 함께 영원토록 살게 하려는 데에 목적이 있습니다.

예수 그리스도는 아버지로부터 받은 사명 곧 영혼 구원의 문제를 놓고 일생을 싸우셨습니다. 자존심의 존재요 죄성을 가진 고집스런 속물들과 더불어 싸우셨습니다. 힘을 다하여 기운이 다하도록 모든 정열을 다 쏟으셨습니다. 그 대표적인 사건이 사마리아 여인의 이야기입니다.

목표를 세우는 것과 그 목표를 이루어 가는 것과는 내용이 다릅니다. 목표는 변치 않습니다. 계획도 변할 수가 없습니다. 그러나 그 계획된 뜻을 이루는 데에는 다양한 국면에 부딪히는 난관과 고통과 함께 진행됩니다. 이것이 현실이라는 인간의 삶입니다. 인간상황의 국면에 부딪쳐야 하는 입장에서 그 뜻을 행하는 자의 열심과 사랑 그리고 희생과 고통은 불가분하게 요구됩니다. 이는 쉽지 않은 일입니다.

장로교의 대표적인 교리가 예정론입니다. 이것만큼은 변함이 없는 진리로 굳히고 있는 교리입니다. 성경은 구원을 예정된 것이라 합니다. 예정이라 할 때 우리의 오해를 일으키는 내용은 우리의 전 생애가 일정한 궤도를 따라 정해져 있듯이 어떤 고정된 스케줄처럼 이해하고 있는 것입니다. 예정은 풀기가 어려운 난제입니다. 그래서 우리는 우리의 일생에 하나님께서 계획해 놓으신 도표를 따라 마치 기차가 레일 위를 가는 것처럼 아무 반응 없이 조정하지 않아도 제대로 가는 기계와 같은 것으로 생각합니다. 시계처럼 돌아가는 인생으로 이해합니다. 그러나 예정엔 인간상황을 로봇처럼 취급하지 않습니다.

하나님은 구원의 계획을 이루시는 데 있어서 지성을 가지시고 지극히 인격적인 씨름을 하신다는 것을 한시라도 잊어서는 안 됩니다. 시계처럼 돌아가도록 만들어 놓으시고 가만히 앉아 보고만 계시는 것이 아닙니다. 하나님이 지성을 가지시고 구원을 계획하신 뜻대로 일일이 간섭하시고 완성하신다는 뜻입니다. 그 이루어 가는 과정 하나하나를 고정해 놓으시고 운행하지 않습니다.

목표는 정해져 있습니다. 결론도 이미 결정되어 있습니다. 그러나 그 이루어 가시는 과정은 고정되어 있지 않고 피와 땀을 쏟으시는 현실을 지나가야 합니다. 살 한 점까지 찢으시면서 기름 한 방울까지 태우셨던 열심과 강한 의지로 얼룩진 싸움이었다는 것을 잊어서는 안 됩니다. 시간과 장소에 관한 예정이 아닙니다. 우리의 구원을 내용으로 하는 예정입니다.

우리에게는 우리의 인생에 대한 결정권이 있습니다. 그래서 소위 자유의지라는 것이 있습니다. 우리는 나의 것을 내 맘대로 소유하며 내 맘대로 향유하며 외칠 수도 있습니다. 자유의지입니다. 우리의 인생이 우리에게 맡겨져 있는 것보다 더한 즐거움이 없습니다. 이것은 한 인격체가 갖고 있는 최고의 행복입니다. 내 인생은 내 것입니다. 내 맘대로 할 수 있습니다.

그러나 반드시 명심할 것은 이 자유의지가 결정권은 아니라는 것입니다. 사람이 자기 일을 자기가 결정할 수 있다고 하지만은 우리가 우리의 맘대로 할 수 있는 인생은 아닙니다. 우리는 단지 우리의 의사대로 몸을 움직일 뿐입니다. 나의 뜻에 최선을 다할 뿐입니다.

분명한 것은 결정권은 내게 있지 않고 오직 하나님께 있다는 것이 성경의 가르침입니다. 모든 결론은 하나님이 가지고 계십니다. 그 결론에 도달할 때까지 하나님은 십자가에 오르시기까지 하시면서 우리의 구원을 위하여 피와 물을 다 쏟으셨습니다. 그 십자가에서 흘리신 사랑의 열정은 지금도 나의 구원의 완성을 위하여 계속되고 있습니다.

우리는 지·정·의를 가지고 있는 인격체입니다. 내 생각 속에 있는 나 자신, 그것을 아직도 나라고는 할 수 없습니다. 내가 마음으로 판단하고 마음으로 흥분하고 마음으로 즐거워하고 슬퍼하는 것, 이것은 아직도 현실이 아닙니다. 생각 속에 있는 것을 밖으로 나타낼 때, 그것이 바로 상대방에게 보이는 나의 인격인 것입니다. 나의 의지가 나타나는 그곳에 나 자신이 있고 그것이 나의 현주소이며 나의 인생의 구체적인 걸음걸이입니다.

언제나 현실은 내가 결정하여 서 있는 곳이 아닙니다. 여기 어느 누구도 내가 결정하여 여기 서 있다고 생각하지 마십시오. 내가 결정하여 여기까지 온 사람은 아무도 없습니다. 여러분이 여기 오기까지 많은 인생을 돌아서 왔습니다. 때로는 달렸고 때로는 뛰었습니다. 동쪽으로 가려다가 서쪽인 여기에 왔습니다. 내 앞에 놓인 가시덤불 때문에 어쩔 수 없이 나의 계획을 취소하고 여기에 온 것입니다. 여러분의 뜻에 의해서가 아니라 전혀 다른 힘에 의해서 이끌려 오늘 이 현실이 있는 곳에 걸음을 옮기게 된 것입니다.

우리는 엉뚱하게도 내 계획이 아니라 하나님의 뜻에 의해서 이 처지, 이 형편대로 이 관계와 만남 그리고 이 여건과 장소에 자리하여 사는 것입니다. 이것은 우리의 뜻이 아닙니다. 전혀 다른 간섭 곧 아버지의 뜻일 뿐입니다.

● ● ● ● ● ● ● ● ● ●

오늘 사마리아 여인의 이야기를 하면서 우리에게 하고 싶으신 말씀은 무엇입니까? 구원은 하나님의 은혜로 이루어진 것이고 우리에게는 계획이 없었지만 주님이 찾아오심으로 드디어 영광의 하늘나라에 대하여 꿈과 환상을 갖게 되었다는 것입니다. 이제 나의 자랑과 나의 공로를 근거로 나의 의를 내세워 살아가는 인생이 아니라 오직 하나님의 뜻을 맞추어 하나님의 의와 그 나라를 쌓아가는 길로 우리의 걸음을 인도하셨습니다.

이 영광스런 하나님의 나라의 초대를 오늘 하루도 마음껏 감사하시
면서 승리하게 되기를 바랍니다.

주는 자의 행복

"너희가 넉 달이 지나야 추수할 때가 이르겠다 하지 아니하느냐 내가 너희에게 이르노니
눈을 들어 밭을 보라 희어져 추수하게 되었도다 거두는 자가 이미 삯도 받고 영생에
이르는 열매를 모으나니 이는 뿌리는 자와 거두는 자가 함께 즐거워하게 하려 함이니라
그런즉 한 사람이 심고 다른 사람이 거둔다 하는 말이 옳도다
내가 너희로 노력지 아니한 것을 거두러 보내었노니
다른 사람들은 노력하였고 너희는 그들의 노력한 것에 참예하였느니라"

계속해서 요한복음 4장 35절에서 38절까지의 말씀으로 사마리아 여인을 만나러 오신 예수님에 관하여 은혜를 나누고 있습니다.

우리가 생각해야 할 것은 구원의 대상인 우리에게 구원에 대하여 계획이 전혀 없었다는 것을 파악하지 아니하면 구원을 은혜로 설명할 방법이 없게 됩니다. 이렇게 되면 기독교가 성립이 되지 않습니다. 하나님의 뜻이 먼저 있었고 이 뜻을 이루시는 강렬한 손길과 간섭이 있었다는 것을 전제로 해서 나의 구원을 설명할 때에 드디어 기독교의 은혜가, 그리고 사랑이 흘러넘치는 아름다운 계시의 역사가 이루어지는 것입니다.

우리는 우리가 원하는 곳으로만 가는 것이 아닙니다. 전혀 원치 않는 걸음을 걸을 수밖에 없습니다. 그리스도인의 생애에는 신령한 것을 선택하도록 하는 하나님의 특별한 간섭이 있습니다. 믿지 않는 사람과 다릅니다. 하나님은 영혼에 관한 일을 최우선으로 해서 우리의 인생을 다스리십니다. 그러므로 우리는 우리의 자유만을 누릴 수가 없습니다. 자유라고 표현하지만 결과적으로는 하나님께서 결정해 놓으신 자리에 올 수 밖에 없다는 것입니다.

인간의 자유와 하나님의 자유, 이 두 자유의지가 충돌하는 가운데 예수 믿는 사람들은 독특하게도 회의와 갈등과 번뇌를 경험하게 됩니다. 그러나 우리는 언제나 성령의 전으로서 나의 뜻을 굽히고 하나님께서 계획하신 곳을 향하여 가도록 간섭하시는 더 크고 강력한 성령의 인도하심을 따라 갑니다.

우리 모두 이 사실을 부정할 수 없습니다. 하나님의 전능하신 손길을 따라서 우리 모두는 지금 교회에 나와 있습니다. 지금도 열심히 천국을 가고 있는 중입니다. 간혹 교회 나와서 설교를 들으면서 주무시는 분도 있습니다. 교회에 나와서 졸고 있는 성도는 신앙이 없다고 정죄하는 것은 잘못입니다.

하나님을 경외하는 마음으로 예배하는 자리는 적어도 우리의 결정으로 정한 것이 아닙니다. 성령께서 이끌어다 놓으신 자립니다. 말씀을 듣는 순간 졸음이 올 수도 있습니다만 사실은 그토록 졸면서까지 하나님께 예배하러 왔다는 것을 놓쳐서는 안 됩니다. 졸고 있는 성도를 볼 때마다 정죄할 것이 아니라 저토록 천국 가는 열심이 불타는 구나, 하나님의 은혜가 놀랍고 눈물겹다는 생각으로 바꾸어야 할 것입니다.

십자가는 나의 구원을 놓고 하나님이 얼마나 열성적으로 싸우시는가에 대한 증표입니다. 사마리아 여인을 만나러 가신 행로에 곤하여 물을 좀 달라고 하시는 장면은 나를 구원하시려고 십자가에 오르신 예수 그리스도를 떠올리게 하는 장면입니다.

기진하여 목이 갈하여 여인에게 물을 청하실 정도로 하나님이신 인간 예수님께서는 한 영혼을 만나러 오신 일에 그토록 열심을 품고 계셨습니다. 하나님이 하시는 일은 쉬우리라는 생각은 버리십시오. 십자가가 무엇입니까? 하나님이 친히 영광과 존귀를 버리셨다는 증표입니다. 우리를 구원하시기 위하여 그의 거룩하심과 영광을 버리셨습니다.

죄인을 향한 심판권을 감추시기 위한 조치였습니다. 이처럼 죄인이 많아도 심판하지 않도록 하나님이 친히 죄인 취급을 받으시는 모양을 취하시고 우리가 살고 있는 사망의 땅에 오신 것입니다. 십자가는 참으로 하나님의 영광과 존귀가 산산조각이 나고 깨어지고 완전히 짓밟히는 수모와 조롱받는 비참한 모습입니다.

십자가는 나를 구원하시려고 나의 죄 값으로 대신 죽으신 사건입니다. 엄청난 희생을 지불하셨습니다. 죄인이 죽은 것이 아니라 생명의 본체이신 하나님이 친히 죽음 아래로 내려가신 것입니다. 영광과 존귀가 완전히 깨어지는 사건입니다. 창조주의 권위와 영광이 죄와 사망의 땅바닥에 더럽혀지는 장면입니다. 이렇게 구원을 위하여 상상할 수 없는 값이 지불된 것입니다.

십자가는 무엇을 메시지화 합니까? 십자가로 구원하셨다는 것은 다시 말하면 우리를 이제는 절대로 양보할 수 없다는 것입니다. 구원의 자리에서 살아가는 우리 자신의 삶을 다시는 죄와 마귀에게 빼앗기지 않겠다고 하는 강렬한 의지를 담고 있습니다. 우리가 죄를 지었다고 하여 다시 세상으로 내어 쫓으시는 일은 없습니다. 하나님이 절대로 우리를 놓치지 아니하시고 계획하신 뜻을 이루시되 주님의 의의 도구로 사용하시는 데 있어서 실패하지 않으시겠다는 것입니다.

우리는 이제 하나님이 친히 놓치실 수 없는 사랑의 대상이라는 각도에서 나 자신에 대한 신분적인 각성이 있어야 합니다. 우리를 위하여 다시 살아나셔서 세상을 이기셨고 죄를 이기셨고 마귀를 이기셨습니다. 그 확실한 증표가 부활입니다. 지금 주님은 보좌 우편에 계십니다. 가장 높아지신 자리입니다. 원래 계셨던 하나님의 보좌입니다. 인간의 몸을 입고 이 땅에 오셔서 십자가의 구속사역을 완성하시고 승천하실 때에 약속하신 대로 보혜사 성령을 보내 주셨습니다. 이 성령으로 충만한 자들이 모이는 곳이 교회입니다. 그가 우리를 위하여 간구하고 계십니다. 이제 누가 우리를 정죄하리요? 하나님이 나를 사랑하사 독생자 예수 그리스도를 나에게 주셨습니다. 이것이 구원받은 성도의 자랑과 긍지입니다. 하나님이 이처럼 나를 사랑하셨습니다. 그 사랑이 모든 응답이요, 승리요, 자유요, 영광입니다.

로마서 8장에는 우리로 하나님을 믿게 하시고 사랑하게 하시고 축복을 바라게 하시는 경륜을 예정이라고 설명합니다. 그리고 그 예정을 우리에게 더 이상 소원이 없는 단계로 이렇게 표현하고 있습니다.

> "누가 우리를 그리스도의 사랑에서 끊으리요 환난이나 곤고나 핍박이
> 나 기근이나 적신이나 위험이나 칼이랴 그러나 이 모든 일에 우리를 사랑
> 하시는 이로 말미암아 우리가 넉넉히 이기느니라" (롬 8:35, 37).

하나님의 사랑을 아는 자가 갖는 감격의 절정입니다. 이 대로 좋다는 경지입니다. 환란, 기근, 핍박, 위협이나 칼이 와도 좋다는 것입니다. 이 기쁨과 희열과 즐거움과 행복의 본질을 예정이라고 합니다.

다윗은 또 이렇게 감격하였습니다.

> "여호와는 나의 목자시니 내가 부족함이 없으리로다 그가 나를 푸른 초
> 장에 누이시며 쉴 만한 물가으로 인도 하시는도다" (시 23:1, 2).

더 이상 나는 소원이 없다는 것입니다, 언제나 승리와 영광이 있는 인생으로 부름 받았기 때문입니다.

본문은 사마리아 여인이 물을 좀 달라고 하신 분이 메시아임을 아

는 순간 여인은 물동이를 내버려두고 동네로 들어가서 소리쳤다고
합니다.

> "나의 행한 모든 일을 내게 말한 사람을 와 보라 이는 그리스도가 아니
> 냐"(요 4 : 29).

그 여자는 더 이상 죄인이 아닙니다. 남편이 다섯이나 있었고 지금
사는 남편도 정혼한 사이가 아닌 천한 운명의 여인이었지만은 이제는
더 이상 죄인으로 사는 자가 아닙니다. 메시아를 만났습니다. 하나님께
로부터 의인이라 칭함을 받은 자입니다. 구원의 영광을 아는 자입니다.
그녀의 모습에는 더 이상 무의미함도, 힘없이 살아감도, 탄식함도, 절망
함도 보이지 않습니다. 새로운 생명이 탄생하는 기쁨과 환희가 넘쳐흐
릅니다. 살아야 할 의미와 사명을 깨닫습니다. 그 순간 동네에 들어갔습
니다. 닫혀 있던 마음의 문이 활짝 열렸습니다. 그리스도를 외칠 수 있
는 용기와 담대함이 그리고 살아야 할 목표와 강한 의욕이 생겨났습니
다. 이 생명의 탄생을 보는 순간, 주님은 아버지의 뜻이 성취되는 곳에
서 무한한 행복과 만족이 삶의 잔에 넘쳐흐르는 배부름 가운데 있었습
니다. 이것이 주님이 갖는 행복이었습니다.

그리고 38절 "내가 너희로 노력지 아니한 것을 거두러 보내었노니 다
른 사람은 노력하였고 너희는 그들의 노력한 것에 참예하였느니라" -
예수님은 구원의 씨앗을 뿌리는 데 역사를 위하여 기운을 다해 노력하
셨습니다. 주님이 구원을 위한 밀알이 되셨습니다. 제자들은 그 수고한
씨앗에서 돋아난 열매들입니다. 사마리아 여인도 그 열매입니다. 수고
한 자가 따로 있고 열매로 존재하는 자가 따로 있습니다. 죽어 있던 영
혼들이 살아난 것입니다.

그러나 이 사마리아 여인은 아직도 메시아를 알지 못하는 사마리아
도성에 있는 사람들에게 씨를 뿌리는 수고를 쏟을 자입니다. 예수 그리

스도의 뒤를 좇아 씨를 뿌리는 자의 길을 가야 합니다. 우리는 지난 수 세기 동안 복음의 씨앗을 뿌리는 역사에 모두 수고를 쏟아 온 선지자들과 사도들의 터 위에 세움을 입은 자들입니다.

오늘 우리가 누리는 이 영광의 구원을 위하여 수고한 자들이 있었음을 한 시라도 잊지 말아야 합니다. 저들은 삶의 피와 땀을 흘렸고 목숨까지도 버렸습니다. 우리의 구원을 위해서 말입니다. 그 첫 번째가 예수 그리스도입니다. 그 다음이 사도들입니다. 그 다음이 사마리아 여인과 같은 초대 교회의 성도들이었습니다.

추수의 곡식 단을 저장해 놓고 이를 눈으로 보고 손으로 만지고 직접 먹고 마시는 자들의 기쁨과 축복을 이루 헤아릴 수 없겠지만 그 풍요와 만족을 누리는 것보다 더 크고 더 놀라운 만족과 행복은 복음의 씨앗을 뿌리는 자가 갖는 삶의 자랑과 긍지, 자부심과 가치에 있습니다. 받아먹는 자보다 주는 자가 누리는 배부름입니다. 성경은 받는 자보다 주는 자가 더 복되다고 증거하고 있습니다. 받아 누리는 자의 행복보다 나누어 주는 자의 배부름이 더욱 경이롭습니다. 오병이어의 기적을 일으키실 때에도 잔디밭에 앉아서 받아먹는 자보다 주님의 명령을 따라 나누어 주는 제자들의 기쁨과 만족이 더욱 놀라왔습니다.

주님이 베푸시는 기적에 대한 경이로움을 가장 가까이에서 그리고 가장 깊숙이 보고 즐거워하는 제자들은 받아먹는 자가 아니라 나누어 주는 자들이었습니다. 바구니에 담겨진 오병이어를 가지고 잔디밭에 앉은 모든 무리에게 나누어 줄 때 다시 채워지는 예수 그리스도의 베푸시는 기적성에 대하여 가장 가까이에서, 가장 감동적으로 보고 누리는 자는 제자들이었습니다. 저들도 배고파 지친 무리들 중의 한 사람이었습니다. 그렇지만 먹는 자보다 나누어 주는 자의 기쁨과 환희가 더욱 놀라왔습니다.

복음의 씨앗을 뿌리는 자의 만족과 행복이 더욱 크고 경이로움은 사도들의 행적에서도 엿볼 수 있습니다. 복음을 전하다가 매를 맞고 옥에 간히고 굶주림과 핍박에도 불구하고 전하는 자로서 갖는 행복은 세상의 권력도 명예도 감당치 못하였다고 증거하고 있습니다. 바울과 실라는 옥중에서 찬미를 불렀다고 하고 스데반 집사는 돌무덤에 묻히면서도 그 행복을 감당할 길이 없어 원수들을 위하여 기도하기를 "주여, 저들의 죄를 용서하소서" 라고 하였습니다.

● ● ● ● ● ● ● ● ●

예수 그리스도 안에서 우리 모두에게 주님의 명령을 따라 복음의 씨앗을 뿌리며 증거하며 받은 은혜를 베풀며 나누어 주는 자의 행복이 있기를 바랍니다. 예수께서 그렇게 행복하셨듯이 그 행복을 함께 공유하는 성도이기를 바랍니다.

참된 믿음

(요 4:39-42)

"여자의 말이 그가 나의 행한 모든 것을 내게 말하였다 증거하므로 그 동네 중에
많은 사마리아인이 예수를 믿는지라 사마리아인들이 예수께 와서 자기들과 함께 유하기를
청하니 거기서 이틀을 유하시매 예수의 말씀을 인하여
믿는 자가 더욱 많아 그 여자에게 말하되 이제 우리가 믿는 것은 네 말을 인함이 아니니
이는 우리가 친히 듣고 그가 참으로 세상의 구주신 줄 앎이니라 하였더라"

이제 사마리아 여인의 이야기가 끝나는 지점에서 요한복음이 써 내려온 내용을 다시 한번 마음에 새길 필요가 있습니다. 요한복음은 다른 복음서와는 달리 사건의 순서와 내용이 조금씩 달리 기록되어 있습니다.

공관복음은 사건 중심으로 기록되어 있고 요한복음은 사건의 내용보다는 그 사건의 의미와 영성을 내용으로 기록하고 있습니다. 제1장은 빛이 세상에 왔으되 세상이 이를 깨닫지 못하더라는 것이고, 제2장은 가나안 혼인 잔치의 기적과 성전을 청결케 하는 사건, 제3장은 유명한 니고데모가 등장하고 거듭남의 교리를 강조하는 내용이며, 제4장은 사

마리아 여인을 등장시키면서 구원이 얼마나 은혜인가를 강조하고 그 결론으로 예수님의 말씀으로 인하여 많은 사람이 믿었다는 것을 내용으로 하고 있습니다.

사마리아 여인은 남편이 다섯이 있었으나 지금 함께 사는 남자도 정혼한 사이가 아닙니다. 여자로서의 삶이 얼마나 비극입니까? 아무에게도 자신을 노출시킬 수 없는 신분입니다. 부끄러움과 비천함이 깊숙이 베어든 인생입니다. 남의 시선을 피해 다녀야 하는 고독한 인간이며 절망의 세월을 살고 있던 죄인이었습니다. 이토록 천한 인간의 입에서 환희와 기쁨이 터져 나왔습니다.

> "나의 행한 모든 일을 내게 말한 사람을 와 보라 이는 그리스도가 아니냐 하니" (요 4 : 29).

이제 사마리아 여자는 더 이상 죄인이 아닙니다. 인간적 부끄러움도 더러움도 잊어 버렸습니다. 지금은 그 여자의 영혼 속에서 터져 나오는 기쁨과 환희를 억제할 수 없습니다. 예수 그리스도를 구주로 알고 난 후에 구원의 영광을 아는 자의 감격이 아닐 수 없습니다.

우리의 주목을 끄는 것은 사마리아 여인에게 나타난 구원의 기쁨과 감격에는 기적이 도입되지 않았다는 것입니다. 다만 그 여자의 모든 것을 전인격으로 외치는 증거뿐입니다. 사마리아 여자에게는 주님과 나눈 몇 마디 대화뿐이었습니다. 주님의 말씀이 그 여자만이 알고 감추어 오던 인간으로서의 번뇌와 실체를 파헤쳤던 것입니다. 그 여자의 위장된 지식과 잘 포장된 자존심과 편견이 깨어진 것입니다.

"이 사람을 와 보라" – 이제 온 동네사람이 몰려오고 요한이 이 사마리아 여자의 이야기를 끝맺으면서 내린 결론이 이렇습니다.

여기 사마리아 여자에게는 물질적인 것이 해결되어서 외친 내용이
전혀 없습니다. 세상적인 문제가 해결되었다, 응답 받았다, 환상을 보았
다, 병을 고쳤다, 그래서 기쁘다가 아닙니다.

28절과 29절, "여자가 물동이를 버려두고 동네로 들어가서 사람들에
게 이르되 나의 행한 모든 일을 내게 말한 사람을 와 보라 이는 그리스
도가 아니냐?" – 할말이 없었던 자에게 말이 생겨났습니다. 그만큼 감
격스러웠습니다. 예수님을 구주로 그리스도로 알고 난 후에 그 여자의
삶에 힘이 주어졌습니다. 절망의 날들 속에서 하루하루를 아무 뜻없이
살던 삶이 이제는 살아야 할 가치와 보람을 갖습니다. 삶의 용기와 의욕
이 솟구치는 감동과 기쁨을 억누를 수가 없었습니다. 이 세상의 것이 아
닌 것 전혀 다른 지식과 능력에 부딪쳤던 것입니다.

성경에 기록된 다른 사건들 속에는 언제나 기적이 나타나 있습니다.
그러나 사마리아 여인과의 대화에서는 오고가는 말 몇 마디뿐 기적이
없습니다. 기독교는 구원을 중심으로 흘러가는 구원, 영생, 천국이 핵심
인 역사입니다. 영생이란 무엇입니까?

아는 것이란 모르는 것이 없는 사이, 즉 그분의 성품, 그분의 뜻과 계
획, 기호나 취미 일체를 남김없이 다 아는 사이에서 만나는 친교와 사귐
입니다. 부부사이와 같은 관계를 말합니다.

신앙은 예수님과 함께 사는 인격과 삶을 내용으로 하여 전개되는 삶의 전 과정입니다. 주님과 함께 사는 그 영생의 풍성함과 감격이, 그 지혜의 오묘한 손길이 얼마나 깊은가? 하는 것입니다. 성경상의 인물들이 쏟아놓는 만족과 행복이 글로 표현할 수 없어서 전전긍긍하는 모습이 역력하게 보입니다. 사도바울의 고백입니다.

"또한 모든 것을 해로 여김은 내 주 그리스도 예수를 아는 지식이 가장 고상함을 인함이라 내가 그를 위하여 모든 것을 잃어버리고 배설물로 여김은 그리스도를 얻고 그 안에서 발견되려 함이니" (빌 3 : 8, 9 상반절).

"오직 성령이 각 성에서 내게 증거하여 결박과 환난이 나를 기다린다 하시나 나의 달려갈 길과 주 예수께 받은 사명 곧 하나님의 은혜의 복음 증거하는 일을 마치려 함에는 나의 생명을 조금도 귀한 것으로 여기지 아니하노라" (행 20 : 23, 24).

스데반은 복음을 전하다가 돌에 맞아 죽는 가장 고통스러운 자리에서 그 원수들을 향하여 소리친 간증은 "이 죄를 저들에게 돌리지 마옵소서" (행 7:60) 였습니다. 예수님과 함께 사는 자의 모습 전면에 천사와 같은 화평과 사랑, 기쁨이 흘러넘칩니다. 하나님은 스데반에게 친히 자기의 죽음과 함께 계신다는 증거에 무한한 희열과 행복이 넘쳤습니다. 하나님과 함께 사는 자의 감격과 행복 그리고 소망을 더 이상 전할 길이 없어 천사와 같은 얼굴 모습으로 목숨을 기꺼이 허락하는 영광으로 충만해져 있었습니다. 행복을 간증하는 데 순교로 대변하였습니다. 그래도 사도들의 간증은 천국의 일부분을 증거했을 뿐 전부는 아니었습니다.

예수를 믿는 것, 그것은 구원을 얻어 죄를 짓지 않고 벌 받지 않는 곳에 산다는 것이 아닙니다. 병도 없고 환난도 없고 괴롬과 고통이 없는 곳에서 산다는 것이 아닙니다. 다시 죽음이 없고 애곡하는 것이나 이별이나 슬픔이나 아픈 것이 없는 나라는 이 세상을 떠나 하늘나라에 가야만 이루어집니다. 주님이 심판권을 가지고 다시 오실 때에만 이루어집니다. 그 종말이 오기까지는 이 땅에 사는 한 아픔과 고통, 질병과 죽음, 이별과 눈물과 함께 살 수 밖에 없습니다. 왜 이러한 환난의 고통인가? 왜 이 괴롬과 아픔인가? 성경의 대답은 이러합니다.

> "환난 중에도 즐거워하나니 환난은 인내를 인내는 연단을 연단은 소망
> 을 이루는 줄 앎이로다" (롬 5 : 3, 4).

환난이 있어야 비로소 세상의 물질이 무엇이며 생명과 영혼의 문제가 얼마나 절실한가를 알게 됩니다. 우리가 여기 이 땅의 문제들을 참고 기다려야 할 이유가 무엇입니까? 그 소망을 든든히 붙잡게 하려는 뜻과 함께 이 환난이, 이 고통이 필요하다는 것입니다.

환난이라는 어려움이 없이는 진짜 가짜를 분별할 수가 없습니다. 오늘 우리로 이 땅에서 살게 하심으로 어려움을 겪게 하시고 환난의 비바람을 맞게 하시고 현실에 부딪쳐 흘리는 핏자국이 있게 하신 것은 여기서 참고 기다려야 할 소망이 무엇인가를 더욱 깊게 놀랍게 깨닫게 하려는 뜻이 있습니다. 나의 소원대로가 아니라 나의 것이 잘 안됨으로써 더욱 예수님이 진리와 생명을 깊게 알게 하십니다.

이 현실을 살면서 인내를 배우고 연단을 터득하고 마지막 소망을 품게 하려는 간섭 속에서 사는 한, 그리스도인은 인생문제로 좌절하거나 자신을 잃어버리는 일을 할 수 없습니다. 물질보다 더욱 긴요한 것, 이 세상보다 더욱 절실한 것, 그것은 영생이며 구원이며 하늘 보좌임을 깨우치려는 것입니다. 하나님에 관한 지식을 핵심으로 환난까지 필요할 정도로 영생의 문제가 가장 긴요하고 절실한 문제라는 것입니다.

●●●●●●●●●●

여기 사마리아 여인이 갑자기 부자가 되어서, 명예로워져서 인생을 자랑으로 외친 것이 아닙니다. 여인의 삶에 힘이 주어지고 용기와 의욕이 솟아오르는 것은 예수 그리스도를 구세주로 알고 영접했기 때문입니다. 사마리아 성 사람들은 기적을 알았기 때문에 예수를 믿은 것이 아니라 예수님의 음성을 직접 듣고 믿음으로 구주를 알게 되었던 것입니다.

우리가 얼마나 축복의 자리에 부름 받았는지 기적이 없어도 응답이 없어도 나의 인생에서 예수와 함께 사는 영생의 풍성함으로 인하여 승리와 영광을 외칩니다.

이적의 참 뜻

(요 4:46-54)

> "예수께서 다시 갈릴리 가나에 이르시니 전에 물로 포도주를 만드신 곳이라 왕의 신하가 있어 그 아들이 가버나움에서 병들었더니 그가 예수께서 유대로부터 갈릴리에 오심을 듣고 가서 청하되 내려오셔서 내 아들의 병을 고쳐 주소서 하니 저가 거의 죽게 되었음이라 예수께서 가라사대 너희는 표적과 기사를 보지 못하면 도무지 믿지 아니하리라 신하가 가로되 주여 내 아이가 죽기 전에 내려오소서 예수께서 가라사대 가라 네 아들이 살았다 하신대 그 사람이 예수의 하신 말씀을 믿고 가더니 내려가는 길에서 그 종들이 오다가 만나서 아이가 살았다 하거늘 그 낫기 시작한 때를 물은즉 어제 제 칠 시에 열기가 떨어졌나이다 하는지라 아비가 예수께서 네 아들이 살았다 말씀하신 그때인 줄 알고 자기와 그 온 집이 다 믿으니라 이것은 예수께서 유대에서 갈릴리로 오신 후 행하신 두 번째 표적이니라"

이제 사마리아 사역이 다 끝났습니다. 그리고 삽화처럼 도입된 사건이 전개됩니다. 의미심장합니다. 갈릴리 지방에서 행하신 표적에 관한 이야기입니다. 가나안 혼인 잔치에서 물로 포도주를 만드신 기적 이후로 두 번째로 베푸신 표적임을 강조하는 내용으로서 오늘 우리의 신앙을 설명하는 데 중요한 사건으로 보여집니다.

예수님께서 갈릴리 지방 가나에 도착하셨을 때에 벌써 예루살렘에서 일어나는 권능과 기사와 표적으로 인한 소문이 퍼져 있었습니다. 이 때 왕의 신하가 그 아들이 병들어 죽게 되자 예수님께 달려왔습니다. 가버나움에서 온 자라고 합니다. 가나까지는 약 4시간 정도 걸리는 거리입니다. 아들이 죽게 되었으니 고쳐 달라는 것입니다. 예수님의 대답은 이렇습니다.

"너희는 표적과 기사를 보지 못하면 도무지 믿지 아니하리라"(요 4:48).

그 말씀 끝에 또 애원합니다. "내려와서 내 아들의 병을 고쳐 주소서" 상당한 용기와 믿음이 있어 보이는 간청입니다. 이에 대한 예수님의 질책은 이런 것입니다. "너희는 표적과 기사를 보지 못하면 믿지 아니하는 자들이구나, 꼭 표적과 기사를 보아야 믿겠느냐?" 는 것입니다.

여기 사마리아 여자의 경우와는 전혀 다른 반응입니다. 이와 대조적인 사건이 백부장의 믿음 사건입니다.

"주여 내 하인이 중풍병으로 집에 누워 몹시 괴로워하나이다" (마 8:6).이때에 "내가 가서 고쳐주리라"(마 8:7) 하셨더니 백부장의 반응이 놀랍습니다. "주여 내 집에 들어오심을 나는 감당치 못하겠사오니 다만 말씀으로만 하옵소서 그러면 내 하인이 낫겠삽나이다"(마 8:8) 이 고백 후에 주님이 결론을 내리십니다. "이스라엘 중 아무에게서도 이 만한 믿음을 만나보지 못하였느니라"(마 8:10 하반절) 백부장의 믿음은 "말씀으로만 하옵소서"였습니다. "여기 내집에 오심을 감당할 수 없나이다"였습니다. 이에 한없는 격찬을 보내셨습니다.

예수 그리스도, 그 분의 하나님 되심, 전지전능하심과 무소부재 하심을 그는 믿었습니다. 말씀으로 만물을 지으신 여호와 하나님이심과 그 분이 지금 말씀으로 명하신다면 모든 공간과 시간을 초월하여 병이 떠나가는 것을 믿었습니다.

여기 왕의 신하가 예수께 온 목적은 오직 자신의 아들이 죽게 되었다는 절박한 요구밖에 없습니다. 하나님을 생명의 주권자로 믿는 신앙의 토대 위에서 요구하는 것이 아니라 아들의 병을 고칠 수 있는 능력 있는 의사 정도로 보는 절실함 때문에 찾아온 것입니다.

"내 아들이 죽기 전에 내려와서" 이렇게 간청합니다. 그에게는 죽은 자를 살리시는 생명의 주권자로서 믿는 믿음이 없습니다. 세계와 역사의 흐름과 방향을 설정하시고 운행하시는 창조주로서는 보지 못했습니다. 죄와 사망의 심판에서 구원해 주실 구속주로는 영접할 수가 없었습니다. 예수님을 오직 병을 고치는 의사 정도로 바라고 믿고 달려왔던 것입니다.

이와 비슷한 사건이 여러 군데 있습니다. 나사로의 경우입니다. 마르다가 이런 말을 합니다. "주께서 여기 계셨더면 내 오라비가 죽지 아니하였겠나이다"(요 11:21) – 이미 늦었다는 것입니다. 이제 오셔서 무엇을 할 수 있겠느냐 하는 것입니다.

사람들은 예수님은 하나님이시며 창조주의 권능과 무소부재 하심을 믿지 않고 능력 있고 용한 의사 정도로 알고 있었습니다. 오직 사람들은 자신들의 절박함 때문에 예수를 찾아옵니다. 영생, 구원, 천국에는 관심이 없었습니다.

그러나 눈물겨운 것은 이토록 유치원생과 같은 믿음, 아니 믿음이라고 할 수 없는, 그 인간들의 절실함 때문에 찾아온 것까지도 다 들어주셔서 병든 자를 고치시고 배고픈 자를 배불리 먹게 해 주신다 것입니다. 주님의 목적은 구원함에 있었습니다. 영생, 천국이 주제였습니다. 나사로를 살리시는 장면에서 주님의 말씀은 이렇습니다.

> "항상 내 말을 들으시는 줄을 내가 알았나이다 그러나 이 말씀하옵는 것은 둘러선 무리를 위함이니 곧 아버지께서 나를 보내신 것을 저희로 믿게 하려 함이니이다" (요 11 : 42).

죽은 자를 살리시는 이 기적의 목적이 어디에 있습니까? 죽은 자가 살아나야 한다는 인간의 절실함 때문이 아니라 아버지가 예수 그리스도를 보내신 것을 우리들에게 알게 하시고 믿게 하려 하는 데 있습니다. 영혼 구원을 목적으로 하고 일으키신 기적입니다. 또한 오병이어의 경우입니다.

> "너희가 나를 찾는 것은 표적을 본 까닭이 아니라 떡을 먹고 배부른 까닭이로다" (요 6 : 26 하반절).

예수님은 따르는 무리들을 심하게 꾸짖으셨습니다. 주님을 따라 다니던 무리들은 예수가 누군가에 대해서는 관심이 없었습니다. 다만 병을 고쳐주고 배고픈 창자를 채우고 재미있는 것을 구경하는 자신들의 절실한 요구 때문이었습니다.

왕의 신하는 본문 50절, "가라 네 아들이 살았다" 라는 예수님의 말씀을 듣고 집으로 돌아가고 있었습니다. 절망 중에 돌아가는 도중에 자기에게 오는 종을 만났습니다. 아들의 병이 나았다는 것입니다. 언제냐고 물었더니 어제 7시쯤이었다고 합니다. 우리의 시간 개념으로 본다면 어제 오후 1시가 됩니다. 가나에서 가버나움까지 4시간 거리이니까 만일 주님이 가셨더라도 당일 오후 5시에 갔었을 것입니다. 그런데 종을 만난 시간은 하룻밤 지나고 그 다음날입니다. 예수님은 "가라 네 아들이 살았다" 말씀으로만 하시고, 가시지는 아니하셨습니다. 이 사람은 모든 것을 포기하고 하룻밤이 지나고 그 이튿날 절망 중에 집으로 돌아가고 있었습니다. 그런데 그는 종으로부터 52절, "어제 7시쯤 아들의 열기가 떨어졌나이다" 라는 말을 들었을 때에 그 병이 나은 시간이 어제 주님이 52절, "가라 네 아들이 살았다" 하셨을 때임을 알고 그와 온 가족이 다 예수를 믿게 되었습니다.

왕의 신하가 예수께 나와 요구한 아들의 병을 고쳐주심에 대한 이야기, 이 극적인 사건을 통하여 내린 결론은 53절, "온 가족이 예수를 믿으니라" 였습니다.

이제 우리의 시각을 새롭게 해야 합니다. 우리에게 부딪혀 오는 재난들, 안타까운 일, 아픔 같은 절실한 일들이 있다면 모든 결론은 영혼 구원을 이루는 목적과 함께 일어난 것임을 믿어야 합니다. 내 능력으로 해결되는 생활 속에서는 하나님께로 가까이 갈 수 없습니다. 나의 두뇌와 손과 발로 해결되는 일로써는 하나님을 찾지 않습니다.

병중에서 가장 심각한 병은 문둥병입니다. 저주받은 병의 대표로 꼽히는 것이 문둥병입니다. 왜 저주의 상징이냐 하면 아프다는 감각이 없기 때문입니다. 우리가 난로에 손을 대지 않는 것은 벌겋게 단 난로에 손을 대는 날에는 손이 화상을 입어 몹시 아프다는 것을 알기 때문입니다. 만일 아픔의 느낌이 없다면 우리의 몸은 다 상하거나 부러질 것입니다. 내가 몸을 보호해야 되겠다는 느낌이 없어지면 죽어라고 먹고 마시고 뼈가 부서질 때까지 놀고 또 놀 것입니다. 내 몸에 일정한 통증이 있기 때문에 예방하는 것입니다. 아프다는 것만큼 큰 축복이 없습니다.

성경에서 가장 큰 형벌은 하나님께서 무관심하게 버리시는 상태입니다.

로마서 1장 24절 이하에 보면 하나님이 내리시는 심판의 표로서 "버리신다"는 표현이 있습니다.

"하나님께서 저희를 부끄러운 욕심에 내어 버려두었으니" "하나님께서 저희를 마음의 정욕대로 더러움에 내어 버려 두사" "하나님께서 저희를 상실한 마음대로 내어버려 두사" – 내어버려 두었다는 것입니다. 이것이 형벌의 증거입니다. 하나님께서 간섭하지 아니하시고 그 사람의 마음 내키는 대로 내어버려 두시면 사람들은 더러움과 부끄러움을 분간치 못합니다. 자기 욕심과 자존심이 이끄는 대로 따라갑니다. 마치 무감각한 문둥병 환자와 같습니다. 육체와 정신이 병들어 죽어가고 있는 데 감각이 없습니다. 심령이 완악해져서 하나님에 대하여 죽은 시체와 같이 무감각하게 되어 버립니다.

"그 정죄는 이것이니 곧 빛이 세상에 왔으되 사람들이 자기 행위가 악하므로 빛보다 어두움을 더 사랑한 것이니라"(요 3:19).

이와 같이 사람들은 어두움 가운데 살면서 더러움을 깨닫고 있는 게 아니라 오히려 빛보다 더 좋아하고 있다고 합니다. 밤새도록 마시고 춤추며 노름을 하는 데는 익숙합니다. 그러나 이웃을 위해 봉사하거나 섬기거나 남을 돕는 일에는 밤을 새면서까지 하지 않습니다.밤을 새워가며 기도하거나 밤을 새워가며 공부하는 것은 쉽지 않습니다. 한 달에 주일이 두 번이면 좋겠다고 생각하지, 다섯 번, 여섯 번이면 좋겠다는 사람은 별로 없습니다.

우리의 버릇은 나의 편익에 따라 판단하고 행동합니다. 하나님의 영광보다 나의 유익이 앞섭니다. 우리의 본성은 죄성, 곧 이기심과 정욕이기 때문에 하나님의 것과는 언제나 정반대임을 잊지 말아야 합니다.

인간은 아픔이 있어야 치료할 생각을 합니다. 인생의 절실한 문제, 절망의 문제가 예수께로 나아오게 합니다. 예수님이 누구신 줄 알아서가 아니라 인간의 절박한 사정 때문에 예수께로 나옵니다. 삶의 아픔 때문에 구원자를 찾습니다. 병 때문에 아파서 견딜 수 없는 자가 드디어 의사를 찾는 법입니다.

예수님은 그렇게 자기에게 나오는 자를 다 고쳐 주셨습니다. 권능과 기사와 표적을 다 동원하셨습니다. 그 목적은 하나님을 믿게 하려는 데 있었습니다. 지금 병을 고쳐 주시는 이가 하나님이 보내신 구세주 그리스도이심을 증거를 보이시려는 것입니다.

어떤 곳에 가면 그리스도의 십자가를 병 고치는 일에만 사용하는 데가 있습니다. 예수 안에서 병도, 슬픔도, 고통도 없어야 된다는 주장을 합니다. 그런데 성경에서 보면 믿음의 상당한 수준에 있는 사람들도 병으로 아파서 죽는 경우가 많습니다. 사도 바울도 몸이 아팠고 디모데, 에바브로 디도도 병자들이었습니다. 나사로는 죽음에서 깨어난 자이지만 그는 또 죽었습니다.

이 세상이 존속하는 한, 죄의 부산물인 질병과 고통과 아픔은 우리에게서 사라지지 않습니다. 요한계시록 21장 4절의 말씀입니다.

"모든 눈물을 그 눈에서 씻기시매 다시 사망이 없고 애통하는 것이나 곡하는 것이나 아픈 것이 다시 있지 아니하리니 처음 것들이 다지나갔음이러라" (계 21 : 4).

새 하늘과 새 땅이 이곳에 이루어질 때 하나님의 나라에 가면 없어지는 것들입니다. 그 때까지는 아픔과 눈물, 고통과 함께 살 수 밖에 없습니다. 문제는 누구와 함께 이 고통과 괴로움의 인생을 통과하느냐는 것입니다. 그리스도의 진리와 생명을 병 고치는 것과 물질적 문제를 해결하는 것으로만 응용해서는 안 됩니다.

삶의 아픔, 고통, 고독, 눈물의 순간은 하나님께서 영혼구원의 기회로 간섭하시는 때입니다. 영적 축복에 이르는 기회입니다. 하나님을 배우는 기회입니다. 우리가 현실에서 만나는 고통의 순간은 하나님을 경험하고 하나님의 은혜를 배우는 기회입니다. 인생을 고난으로만 보지 마시고 훈련의 과정으로 이해하는 영안을 열어가서 성숙으로 이루어지기를 바랍니다. 하나님은 구원을 위하여 우리로 하여금 잠시 이러한 형편과 처지에서 고난의 삶을 지나도록 간섭하셨다는 확신을 가지고 더 깊고 풍성한 은혜의 기회로 삼으시는 분발이 되시시를 기도합니다.

4장 29절, "나의 행한 모든 일을 내게 말한 사람을 와 보라"하였습니다. 39 하반절, "그 동네 중에 많은 무리의 사마리아인이 예수를 믿은지라."

* * * * * * * * * *

4장 초두에 사마리아 여인을 등장시켜 놓고 내린 결론은 "와 보라" "많은 무리가 예수를 믿은지라"로 요약하고 있습니다. 그리고 마지막 부분에 삽화로 도입된 이적은 그 참뜻이 구원에 있음을 강조하고자 사마리아 여인의 사건과 대비하고 있음은 오늘 우리의 현실을 비추어 볼 때 복음에 대한 새로운 각성을 일으켜 주는 교훈적 사건이 아닐 수 없습니다. 하나님과 함께라면 삶의 형편이 어떠하던지 간에 우리의 사는 곳은 언제나 하늘나라임을 깨우쳐 주는 대목입니다.